福音西進、華人接棒，
教會再復興的建言與方法。

孔 毅
ROGER I. KUNG
— 著 —

INSIDE THE GATE

OUTSIDE THE WALL

牆內 牆外

Content

謹將此書獻給

我的妻子慶珊

謝謝妳一直與我同甘共苦

女兒繁婷（Julia）和兒子繁德（Jeffrey）

謝謝你們完全了我的人生

孫女祥恩（Liza）、外孫祥和（Arthur）、

孫子祥安（Benjamin）、孫子祥毅（Jacob）

謝謝你們帶給我許多意想不到的歡樂

〈前言〉

新酒要裝在新皮袋

這不是一本神學論述的書，而是面對我們共同遇到的問題，包括但不止於 (A) 教會現況的突破與增長；(B) 21 世紀宣教的典範轉移；(C) 興起年青人承接末世宣教的大使命；祈以拋磚引玉的方式提出建言與方法，讓教會再復興！

書中提到的神學典範轉移，真正用意是希冀以神學化的思惟和視野，提供回應問題的行動和所切入的點。因為 21 世紀，進入了全新且天翻地覆的大變局，人類的思維和生存面臨巨大的挑戰，我們該如何自我提升才不至於被時代淘汰，進而活出積極、有創造性的生命？

在這樣的時代背景下，引發我進一步深度反思、念茲在茲的議題是：「我們的信仰怎麼了？為什麼不能以與時俱進的心態回應時代的需要，甚至以永恆真理和超越時代的思維，迎向 AI 世代、量子電腦、航太工業革命所帶來的巨變呢？」

當我有了這樣的問題，加上愛教會的心意驅使，為了尋找答案（真理），我深入研讀聖經和遍讀許多資料。有天，在靜默中突然有一個意念及一節經文出現我的腦中：

——突來的意念是：典範轉移

——經文是：「新酒必須裝在新皮袋裡」（路 5:38）

出自於對神的信賴，我終於慢慢釐出頭緒，本書於焉誕生。

感謝神，讓我在臺灣、美國和中國，透過求學、工作的機會，有了許多與信仰連接及生命塑造的經歷。過去十二年，神感動我陸續寫下和職場宣教、雙職事奉有關的四本書——《贏在扭轉力》、《第一與唯一》、《雙職事奉》和《看不見的更關鍵》。

在此同時，也在亞洲和北美華人基督徒中，持續推動「信仰即生活、工作即事奉、職場即禾場」的職場宣教運動。一路走來，有越來越多的牧者，以及在各行各業愛神愛人的卓越基督徒，投入這樣的運動當中。

▶教會面臨的困惑與困局

在奔走各地華人教會時，我經常聽到、看到：當今教會在如何面對和突破跨世代的衝擊，有許多的困惑。我不解的是：耶穌基督是昔在、今在、以後永在的全能者（啟 1:8）——祂是跨世代的救贖者；為何今日教會的教導與作法，與耶穌在四部福音書中的所言所行越離越遠呢？我列舉幾點困惑如下：

一、大使命的方向：去 VS 來耶穌叫我們**去**（牆外），現今教會卻叫我們**來**（牆內）；耶穌宣告的大使命的範圍是直到地極（徒 1:8），現今教會的活動卻是在四面牆內。

二、大使命的受眾是所有基督徒 VS 特別蒙召的基督徒：大使命是給所有基督徒的（太 28:18-20）；現今教會則普遍認為是給特別蒙召的宣教士，大部分基督徒是旁觀的。

三、使徒和先知 VS 牧師和教師：聖經說教會是建造在使徒和先知的根基上的使徒團隊（弗 2:18-20、林前 12:27-29）；現今教會則是以牧師及教師為主的教牧團隊。

四、靈巧像蛇和馴良像鴿的教導：耶穌差派門徒出去傳道做工時，囑咐他們要靈巧像蛇、馴良像鴿（太 10:16）；現今教會著重「馴良像鴿」的做人原則，至於如何「靈巧像蛇」的做事原則，多是從祭司、教牧人員的角度教導，甚少有從工作職場中具有實戰經驗的君王、使徒的角度去實踐。

五、陰間的權柄 VS 教會的影響力：耶穌曾宣告陰間的權柄勝不過教會（太 16:18）；但面對當今臥在惡者權勢下的世界，教會的影響力正節節敗退。事實上，耶穌總是走在人們工作生活的場景，去幫助人解決切身的問題，藉著神蹟奇事和所傳的道，證明祂就是基督、是永生神的兒子。現今教會則是叫人進到教堂內做許多的活動，卻不能解決人們生活上的切身問題。

六、神的道是活潑的 VS 僵化的體制：聖經說神的道是活潑的，是有功效的（來 4:2），理應最能夠吸引年輕人；但當今教會的教導、運作的方式及制度，使得坐在教堂內的會友群眾，一眼望過去頭髮越來越白，年輕人卻不見了。

七、工作與福音的使命：神造人的救恩計畫，賦予人兩大使命——「以工作轉化世界」（創 1:26-28、2:15）和「以福音拯救世人」（創 3:7-13；太 28:18-20）；當今教會著重在傳福音的使命，強調敬拜讚美的重要性，忽視了人起初與神同在的伊甸園裡，就是被賦予按著神的形像和樣式，要做治理、管理和修理、看守的工作。

在過去的經驗中，我不解的還有：有些堂會牧師的講解和想法與時代的脈動相差甚遠；即使偶爾會添加世界上發生的要事，講解經文的主要論點仍是以傳統神學框架來敘事——若以牆內牆外的比喻來說，就是從牆內向牆外看。我的讀經解經是「從牆外向牆內看」，在生活及工作的實踐中領受神的教導。

神塑造我許多牆外的經驗，但我不只有豐厚的職場實戰經驗。我長期在各地教會事奉、做過執事會主席，近期在宣教機構中當過董事及董事長，並在多個神學院授課。

為什麼具備牆外經驗這麼重要？我個人認為最重要的癥結點在於，早年的神學家在牆內研讀經文所帶出來的理解，已經無法涵蓋時下我們所處的牆外世界；這也正是年輕人不再被基督信仰以及傳統堂會吸引的原因。

在我周遭已有數不清的實際案例證明，若持續用傳統教會「從內向外看」的舊思維，福音只會更加傳不出去，很多真心想在牆外事奉神的職場基督徒，也只會更容易被絆倒和攻擊，不知如何回應神的大使命（以工作轉化世界，以福音拯救世人）。

分享兩個我在近期處理牆內牆外融合的案例。案例一是發生在一對夫妻之間，案例二則是發生在基督教企業家組織與教會之間。

■案例一

某次在推動例行的雙職事奉事工，認識了一位女牧師，她的先生是企業高階主管。兩人關係近期變得有些緊張，因為先生覺得事業已達到頂峰，想要尋求更多生命意義，便進到妻子的教會事奉；期間經常公然指出妻子哪裡做得不對，讓妻子很挫折，覺得先生怎麼帶頭反對她！

當時我給予他們的協助是：先顛覆先生的傳統神學思維，讓他知道不是只有在教堂內才叫事奉神，繼而帶領他反思：「為什麼不能以企業高階主管的工作來事奉神呢？」當他認為工作是為神而做，而且在工作中活出信仰，那麼，工作上做的每一件事看似是工作，其實也是在為神而做，都是在做全時間事奉神的事。

我勸導身為牧師的妻子則是：不是在教會內做的事情才是聖的，因此千萬不要認為先生在企業的工作就是俗的。當他們懂得跳脫「聖俗二分」的信仰盲點，夫妻倆便得以繼續在各自崗位上為神做工，藉此完成神賦予他／她的大使命。

■案例二

有個由一群基督徒企業家成立的組織，該組織的企業家捐了很多錢，也到遠地去宣教。但教會的牧者認為沒進到教會來就是不對；企業家們則是不解：為什麼不能夠透過捐錢及宣教來事奉神呢？

在我看來，雙方都有過與不及之處，後來我做了雙職事奉的演講，雙方就和好了！關鍵點同樣在於，我告訴牧師「不是只有在教堂裡做事奉才算是事奉神，職場也是事奉神的禾場」；我也告訴企業家說「神真正要的是生命的改變，不是只做敬虔的事（如：捐錢及宣教）；神真正要的是敬虔的人」。雙方有了共識後，自然就有對話的空間。

當我們將視角擴大到全世界，便能清楚看見普世教會的發展已經陷入前所未有的困境！我歸納出三大困境如下：

一、教會不知如何有效影響社會，甚至越來越被社會影響
二、教會不知如何吸引不進入教會的年輕人，並留住教會的年輕人
三、教會不知如何有效地向「未得之民」傳福音

當我看到神最忠心的僕人、背負大使命的基督徒——也就是教會裡的牧者們——無論怎麼樣地努力不懈和犧牲奉獻，甚至願意付上更多的代價，頂多也只有 5% 的人願意進教會，而且數字比例還在下降中。我實在是百思不得其解，心想為什麼這麼好的福音會被「傳」成這樣呢？

這也就是當我在靜力默想時，來自超自然的意念——「典範轉移」和「新酒必須裝在新皮袋裡」的領受。「神學典範轉移」的概念論述，以及「如何透過典範轉移來突破傳統神學框架，鼓勵地方堂會將傳福音的平台從牆內走到牆外」，讓教會再復興、對社會產生影響力，就是本書想要分享的重點。

▶何謂典範？何謂典範轉移？

在談「典範轉移」（paradigm shift）之前，先說科學史上

一個核彈級的典範轉移，以及帶來的影響。

■天文學上的典範轉移

在科學史上，有過「地心學」和「日心學」的辯論。這場辯論最終演變成科學和基督宗教神學的辯論，並以基督宗教神學的失敗告終，為科學與基督宗教神學在現代社會的共存，提供了重要的經驗和教訓。

一、地心學說：地心學說認為地球靜止不動，是宇宙的中心，所有的天體（如太陽、月亮、行星、恆星）都以圓周運動圍繞地球旋轉。從古希臘到中世紀，地心學說一直是歐洲的主流宇宙學理論，統治天文學界長達 1800 年，得到宗教界和學術界的廣泛支持。地心學說與中世紀基督宗教的世界觀緊密結合，許多聖經經文被解釋為支持地心學說，例如〈詩篇〉104:5 中提到「將地立在根基上，使地永不動搖」。

二、日心學說：1543 年哥白尼提出日心學說，認為太陽是靜止的，太陽是宇宙的中心，行星（包括地球）以圓形軌道圍繞太陽運行，且有自轉運動。1610 年伽利略的觀測證據以及撰寫的《兩大世界體系對話》，被認為嘲諷天主教會支持的地心學說，因而在 1633 年被控「異端」，受到宗教法庭審判，終身軟禁。這顯示了當時天主教會試圖通過法律和宗教手段，維護其在科學和信仰領域的權威。

三、天主教會與科學界的互動

日心學說的興起，加劇天主教會與科學的對立（16 世紀至 17 世紀）；啟蒙與科學革命，帶動天主教會的妥協與轉變（17 世紀末至 18 世紀），但為時已晚，對立已經造成。

本質上來看，科學揭示大自然的規律，神學解釋聖經的道理，兩者皆來自於神，理應相輔相成。但教會神學家們卻將兩者對立起來，使歐洲人漸漸認為聖經是違反科學，基督宗教是落伍、不符合時代的；長此以往，今日的歐洲人越來越多不進教會，實在可惜。

回顧此一歷史演變的用意，不僅在於映照科學的勝利與神學的失敗，更重要的是要帶大家見證一場世界觀的變革。

當社會和科學向前發展時，神學也應該向前與時俱進，並進行典範轉移。若基督教會要再復興，就需要拋棄舊皮袋，將新酒裝在新皮袋裡——這就是基督教會從這場辯論中，應學到的經驗和教訓！

直到今日，還有些傳統神學硬是用文字的字句來解經，將〈創世記〉中神創造的每一天，定義為今天 24 小時的一天，由此算來，自創造那天到今天，只有 6000 年的歷史，這一點也與考古學有了很大的爭辯，這會與遠古有恐龍存在的事實抵觸，進而再一次讓人質疑聖經的真實性。

▶企業的典範轉移

■ IBM 和 AT&T 的衰敗

我們要認知到：「變」是世界上唯一不變的真理，也是塑造未來的要素；假如沒有改變，未來是不會到來的。若進一步研究「改變」，它其實分為兩類，第一類叫「順趨勢」（trends）的改變，第二類叫「逆趨勢」（anti-trend）的改變。

順趨勢是指，在既有的資料中，用理性延伸來做對未來的預測，也是一般我們常用來討論如何改變的一種方式；逆趨勢則是指，顛覆現有的趨勢、軌道，重新創造出新的趨勢及軌道，這種方式因為難度較高，相對少見，但有時卻是任何組織想要長久生存必須要做的事。

我是 1972 年到美國唸書的，當時美國有兩家公司是我最景仰、最崇拜、也是最嚮往加入的——一家是做大型計算機的 IBM，另外一家是做有線通訊的 AT&T。他們的產品壟斷市場、公司人才濟濟，並且總是能夠招聘到最優秀的人才。他們的生意興隆，收入和盈餘都不斷地增加，研發團隊是世界第一流的，當中還有多位諾貝爾獎得獎人。當時的我如同多數人的觀點一樣，毫不懷疑這兩家公司將會永遠保持世界第一的位置，而且屹立不搖。

萬萬沒有想到，不過是二十年的時間，這兩家公司就相繼敗退下來了！ IBM 敗在大電腦轉型成個人計算機的市場，AT&T 則是敗在有線通訊到無線通訊的市場變革。讓這兩家恐龍級企業敗陣下來的原因究竟是什麼？關鍵就在於上面提到的「順趨勢」和「逆趨勢」的思維模式差異。

順趨勢時應採用「慣性思考模式」，逆趨勢時則應採用「逆向思考模式」；企業、職人若想長期成功，就得學會審時度勢，交替採用慣性思考模式和逆向思考模式，不可固守單一的思考。IBM 和 AT&T 就是因為在建立王國後，外部環境不斷在變，內部仍然採用「順趨勢」的思維模式，而遭到時代的淘汰。

但不可否認地的是，當時 IBM、AT&T 都建立了成功的「典範」(paradigm)。什麼叫「典範」？它是一個結合科學和哲學的術語，指的是某一種行業裡，大多數成員都認可的一個信念、價值與最理想的運作模式，因此他們稱之為典範。任何在商業或文化上的顛覆，都來自於「典範轉移」，也就是說，有人創造了一個更好的新典範（或說整體運作模式）來取代舊的。但很顯然地，前述兩家公司並沒有運用逆趨勢的思維模式，建立出一套更好的新典範，以至於無法延續過往的成功。其實他們並不是沒有覺察到市場上的改變，但他們只想看到自己想看的，執意不願意改變，仍以舊的方式去解決新的問題，以致過去引以為傲的優點成為變革中的負擔，而成為典範的痲痺者。

換言之，IBM 和 AT&T 這兩家公司，本來在牆外發展很成功，只可惜成功以後開始築起高牆，逐漸轉為牆內思維，終至被時代淘汰，因為牆內思維會帶出內捲，接著變成內耗，最後變成內鬥。他們往往把威脅歸咎於外部的因素；殊不知，真正的威脅是來自內部不敢變革的恐懼。

▶神學並不等同於真理

五十年前的教會是興旺的，因為符合那個時代的需要，大家普遍認為的神學體系是屹立不搖的。但教會當前遭遇的困境說明了，若是再不及時進行典範轉移，未來的存續是更大的挑戰。牆內和牆外的思維，值得教會界省思和警惕。

我之所以提筆寫這本書，正是因為看到當今教會需要「神學的典範轉移」，希冀能拋磚引玉，以期能夠積極突破上述談到的三大困境。

我們應該站在以前巨人的肩膀上學神學，但神學終究是其他人的主觀靈命、學識、事奉全面整合出來的，所以我們需要靠聖靈協助分辨，以建立起個人的信仰體系。況且，神的心意是活潑的，我們應該要直接學神，而不是只被其他人的神學觀點框住，更不應該被神學的解釋侷限住。

在我的思考裡面，整個信仰體系分為四部分（圖 1），最上面的是真理（神及聖經），第二部分是詮釋真理的神學思維，為了教導神學思維就有了第三部分的神學院，隨著神學院畢業的這些牧師，發散到各地去建立傳福音的平台，就有了第

圖1 基督信仰體系的架構

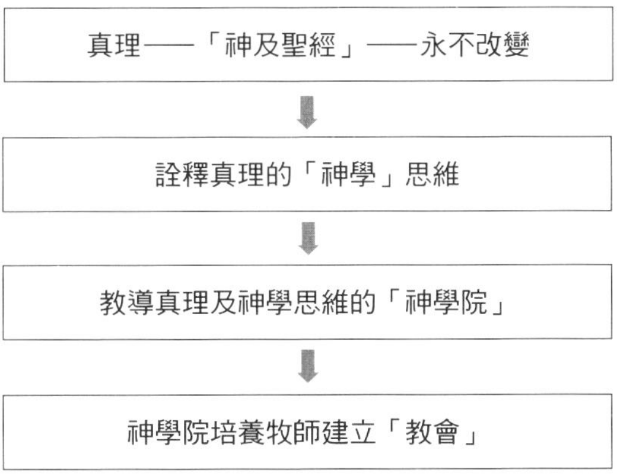

四部分的教會。除了最上面一層是神本身及神的作為，底下三部分都是人為的。

神給我的看見是，當今教會很多的傳福音困境，是神學思維引起的，所以真正需要改的是神學的典範轉移，呼應神給我的經文啟示：「新酒要裝在新皮袋裡。」

翻開聖經，耶穌也曾經做過神學思維的典範轉移。像是當時猶太教強調要守律法，認為守律法就是事奉神，還認為神是猶太人的，只有猶太人是神的子民，外邦人都是無份、無關的……。其實，這也是一種牆內的神學思維，人為地框住神及祂的作為。但這些神學思維讓當時的猶太人深信不疑，所有的典範規章也都是依此神學思維設計。但如聖經所載，這些神學典範最後都被耶穌推翻了，耶穌澄清說：福音不是只給猶太人，而是要傳給全世界的人，所謂事奉神也不是單指守律法、只做敬虔事，更是要活出內心的信仰，成為敬虔人。

耶穌說的「新酒必須裝在新皮袋裡」，是指當時的強勢猶太教派已成為僵化的體制和迂腐的傳統，耶穌的福音像新酒，帶有膨脹的力道，若是裝在僵化的組織（舊皮袋），只會使其破裂，新皮袋（新的神學典範轉移，以及其帶出的信仰體系）是柔軟且有彈性的，方可承載新酒。

這個世代要做的「神學思維的典範轉移」又是什麼呢？

這個命題本身就已經先帶出「真理和神學」的差異。很多基督徒都以為真理和神學兩者應當畫上等號，神學是用來闡述真理的方式，似乎認同了真理，就等於要對神學思維教導的內容完全買單。

實際上，真理是不會變的，但闡述真理的神學思維卻是要與時俱進！正因為幾百年前的神學思維已經不合時宜，我才會提倡必須做神學思維的典範轉移。

真理，指的是與事實、現實或客觀情況相符合的陳述或信念。以基督信仰來說：三位一體的「神」的本身和祂啟示的「聖經」，是世上永不改變的真理。

神學，是對神、宗教信仰、宗教經典，以及與宗教有關的各種問題的理論研究，意思就是「對神的學問」或「有關神的理論研究」。以基督信仰來說，神學是詮釋真理（神及聖經）的一種論述，神學並不完全等同真理。

真理與神學最大的本質差異是，真理是亙古不變、是絕對的，經得起時代變革的檢驗；神學詮釋則是受到時下全體人類的認知限制，是相對的。因此當我們站在現今的世代，仔細檢視主流神學思維所建構出的神學院及教會，便會發現一些教條已經不合時宜、與社會脫節，以至於漸漸失去人心。

然而「信仰的真理」卻讓我們堅信，基督信仰的真理是超越時代的，而且是永遠引導時代及潮流的！認識耶穌基督的先存和永恆是至關重要的真理，祂是從亙古（「……他的根源從亙古，從太初就有〔彌 5:2〕）到永遠的神（耶穌基督昨日、今日、一直到永遠是一樣的〔來 13:8〕）。

比如在四、五十年前，甚至更久以前，當基督徒讀到〈啟示錄〉13:16-18 的：「他（獸）又叫眾人……都在右手上或是在額上受一個印記。除了那受印記、有了獸名或有獸名數目的，都不得做買賣……它的數目是六百六十六」是困惑而不解，不懂額上受一個印記是什麼意思？跟做買賣又是什麼關係？

直至今日，隨著晶片技術發展成熟，再回頭去看這段經文，我們就比較能看懂經文中所說的「印記」，可能就是指未來晶片植入人體的普遍性，以及 AI 的科技發展和互聯網經濟生態圈的形成。「數目是六百六十六」是否是進入此生態圈的密碼，也提供了當今的我們一些想像空間，開始明白將來發生的事。

當我們站在從亙古到永恆的這條歷史時間軸上，無論站在哪一年或哪一個時代點上，若往後看，時至今日我們才明白一些過去歷世歷代、許多基督徒都無法懂得的真理；而往前看，永遠站在時代尖端帶領人類朝向永恆的主基督耶穌面前，我們永遠是落伍且認識有限的，因為還有太多的不明白。

但感謝主，只要我們在信仰的真理上，抱持心意更新而變化的態度，就會幫助我們跟上時代，甚至超越時代，不致陷在傳統的窠臼裡。反之，一個不符合時代的神學思維以及受其影響的神學院及教會，則要思考是否面臨被社會淘汰的挑戰。

▶舊時代的牆內神學思維→新時代的牆外神學思維

放眼當今的科技發展，很多事情在聖經裡早已揭示，但以前的神學家沒有人看見這件事情，原因是百年前，神學家所處的時代背景是單元、封閉、封建，且變化少的一致性社會，其屬性如下：

單元社會：大多數成員有共同的價值觀、信仰、文化和行為模式。社會的統一性和一致性是其主要特徵。

封閉社會：指的是一種對外界變化和影響相對封閉的社會結構。在這種社會中，內部成員的行為和價值觀受到嚴格的規範，對外部文化和信息的接觸則是受限的。

封建社會：是一種以封建制度為基礎的社會結構，其中權力和土地的擁有權分配不均，社會階層嚴格，社會成員的地位和權利通常由出生和土地所有權決定。在這種社會中，領主和貴族擁有主要的權力和資源，農民和勞工則承擔大部分勞動和稅收。

稱早年的神學是牆內的神學思維，是因一方面符合當時時代的背景，二方面是因為當時的神學創建者（神學家）都是在一個較封閉的環境中去體會神跟聖經，所以才會有要建立地方堂會以及單職神職人員的觀念。同時，也因為較少見識外面世界，從他們口中詮釋出來的神學觀自然較為侷限，也無法預想未來世界會出現天翻地覆的變革，以及〈啟示錄〉中所說的「印記」，正是我們現代理解的在人體植入晶片。

在封閉的體制下，每個人的想法趨於一致，地方堂會也易被社會大眾接受。如今，時代不一樣了，早期神學家看不出來的聖經預言，已經在當今世代逐一實現，人心也不再像早年封閉，牆內神學思維勢必要革新，才能重拾對世界的影響力。

相較於傳統神學思維因時代變遷，穿越兩千多年的歷史長河來到嶄新時代的聖經內容，反而更加經得起檢驗，再次證明真理的永恆性。

「新的時代」的創建者，就是「新酒裝在新皮袋」這句經文所指的「新酒」。綜觀過去六十年或一百年，世界各地興起許多浪潮，而其中影響最全面及最深遠的莫過於如圖 2 所示，三個面向的改變：

(1) 新人的改變
(2) 科技的改變
(3) 工作的改變

■新人的改變：年輕的新人總是新浪潮的接受者及推動者

從嬰兒潮（1945 至 1960 出生）到 X 世代潮（1961 至 1981 出生）、Y 世代潮（1982 至 1996 出生，又稱千禧世代），以及所謂的「新新人類」，像是 Z 世代（1997 至 2012

圖2 社會變遷是典範轉移的催化劑

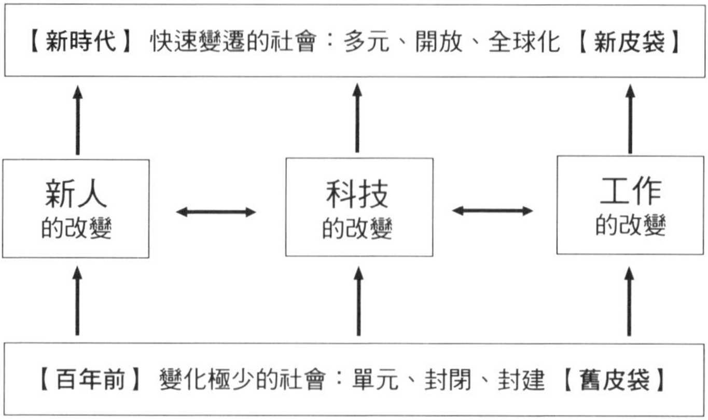

年出生）、α 世代（2013 至 2019 出生）、AI 世代（2020 年以後出生），因成長環境的巨變，越年輕世代的思維模式、價值體系、資訊接收等，越是不同於年長的嬰兒潮世代、X 世代，甚至有些觀念還是對立的。

面對這些不接受教條式教導、權威式領導的「新客戶」，為了跨越世代代溝（generation gap），政府、社會、企業在組織架構上不得不做出改變，領導方式從要求年輕世代要遵從權威式的規則和級別（rules & hierarchy），變成反過來要藉由感召式的願景和價值（vision & value）來獲取年輕人認同，而這也解釋了當今的地方堂會陷入發展困境的原因。

■科技的改變：新的科技永遠是社會的均衡器

近年來移動互聯網和 AI 科技正以指數級發展的速度，顛覆了所有的行業，也打破了以往生活中時空的界限，使得原本時空分離的人事物在任何時刻、任何地點，可以即時整合成一個相互關聯的場景，並且讓「最低成本／最快傳播／最大覆蓋面」成為可能。

基於數位化、立於互聯網，輔以移動通訊硬體功能的提升，不僅大幅翻轉人與人之間的互動模式，也掀起當前的「新媒體」潮流，將傳統傳播媒介定點定時的實體垂直統一（vertical integration），變革成隨地隨時的虛擬整合（virtual integration）。此一新媒體革命正以排山倒海的速度及力度，衝擊著社會各個層面，一些堅持固守牆內的地方堂會也因為科技代溝（technology gap）面臨衝擊。

■工作的改變：聖俗二分的鴻溝（sacred and secular gap）

百年前的工作形式單一，職業別主要是士農工商，如今經歷：(A) 工業、(B) 信息、(C) 互聯網、(D)AI 等革命所帶出的企業、商業、金融、貿易、投資及相關工作，儼然已成為當今的社會主流，並且直接影響著各國的文化、經濟、軍事、政治。

相較於前兩點（新人、科技）的改變，工作及時代背景的巨大變革，更是直接挑戰傳統牆內神學思維的解經視角。意思就是說，早年的神學家在牆內研讀經文所帶出來的理解，已經無法涵蓋時下我們所處、以工作為主軸的牆外世界。

單職神職人員解經時，對：(A) 工作相關的經文體會不深，但上帝是又真又活的，基督信仰也是整全的而非割裂於工作、生活，尤其工作是經歷神和聖經真理的一個重要場域，每一天都可以是一個見證；(B) 大部分牆內教導較偏向教條式且解經方式籠統，未能依據每個會友的生命屬性差異來教其如何具體落實，因而缺乏個人性及實務性。

正當牆外起了天翻地覆的時代革命，地方堂會的運作模式如事奉、傳福音方式仍偏向傳統（如：較為教條式的查經班、信仰聚會、禱告會），未必能有效幫助基督徒透過工作挑戰造就靈命成長。因家庭、工作狀況，未能參與這些教堂內事奉的基督徒容易感到自責、虧欠、壓力，以致加速並強化了與社會聖俗二分的思維及教導，也就是那些原本有機會在職場傳福音的基督徒，反而被教會排除在外，而且被貼上「俗」的標籤。

在一百年以前，教會跟社會是接軌的；但一百年來，社會起了翻天覆地的改變，傳統的地方堂會已經無法以不變應萬變。

不改變就淘汰！面對上述這些「新時代的新酒」的需求在即，身處今日這個多元、開放、全球化且快速變遷的互聯網及 AI 主導的社會，一場教會界內的變革已經來到，因此我們必須重新發展出一套「牆外神學思維」，並依此建立不再以實體建築為場所的「國度教會」，以符合新時代的需求。其特質如下：

多元社會：指的是社會成員擁有多樣的文化、價值觀、信仰和生活方式；社會的多樣性和包容性是其主要特徵。

開放社會：指的是一種對外界變化和影響持開放態度的社會結構。在這種社會中，信息流通自由，文化交流和社會變革都受到鼓勵和支持。

全球社會：指的是在全球化的背景下，世界各國和地區之間的經濟、文化、政治和社會互動日益增強，形成了一個相互聯繫和依賴的全球網路。在這種社會中，跨國界的交流和合作成為主要特徵，國際問題和全球議題對各國政策和社會生活產生深遠影響。

正在上述這種多元、包容且鼓勵變革的環境之下，牆外神學思維才有可能因運而生並蓬勃發展，繼而由聖靈啟示更多當代的神學改革者，訓練出一批又一批有使徒性或先知性呼召的雙職宣教士（可能是職場領袖或職場牧師），再「差派」他們去建立國度教會。

信仰（faith）在心，是宗教的核心，也是個體性的：此為一個深刻的概念，通常指的是對某種超自然事物存在及其價值的堅信和依賴，尤其在缺乏完全證據或無法完全理性證明的情況下。**宗教（religion）在心也在形，是信仰的具體實踐和表達，是社群性的**：指一種涉及人類對超自然力量、神明或神聖存在的信仰與崇拜的體系。它通常包括一套系統化的信仰、儀式、道德規範和社群實踐，還往往塑造社會的倫理、文化和行為模式。**牆外神學思維的底層邏輯是建立在信仰上，看重的是人心（當敬虔人），而非僅在形（做敬虔事）。**

如同表 3 所示，當今無論是在北美、中國、香港、臺灣的教會，大約有 5% 的人在教會內，剩下的人在社會，但教會卻花了 95% 的精力關注這 5% 的人，同時也將聖經解釋的 95% 應用在教堂內的運作，導致地方堂會舉步維艱。

表3　典範轉移：新酒要裝在新皮袋裡

整體資源		教會專注		教會性質		屬靈位份	
教會資源 5%	社會資源 95%	牆內活動 95%	牆外運動 5%	地方堂會（舊皮袋）	國度教會（新皮袋）	牧師教師	使徒先知

未來，如果教會能改變思維，把原本以牧師、教師為主的牧者團隊，變成以使徒、先知為主的使徒團隊，訓練出一批有使徒性和先知性呼召的雙職宣教士，不把他們留在教會，而是差派到社會去建國度教會，那麼勢必能大幅提升教會對社會對世界的影響力。

是的，教會需要的不只是事工轉型，更是整個思維模式的更新！所以神也激發我的使命感，為此提出一個革命性思維——神學的典範轉移。

▶典範轉移者和典範轉移事工

我們再回到圖 1 基督信仰體系的架構，最上一層是永不改變的。第二層神學思維的典範轉移：事工運作及解經平臺從「牆內、有牆」專注到「牆外、無牆」專注。第三層神學院教育的典範轉移：從培養牆內「單職」教牧團隊專注到牆外「雙職」使徒團隊專注（典範轉移者）。第四層教會定義的典範轉移：從只有福音使命的牆內「地方堂會」專注到文化及福音使命並重的牆外「國度教會」專注（典範轉移事工）。

至於典範轉移者需要具備哪些特質和能力？聖經中，耶穌差派十二門徒出去傳道做工時，曾經囑咐他們說：「我差你們去，如同羊進入狼群。所以你們要靈巧像蛇，馴良像鴿子。」（太 10:16）。我們生活的世界是伏在惡者的權下被撒但掌控的邪惡勢力，他們是狼群。我們是上帝的羊，身在如此險惡的環境中，不但不能被吞吃掉，還要去做撥亂反正的「轉化及救贖」的使命，因此要同時掌握雙職事奉的兩大原則：

(1) 馴良像鴿（做人原則）：順從聖靈的指引，活出純良信實、利他犧牲、勇氣正直、謙卑聖潔、受人敬重、無可指責。

(2) 靈巧像蛇（做事原則）：面對狼群的攻擊時，做到籌畫未來、積極創造、與時俱進、靈活變通、有膽有識、英雄豪氣。

正如大衛是雙職事奉者，所以〈詩篇〉78:72 也提到：「於是大衛按心中的純正（馴良像鴿）牧養他們，用手中的巧妙（靈巧像蛇）引導他們。」更詳細的敘述，請看內文 3-4 和圖 3-4-1、圖 3-4-2）。

▶新的典範轉移案例

■詮釋神創造自然界——「物理學」——的典範轉移

古典物理學和近代物理學是物理學的兩個主要領域，它們分別代表了不同時期對自然現象的理解方式。兩者在基本假設、數學工具、理論範疇以及對宇宙的解釋上有顯著的差異。

古典物理學（Classical Physics）：古典物理學是指在 18 世紀至 19 世紀期間，對物理世界的解釋和描述。這些理論基於經典觀察和經驗規律，主要解釋了許多日常生活中可以觀察到的現象。其核心理論包括牛頓力學、電磁學、熱力學和波動理論。

近代物理學（Modern Physics）：近代物理學是 20 世紀以來發展的物理學理論，主要包括相對論和量子力學兩大基礎理論，這些理論突破了古典物理學的範疇，能夠解釋在極端條件下觀察到的現象。

總結來說，古典物理學成功解釋了我們日常生活中的許多現象，而近代物理學則突破了這些界限，提供了更深入、更精確的理解，特別是在微觀和極端條件下的現象上。可見科學也不是真理 ，在不同的時代必須做適當的與時俱進 ，甚至典範轉移。

■從牆內「集權式」到牆外「分散式」的管理典範轉移

蜘蛛型組織（Spider Organization）：蜘蛛型組織是一種傳統的集中式結構，其中的管理權力和決策權集中在少數高層領導或核心部門手中，組織的各部門或單位較為固定，層級分明。

海星型組織（Starfish Organization）：海星型組織則是一種分散式結構，強調去中心化和協作。在這種結構中，沒有明確的領導者或高層指揮，組織成員之間通常以相對平等的方式協作，並且每個部門或單位能夠自主運作。

當今時代，海星型組織越來越受到重視，尤其在科技、創新驅動型的企業、初創公司以及需要高靈活性和快速適應市場變化的行業中，這種結構顯示出明顯的優勢。

地方堂會的組織架構就像蜘蛛型組織，國度教會則像海星型組織。為什麼當今除了地方堂會，我們更需要國度教會？原因是，如果砍掉蜘蛛的腦袋，它會死亡，蜘蛛網也會分崩瓦解。但砍掉海星的一條腿，它卻會長出另外一條新腿，甚至連被砍掉的腿也會長成一個全新的海星，存活能力非常強大。這徹底顛覆集權式管理的海星大軍，也正在向你我席捲而來。

互聯網如何賦能成為孕育無領袖組織的搖籃（個人能力擴張）？企業或任何組織如何在集權和分權的光譜上，找到最適合自己的甜蜜點？答案是，唯有海星與蜘蛛混血的組織，才是能不斷創新成長的模範——這個概念放在教會界同樣適用。

■無牆大學時代的典範轉移

隨著科技的飛速發展，尤其是移動媒體的迅猛興起，現在越來越多大學和機構透過網路傳授知識，這意味著學校的運作形態也將跟著改變。比方說，同一門課程，你可以選擇是要聽哈佛開設的，還是史丹福、北大、清華等學校開設的課程，這些大學之間也會開始進行聯盟，相互承認學分，讓學生自己選擇要在哪一所大學選擇哪一門課，以及畢業時要拿哪一所大學的哪一個科系文憑。

任何一門時代需要的課程，不需要每個大學都教，也不會是某個學科的必修課，只要少數人教、少數人學就可以——當這種全新的大學運作模式成為主流，將出現兩種典範轉移：(A) 打破「學科」邊界、(B)「學校」邊界消失；以後大學將不會再以牆內「知識」的傳授為主，因為要學習知識，網路上到處都有課程可選。學生踏進大學校園，主要是為了學會將知識轉化為牆外的「本事」：

(1) **各種能力的訓練**：培養解決實際且具體問題的能力

(2) **培養思維方法**：養成獨立思考的能力

因應老師的教法變了，考試的方法自然也就不一樣。傳統考試的題目及答案，網路上都找得到，所以老師不僅僅是出一道題給你做那麼簡單，而是會考某一學科所需的解決問題能力，以及偏向邏輯思考的考題。

■共享福音的網路時代典範轉移

共享福音的概念，是從當今已經非常盛行的共享經濟來的。**共享經濟**講的是從實體到網路（商業模式的典範轉移）。一個新的全球經濟體系——共享經濟已漸漸成形，其崛起的原因是，在全球的任何時間、任何地點會有各種的需求者，在此同時，也有能提供此需求的供應者。

這時，若能用一個網路的應用軟體，以超低的交易成本將兩方媒合，就誕生了各行業的全球獨角獸企業，取代許多舊有的實體企業，也改寫商業競爭模式。目前已經看到：

(1) Google → 取代實體訊息

(2) Apple → 取代實體語音

(3) Amazon → 取代實體商店

(4) Meta → 取代實體關係

(5) Alipay → 取代實體銀行

(6) WeChat → 取代實體郵局、電信公司

(7) Uber → 取代實體出租車行

(8) Airbnb → 取代實體酒店

■宣教的典範轉移：從有牆到無牆

未來主流的教會可能都是網路上的，成形原因也是在全球任何時間、任何地點，都有各種與信仰有關的需求者，同時也有能提供此需求的供應者。

這時若能用一個網路應用軟體，以超低的交易成本將兩方媒合，將產生許多有特色的「無牆國度教會」，這些教會透過解決人們表面上的切身需求（如工作、婚姻、心理、教養子

女等），來滿足人們內心對信仰的追求。其中最基本、也是最低成本的方式，是建立一個具有許多內容並以 AI 主導的機器人。在共享福音的時代，舊有的傳統地方堂會或實體宣教機構，在有實體互動必要的情境下，更展現出其重要性。

依照目前工作佔據每個人生命中的比例和重要性，猜想未來使用率最高的，應當就是能同時滿足信仰和工作的國度教會。而將信仰和工作結合並藉此活出使命的雙職事奉人生，亦是神當初創造我們時的藍圖。

所謂雙職事奉的人生，就是生活即信仰、工作即宣教。我曾經在《雙職事奉：扭轉歷史的 16 位聖經人物》一書中，挑選出 16 位扭轉聖經歷史的人物，運用「牆外神學思維」逐一分析他們的雙職事奉人生。這些人物傳記並非是事不關己的歷史故事，而是永活的真神在藉此與我們對話，藉此幫助當代的基督徒可以運用聖經原則來為主所用，並真實經歷這位能在曠野開道路、在沙漠開江河的神！

換句話說，只要我們看懂這本十足接地氣的活聖經，並且從中找到自己的世上職份和國度位份，那麼我們每個人都可以是福音的宣教士，藉由勇敢攀上職場的高峰，活出對社會的影響力。同樣地，未得之民（UUPG）的宣教任務也不僅限於傳統宣教士，帶使命的企業家、商人、專業人士等等，由他們來打前鋒可能會更有果效。

至於教會和神學院，我的建議是，前者應該從牆內（裝備）到牆外（拓展）專注，從有牆（實體）到無牆（網路）專注，藉此影響社會；後者則是除了培養傳統祭司恩賜（牆內）

的教牧團隊之外，也要培養君王和先知（牆外）恩賜的使徒團隊，以期未來能有更多的國度聖職人員進到職場，成為神國的職場宣教精兵！

〈序章〉

塑造敬虔人——雙職事奉的身份

在這篇序章裡，我會用「牆外神學系列」的概念串起過去寫過的四本書，以及這本書的架構，希望有助於讀者們理解並融會貫通。

目前牆內專注的神學思維（圖 3-1-1、圖 3-2-1），對聖經的詮釋偏向教堂內的應用及教導，教堂內傳達的聖經內容也越來越偏向知識性，在日常生活及工作中並無實踐性，導致無法運用在生活和生命中。

教會內的運作，也是以一個人有沒有遵循「長期以來所認可的傳統規條」，來作為其是否對神敬虔的依據，甚至已將傳福音刻意變成非常專業化且高大上的事工。加上在教導上暗示只有在教堂才是神聖的空間，以及在教堂內的服事才是神聖的、討神喜悅的（聖）；這種強調與神同在是定點定時的思維，也讓在牆外從事職場宣教事工的基督徒被貼上「俗」的標籤。

傳福音應該是隨時隨地、出於基督徒內心信仰的自然流露，進而用生命影響生命——所以最好的傳福音是不知道自己正在傳福音，這樣最有感染力和說服力！

本書中所謂的「牆外神學系列」（圖 3-1-2、圖 3-2-4），其實是一種「牆內、牆外」融合加上「有牆、無牆」融合的一種神學系列——在「牆內」的基礎上走出「牆外」；在「有牆」的基礎上成為「無牆」；專注點從「做敬虔事」轉移到「成敬虔人」。所以，不僅是個人進步的體現，更是團隊共同成長的過程。每個人在世上都有一個看得見的切身需求（工作、生活、家庭），但也有一個看不見的終極需求（生命），往往牆內神學只關注人的終極需求，忽略人眼前的切身需求。牆外神學是幫助人們解決切身需求中，也很自然地引入終極需求。

所以，對於聖經的詮釋，除了要著重基要真理知識及教義，也應當結合當代基督徒每天切身面對的生命議題，像是如何將內心的信仰實踐在工作及生活層面，並以此事奉神，也就是在聖經表面的字句以外，帶出神更深的旨意。

因此，牆外神學思維鼓勵每個基督徒走出教堂，藉由在影響城市並轉化社會的過程中，完成拯救靈魂的福音使命，實踐「聖俗合一」的神學觀。

▶雙職事奉的職場宣教

■雙職事奉的身份

我們應該有一個整合的生活，不論身在何處都可以活出雙職事奉的人生，將內心的信仰活在生活的方方面面，並以此事奉神。在以往的信仰體系中最被誤解的地方，可能就是對於「工作的教導」。牆內專注堂會的思維認為工作是一個爭權奪利的地方，是世俗的，不是神所喜悅的，但信徒每天將最多且最好的時間花在工作上；神不關心我們的工作嗎？牆內神學思維缺乏的教導就是如何將信仰實踐在日常生活的工作中、家庭中，以及社會中，以榮耀神。

• **工作的新定義**：基督徒應具備的「工作觀」是——任何人在人生的任何時段，但凡是其生活主軸在做的事都叫做工作，也就是人們一醒來就有負擔的事，不一定與賺錢有關。在這樣的定義之下，職場工作、教會牧會、學生的學習、家庭主婦的持家、照顧嬰兒的母親、退休後的義工或事奉，全都是工作。

當今很流行的「躺平」，實際上是消極應對上進心，不會有真正的幸福感。一個人不但要有工作，還要在工作上追求卓越且要有所作為，方能活出有意義的人生，也就是在與神的互動當中，一步步找到世上的命定及國度的使命，此即為「雙職事奉」。

• **正確的工作教導**：成功是跟別人比，成就是跟自己比。而且同樣是追求卓越，成功和成就的差別，還有在於動機的純正與否。

——**動機不純正**：只求成功的快感及成功的成果。工作的目的是為了養家維生、滿足自我的自傲和自揚；副產品是屬於自己的財富、地位、聲望。在過程中的作為或是急功近利、或是不擇手段，結果造成人我關係的緊張與失去平安。

——**動機純正**：工作本身是回應神的呼召（創 1:28、2:15），工作目的除了養家維生，還有創造價值、服務他人、貢獻社會、榮耀真神，其產生的副產品是屬於自己的財富、地位、聲望，還有屬於神賜與的富有、尊榮、生命（箴 22:4）。在過程中的作為會是用符合聖經原則的正當方法（彌 6:8；箴 22:4），結果是蒙神祝福和內心得平安。

■職場宣教的事工

參與職場宣教，不只是將信仰帶進工作環境，更是在實際生活中磨練我們的屬靈生命，並使之成長。比起在教會中表現出敬虔模樣，職場是一個信仰假裝不了的地方，因為挑戰與試探無所不在，能否將信仰真實體現在每個選擇和行動中，便成為每個信徒最真實的檢驗。

當我們在壓力中選擇信靠神、在困難中選擇忍耐、在成就中歸榮耀給神時，我們不僅僅是在做一份工作，而是用生命活出基督的樣式！

職場也是神給我們的一片禾場，很多同事可能從未聽過福音，甚至對信仰充滿誤解，但是當他們看到，我們在面對失敗時仍然帶著盼望，在面對衝突時選擇饒恕和包容，便會不自覺地好奇「我們內心的力量從何而來？」這樣的好奇心，便是將福音自然傳遞給身旁他人的契機。由此可見，宣教並不一定都是公開的傳講，透過我們的態度讓基督的愛流露，同樣能使人感受到信仰的真實與美好。

在這樣的過程中，我們的屬靈生命也會扎根更深，因為過程中我們學會將工作交託給神、把壓力化為禱告、把挑戰視為與神同行的機會。

這時候，我們的職場也不再只是賺取生活所需的場所，而是我們回應神、見證神、也與神同行的「聖地」。在這裡，福音能夠擴展、生命能夠更新，我們也能成為神手中的器皿，榮耀祂的名。

■牆內牆外和有牆無牆：信仰的真實與實踐

在許多人的心目中，唯有教堂是神聖的空間，以致於信仰的實踐多半被限定在教會的牆內。然而，當我們深入思考「牆內牆外和有牆無牆」的概念時，便會發現信仰的核心應該超越這些圍牆的限制和規條，進入更廣闊的生活領域。耶穌的教導提醒我們，真正的信仰不僅僅是遵循規則，更是在日常生活和職場中活出信仰。

■牆的象徵：界限與隔閡

牆壁象徵著界限，有時這些界限是必要的，然而過度的界限卻可能導致狹隘。當我們把信仰囿於教會內部的儀式與規則時，便無法體驗信仰的真正意義。耶穌在世時，經常打破當時的宗教界限，將愛與憐憫的原則帶入每個人心中。例如，祂與撒瑪利亞婦人的對話（〈約翰福音〉4 章），不僅超越民族的隔閡，也挑戰敬拜神必須在一個定點定時建築物內的界限。

■原則的力量：活出真實的信仰

宗教的規則固然重要，但原則更是信仰的根基。例如：耶穌在〈馬太福音〉12:1-8 中教導我們，要將憐憫「人」的需要較之「宗教」祭祀為重。這正是原則的體現。在職場上，我們面對各種挑戰時，若能以愛的原則引導行動，便能突破牆內牆外的限制。這意味著在工作中不僅要遵循公司的規範和流程，更要把信仰的實踐融入到對同事的關懷和卓越工作，以榮耀神。

■牆內外的融合：信仰的實踐

信仰不應被限制於教會的活動，而應延伸到生活的每一個層面。在教會內，我們透過敬拜、學習和交流來增進彼此的信仰；而在牆外，信仰的實踐則是在日常生活中，特別是在職場上展現出來的。這種融合使得我們的信仰不再只是口號，而是成為生活的一部分。

■牆外神學系列：實踐信仰，塑造敬虔人

地方堂會通常強調群體聚集，無形中埋沒了神造每個人的獨立性，而牆外神學系列的中心思維是凸顯信仰個人化的重要性——以塑造雙職事奉敬虔人建立國度教會。

現今國際形勢變化莫測，全球經濟斷崖式下滑，再加上機器人及 AI 的普及性，各行各業（包括教會）均面臨典範轉移的迫切性，在這樣的環境下，固守傳統觀念及做事方法的人將被淘汰；取而代之的是具有「拐點變商」（XQ）的改革者，這正是我開始寫「牆外神學系列書籍」的初衷。

我先帶大家回顧以前寫的四本書：

(1)**《贏在扭轉力》**是頂級智慧的典範轉移：以扭轉五力的架構，帶出工作扭轉力的觀念。

(2)**《第一與唯一》**是人生幸福的典範轉移：以先選擇唯一再做到第一的選擇架構，帶出生命扭轉力的觀念。

(3)**《雙職事奉》**是聖經人物的典範轉移：以工作扭轉力及生命扭轉力兩個架構，帶出雙職扭轉力的觀念。

(4)**《看不見的更關鍵》**是從外到內的典範轉移：以 EMBA 案例分析的架構，帶出看不見扭轉力的觀念。

(5)**《牆內牆外》**（第五本）神學思維的典範轉移：以「信仰在心、宗教在形」的架構，帶出牆外扭轉力的觀念。

《牆內牆外》的敘述架構是從神創造人開始，繼而談到人跟神之間的互動及同在，以及人的被拯救都是基於「因信稱義」的信仰原則。

信仰在每位信徒的內心，所以信靠神的信徒都應該是「移動的聖殿」，而且在信仰實踐的過程中（敬虔人），神是主導者、人是跟隨者。後來之所以會出現問題，是因為人在實踐信仰的過程中漸漸習慣於變成自己是主導，而非信靠神；同時也更傾向由群體一起做一些跟神有關的活動（敬虔事），這就是「宗教」形成的緣起。

所以，整本聖經敘述的就是，每當人自創的宗教在走不過去的時候，神就會藉著信靠祂的人做神學典範轉移，也就是我們常說的宗教改革。

我們最熟知的就是，耶穌從猶太宗教做典範轉移重回基督的信仰；馬丁路德從天主教做典範轉移重回基督的信仰……；此一循環在人類的歷史長河中，已在各地發生過無數次。

為了清楚闡述「牆外神學思維」的典範轉移，本書的架構一共有四大主題，每個主題又分為四個章節，總計十六個章節。

主題一：以整本舊約的內容為基礎：講舊約中的神學典範轉移及典範轉移者

主題二：以四福音書的內容為基礎：福音書中的神學典範轉移及典範轉移者

主題三：從使徒行傳到今日的教會：教會時代的神學典範轉移及典範轉移者

主題四：職場宣教事工的心路歷程：建立一個無牆的國度教會及典範轉移者

這五本書的核心理念都是出於聖經的知識、教導及啟發，並且強調在變動的時代中，最重要的不是去「做」(doing) 什麼，而是要「是」(being) 什麼、成為什麼樣的「人」。

〈馬太福音〉12 章中，耶穌和門徒在安息日摘麥穗吃，受到法利賽人的指責。耶穌回答說：「安息日是為人設立的，人不是為安息日設立的」(可 2:27)。這句話不僅揭示了安息日的真正意義是為了人的好處，也表明宗教和信仰的本質差別——在這裡，耶穌強調的是關於人的需要和關懷，而不是僅僅遵循死板的規則。

耶穌在〈約翰福音〉8 章中，對被抓到的淫婦的寬恕，亦是鮮明的例子。當群眾要求根據摩西律法用石頭將她打死時，耶穌卻說：「你們中間誰沒有罪，誰就可以先拿石頭打她」(約 8:7)，這讓我們看到，耶穌來是要破除僵化的宗教律法觀念，回歸到個人內心信仰，並將其實踐在愛與憐憫的原則之上。

同樣地，當代教會最大的挑戰不在於「做得不夠多」，而是「看得不夠遠」，經常把焦點放在「做敬虔的事」上，忽略了「成為敬虔的人」的重要性。換言之，我們常只專注「做宣教的事」，忘了「成為宣教的人」才是信仰的本質，導致即使教會牧師那麼擺上，在宣教這一塊還是節節敗退。

在這個科技日新月異、充滿不確定性的時代，教會需要培育的不只是會做事的信徒，更是能夠適應變化、創造影響力的「全人格門徒」。當焦點從「事工」轉向「人」，自然會有不同的資源運用思維，也才能從牆內走到牆外。

現今教會的資源配置往往注重「事工導向」，忽略「生命導向」，也就是投入大量資源在各式各樣的牆內事工上，卻較少思考如何裝備基督徒成為門徒，在牆外的職場、家庭、社會中成為有影響力的見證人。這種侷限的思維，導致教會的影響力往往止於四堵牆內。

我們需要的不是更多事工，而是更多能在職場與社會中發揮影響力的門徒。當我們的眼光從「做事」提升到「塑造人」的層次，自然能突破教會內外資源分配的困境。

因此，在當今多數教會還在思考如何在牆內做更多事工時，真正迫切的是要更新視野、學習牆外思維，思考如何建立一個可培訓出全人格門徒的國度教會，以符合時下社會所需，並差派其出去在轉化社會中傳福音。

但願這本書能提供教會領袖，幫助其重新思考教會的定位與使命。一旦廣大牧者們能把焦點從「事工」轉向「全人」，從「做」轉向「成為」，必能帶來更多突破性的改變！

▶牆外神學思維的解經法：個人化、工作化、生命化

對比牆內的神學思維——是把信仰當作尊崇和跟隨的宗教——牆外神學思維看重的是「一個人如何因為信靠神而活出信仰」，因此講解聖經重點分別從個人化（神造我的獨特性）、工作化（如何拼湊人生地圖）、生命化（神是編劇及導演）的角度切入，方能看出各人在神計畫中的雙職事奉定位（世上職份和國度使命）是什麼。所以，合神心意的大衛在〈詩篇〉139 篇 13-16 節寫到：「我的肺腑是你所造的；我在母腹中，你已編織我。我要稱謝你，因我受造奇妙可畏；你的作為奇妙，這是我心中深知道的。我在暗中受造，在地的深處被聯絡；那時，我的形體並不向你隱藏，我未成形的體質，你的眼早已看見了；你所定的日子，我尚未度一日，你都寫在你的冊上了。」

我們原是神計畫的一部分，因此各人的雙職事奉定位也是跟神在聖經中所揭示的旨意有關。神的旨意又分為 (A) 神預定的旨意和 (B) 神希望的旨意，兩者的內涵不同，但實踐的場合同樣都不是侷限在定點定時的堂會，而是隨時隨地的國度。

■神預定的旨意：神的主權性

此指必然會發生、無條件、無法改變，而且必帶有目的和神命令的旨意，其特性是難以預料、無可避免，更重要的是帶

有超自然、超理性的神秘色彩，如：出埃及、過紅海、耶穌受難、耶穌再來⋯⋯。

■神希望的旨意：人的使命性

此指不是無可避免的也不帶有神秘性，發生或不發生都不影響神命定的旨意，因此可依據人的自由意志來選擇要不要回應神。若想知道神對你的旨意是什麼，可藉著信心從聖經及禱告中找到旨意，因著神愛我們且要施行拯救，所以必會讓我們找到祂的旨意。

在回臺灣證道時，我分享兩位雙職事奉的典範人物：約瑟和彼得。在正式進入講道之前，我先問在場的會友們三個問題：

第一個問題是：你認不認為人是神造的？
大家都舉手。
第二個問題是：你認不認為自己是神造的？
大家舉手。
第三個問題是：你認不認為自己是獨一無二的？為什麼？
這時就不是全部的人都舉手了！

針對第三個問題，我告訴大家答案就在聖經當中。聖經除了典章、律例和規條，實際上更是由幾千個小故事組成，而且每個小故事都是一個完整的故事。每個故事都有主角，起初很多的人生碎片讓人看不懂，也不明白為什麼會遭受那麼多苦難。直到後來主角在生活中、工作中，以及苦難中，因著堅信持續跟神互動，明白了神的旨意（預定的旨意和希望的旨意），才慢慢把自己的人生藍圖拼湊起來，這時重拾過往的生命碎片，每一塊都變得別具意義。

所以，我們要相信：神造我是獨一無二的，而這些獨特性是為了要預備我去完成神放在我身上的旨意。

這個旨意的完成，就像是在拼湊人生拼圖，往往是藉著工作和生命的改變來達到的，所以我們的人生是有目的的，所謂的人生意義也不是一個籠統的觀念，每個人都是帶著神的旨意來到世上。

在世界上數以萬千的拼圖中，神扮演什麼樣的角色呢？

神既是編劇又是導演，任何能活出個人獨特性和獨一旨意的人，因為懂得跟編劇、導演互動，而且願意順服，所以得以成為自己人生舞台上的主角。反過來說，假如是照自己的方法在演自己的人生劇，那就拼湊不出完整的藍圖，也找不到人生的使命，即使看似風風光光地走完一生，回頭看卻又好像什麼都沒有發生，好像自己的存在並沒有為這個世界帶來什麼正向改變或祝福。

因此，「牆外神學思維」和「牆內神學思維」最大的差異點在於：神學家或牧者在講解聖經的過程中，有沒有帶出個人化、工作化、生命化的角度，進一步幫助神的兒女活出命定和使命。

▶扭轉聖經歷史的雙職事奉人物：約瑟

接下來我以「牆外神學思維」的解經方式，分享約瑟是如何在神的引領下，一步步拼湊出人生藍圖。

〈創世記〉37-50 章記載神如何透過約瑟來完成祂的預定旨意——帶領族人（以色列人）入埃及。我會將這整段經文劃分成**工作扭轉力**和**生命扭轉力**，並進一步指出約瑟在這當中各自經歷過的六個拐點（轉折點）。

下表先讓大家一覽全貌，後續會再逐一細述。

〈創世記〉37- 41 章	〈創世記〉42 - 50 章
工作扭轉力 → 世上職份 神裝備約瑟成為埃及宰相	生命扭轉力 → 國度使命 神感動約瑟活出神國使命
關鍵時刻一：被賣為奴→管理能力	定義時刻一：兄弟買糧→時候滿足
關鍵時刻二：被害入獄→領導能力	定義時刻二：態度軟化→人的順服
關鍵時刻三：學會解夢→彎道超車	定義時刻三：原諒兄長→人生意義
關鍵時刻四：堅信動工→最好時機	定義時刻四：領受使命→神的計畫
關鍵時刻五：法老異夢→神的呼召	定義時刻五：完成使命→人生目的
關鍵時刻六：七年儲糧、七年發糧 →治國之道	定義時刻六：堅定使命→人的堅信
【反思題】 Q1：什麼是你的關鍵時刻？ Q2：神關心我們的工作嗎？	**【反思題】** Q1：你經歷過人生的定義時刻嗎？ Q2：你的生命正在被神扭轉嗎？

若是以約瑟的整個人生來看，在關鍵時刻和定義時刻的拐點交錯之下，最後就會呈現出圖 1 樣貌。這張人生軌跡圖同樣可套用在你我身上，差別只在**世上職位（命定）**和**國度位份（使命）**這兩欄，每個人不同。

圖1 約瑟雙職事奉的人生軌跡

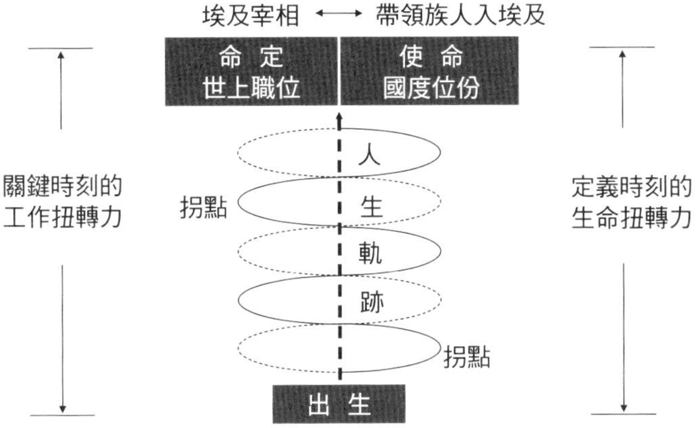

從神的旨意來說，約瑟這一生只需要做一件最重要的事，就是帶領族人入埃及，依循「牆外神學思維」的解經方式，可從下列四大面向來理解約瑟被神呼召的過程，並且反思神在我們身上的旨意是什麼？

一、是什麼（what）：看得見的世上職份→埃及宰相
二、為什麼（why）：看不見的國度使命→帶領族人入埃及
三、神如何準備（how）：關鍵時刻（工作扭轉力）
四、約瑟如何蛻變（change）：定義時刻（生命扭轉力）

先前提到，想要明白神對我們的旨意，就要追本溯源回到聖經去尋求，而且從約瑟的例子可以發現，神對各人的旨意一定會對應到某個更長遠寬大的大計畫。

在神的大計畫下，「神命定的旨意」揭示在〈創世記〉

15:13：「耶和華對亞伯蘭說，你要的確知道，你的後裔必寄居別人的地，又服事那地的人。那地的人要苦待他們四百年。」

在神的大計畫下，「神希望的旨意」是下列這些人能夠回應呼召：(A) 入埃及的約瑟、(B) 出埃及的摩西、(C) 進迦南的約書亞。由此可見，在約瑟被創造來到世上以前，他就已經是神計畫中的一部分，所以神才會對約瑟的呼召如下：

- **約瑟的世上命定——埃及宰相（創 45:7-8）**：「神差我在你們以先來，為要給你們存留餘種在世上，又要大施拯救，保全你們的生命。這樣看來，差我到這裡來的不是你們，乃是神。他又使我如法老的父，作他全家的主，並埃及全地的宰相。」

- **約瑟的國度使命——帶領以色列族人入埃及（創 46:26-27）**：「那與雅各同到埃及的，除了他兒婦之外，凡從他所生的，共有六十六人。還有約瑟在埃及所生的兩個兒子。雅各家來到埃及的共有七十人。」

約瑟在被呼召之前是個被寵壞的孩子，後來被嫉妒他的兄長們聯手賣到埃及為奴。聖經上說耶和華與約瑟同在，也保守他的心，所以約瑟並沒有因為不好的事情發生在自己身上，就從此不理編劇和導演了。

也正因為有神的同在，約瑟一個年僅十七歲、不會講埃及話的年輕小夥子，竟然可以管理一個大臣家的幾百個人。神讓他在這個時期學會**管理能力**，就是為了預備他以後當埃及宰相。

後來隨著故事開展，約瑟明明做了對的事情（堅拒主人妻子的誘惑），卻被關進監獄裡面去，這事若發生在其他基督徒身上，可能就放棄神了，而約瑟的反應卻是繼續照著神的劇本走。因此聖經上說，整個監獄後來都是約瑟在管的。天牢裡關的人都是犯法和得罪法老的權貴，約瑟卻能用自身的好品格，在與他們互動中做領導，並幫助他們轉正，顯示這個時候神讓他培養出**領導能力**，以便為他日後要當埃及宰相鋪路。

因著約瑟不斷信靠神，神就讓他擁有解夢能力，還在獄中為兩位法老的官長解夢，後來也陸續驗證（膳長被殺、酒政被放）。酒政出獄後卻忘了當初答應約瑟說要解救他，至此，約瑟依舊沒有放棄神，還從中學會更加堅信神。

直到兩年多以後，神的時間表到了，讓法老開始作夢，當初那位酒政才想起可以借用約瑟的解夢能力，約瑟因此脫離禁錮並待在法老的身邊做事。

這時，約瑟先前學會的管理、領導、解夢、堅信等能力，不僅同時用上了，還發揮早已被神操練好的工作能力，在解夢中傳授法老王治國之道（預告前七年要先囤糧，以便日後七年乾旱時要發糧），從此成為法老眼中的大紅人，並當上埃及宰相——這是約瑟通過無數個拐點的堆疊才得以擁有的影響力。

由此可見，聖經是有講到工作的，但牆內神學思維的解經都不會談到與工作有關的管理和領導這部分。當轉換成牆外神學思維的解經方式時，約瑟的故事就會為我們當前的「工作」和「生命」帶來很大的啟發，進而活出個人的呼召，此便是我所說的信仰「個人化」——先成為敬虔人，再去做敬虔事。

當我們改用這樣的新方式來解經，整本聖經不僅讀起來不再沉悶，還變得很有意思，因為每一位聖經人物的故事都很鮮明，讓人想要不斷看下去！

▶扭轉聖經歷史的雙職事奉人物：彼得

第二個故事要講的是新約人物彼得，在〈路加福音〉5章記載了他如何蒙召的過程。以往無論是在教會證道，還是受邀到神學院講課，我都分享過彼得的故事。

有次，我問神學院的學生們說，彼得捕魚的故事你們都很熟，若是換作你們來講這篇道，會怎麼講？聖經上寫到這是耶穌呼召首批門徒，所以他們的解經角度就是單純從牆內信仰的角度切入，忽略了牆外的工作面向，也就是說台下會友聽到的是一篇跟聖經有關、但跟自己切身需要的生活跟工作體驗無關的信息。

我的作法是會在信息中指出和分析，神是如何介入彼得工作的平台，以及彼得因為順服神，最終得到的結果是什麼？這是一段在講如何在工作中活出信仰、聖俗合一的經文，採取這樣的講道角度，能使真理變得接地氣。

「耶穌站在革尼撒勒湖邊，眾人擁擠他，要聽神的道。他見有兩隻船灣在湖邊。打魚的人卻離開船，洗網去了。有一隻船，是西門的，耶穌就上去，請他把船撐開，稍微離岸，就坐下，從船上教訓眾人。」（耶穌在西門的工作平台上出現）

「講完了，對西門說，把船開到水深之處，下網打魚。西門說，夫子，我們整夜勞力，並沒有打著什麼（彼得不服氣，即使面臨工作困境中，起初仍是用慣性思維來思考），但依從你的話（因信，從理性到超理性的信心而選擇唯一），我就下網（稱義，信心帶出來的行動而做到第一）」。

「他們下了網，就圈住許多魚，網險些裂開（神介入引發神蹟），便招呼那只船上的同伴來幫助，他們就來把魚裝滿了兩只船，甚至船要沉下去（超乎想像的結果）。」

「西門看見，就俯伏在耶穌膝前，說，主阿，離開我，我是個罪人（此為有罪的人一旦經歷到全能神，所會出現的自然反應）。他和一切同在的人，都驚訝這一網所打的魚。他的夥伴西庇太的兒子雅各和約翰也是這樣（經歷神、榮耀神）。」

「耶穌對西門說，不要怕，從今以後，你要得人了。他們把兩隻船攏了岸，就撇下所有的跟從了耶穌（找到命定）。」

經由上述解經，我們看到了一個在幾千年前發生的故事，其實就活生生地活在當代人的日常生活中，這就是聖經的現代化、工作化和人生化：

- **工作行業**：如同現代的人每個人都有工作，而彼得的工作就是漁夫。
- **工作市場**：每個人的工作都有其專屬的市場，像是今天的 AI 市場，而彼得漁夫工作的市場就是革尼撒勒湖。
- **工作平台**：每個人工作都有平台（辦公室），而彼得工作的平台就是他的船。
- **工作工具**：每個人在工作平台中都有自己的工作工具（辦公室的電腦、手機……），漁夫彼得的工作工具就是漁網。
- **工作產品**：各行各業都有它的產品，漁夫的產品就是魚。

• **工作逆境**：如同每個人的工作都會碰到逆境，被困住了、在原地打轉，就像彼得當時的情況一樣，整夜勞動並沒有打著什麼。

• **水深之處**：耶穌教彼得打魚的方法是有風險的，任何帶有信心的行動都是有風險的，在風險之處信心操練。

• **但依從你**：與編劇及導演的神合作、順服犧牲；放棄自我的判斷以及害怕，敢於去做又新又難的事。

• **你要得人**：彼得的信念帶進了神的介入，不但突破了他工作的困境，還讓他找到了人生的使命和人生命定。

• **接受呼召**：不論身處在各行各業，如果認為你的工作是為神而做，並在工作中活出神的形像與樣式，那麼你在工作時就是在全職事奉神，你會撇下所有跟從耶穌。

彼得對於神的堅信，讓他在面臨到工作困境時得以在彎道超車，從圖 2 可以看到神介入我們工作的原則。而當彼得選擇將信仰與工作合一，即使工作平台相同，帶出來的結果卻大為不同，至於是什麼造成這樣的不同呢？從下列分析就可以看見箇中精髓。

• **兩次捕魚的相同之處**：同一個湖、同一條船、同一個網、同一個人。

真理教導：在你目前的市場、行業、工作、平台、工具、產品中就可以榮耀神，並不一定需要去就讀神學院或在教會中全職事奉，雙職事奉就是全職事奉。

• **兩次捕魚的不同之處**

(1) 神的地點：不是整個湖（經驗—世界），而是水深之

圖2 工作上彎道超車，在於堅信神

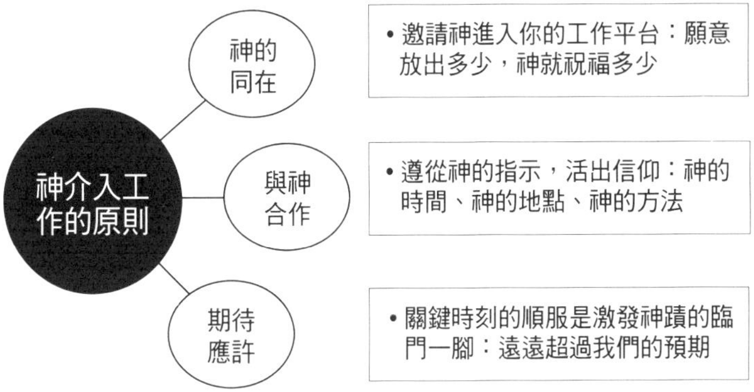
神介入工作的原則
神的同在
與神合作
期待應許
•邀請神進入你的工作平台：願意放出多少，神就祝福多少
•遵從神的指示，活出信仰：神的時間、神的地點、神的方法
•關鍵時刻的順服是激發神蹟的臨門一腳：遠遠超過我們的預期

處（信心—靈界）

(2) 神的時間：不是整晚（時間），而是中午（時機）

(3) 神的過程：不是整夜（靠己），而是幾分鐘（靠神）

(4) 神的結果：不是毫無所獲（理性），而是滿載而歸（神蹟）

(5) 神的方法：發號施令者不是西門，而是耶穌

(6) 真實身份：不是漁夫西門，而是使徒彼得

真理教導：要懂得與身為編劇及導演的神合作，用祂的地點、時間及方法去做。

如同先前分析約瑟的生命轉變一樣，當神揀選了彼得，他也願意回應時，便開始如圖 3 所示進入到生命的改變並且找到命定。藉由彼得的案例分析也是希望促使大家反思，當我們在看這段經文時，是否能夠從工作化和生命化的角度來理解和學習？同樣地，如果你是牧者或者是傳道，能否從上述的看見

圖3 生命改變：經歷神、榮耀神、得命定

經歷神
- 得救：認罪悔改，品格淨化，激發潛能，靈命進深
- 「主啊！離開我，我是個罪人」

榮耀神
- 榮神：成就神跡，接受呼召
- 「……都驚訝這一網所打的魚…就撇下所有的跟從了耶穌」

得命定
- 益人：帶出使命， 指向永生
- 「……從今以後，你要得人了」

信徒最可能造就靈命進深的地點
是在工作中，不一定是在教會裡

來講這篇道呢？

■〈路加福音〉5:1-11 記載，彼得的世上命定→耶穌大弟子

「西門說，夫子，我們整夜勞力，並沒有打著什麼。但依從你的話，我就下網。他們下了網，就圈住許多魚，網險些裂開……西門彼得看見，就俯伏在耶穌膝前，說，主阿，離開我，我是個罪人……他的夥伴西庇太的兒子，雅各，約翰，也是這樣。耶穌對西門說，不要怕，從今以後，你要得人了。」

■〈馬太福音〉16:16-19 記載，彼得的國度使命→教會創建者

「西門彼得回答說，你是基督，是永生神的兒子。耶穌對他說，西門巴約拿，你是有福的。因為這不是屬血肉的指示你

的，乃是我在天上的父指示的。我還告訴你，你是彼得，我要把我的教會建造在這磐石上，陰間的權柄，不能勝過他。(權柄原文作門)我要把天國的鑰匙給你。凡你在地上所捆綁的，在天上也要捆綁。凡你在地上所釋放的，在天上也要釋放。」

同樣地，在神的旨意中彼得這一生只需要做最重要的一件事，就是成為教會的創建者。解經四大面向如下：

一、是什麼（what）：看得見世上職份→耶穌大弟子

二、為什麼（why）：看不見國度使命→教會創建者

三、神如何準備（how）：關鍵時刻（工作扭轉力）

四、彼得做何蛻變（change）：定義時刻（生命扭轉力）

若是套用現代人講述困擾時的直白敘述方式，簡而言之，彼得的故事就是在說一個很有經驗的漁夫，有天發現用最好的工具和經驗卻一無所獲（就如同當今很多人失業或是被老闆苛責能力不足），於是就在內心反問自己：

——上有父母、下有妻小，一家的生計從何而來？

——為什麼我那麼多年的經驗派不上用場了？

——往後的日子若無法捕到魚，該怎麼辦？

常言道，人的盡頭就是神的起頭。當彼得陷入前所未有的工作困境，連帶引發對生命的迷茫時，耶穌出現了！耶穌出現後，並沒有急於替彼得處理工作的問題，反而是對彼得表達「現場人多太擁擠，所以我要用你的船與人群有一段距離，好來講道……」。

老實說，如果那時候彼得捕魚是滿載而歸，相信他是不會理會耶穌的，正因為當天一無所獲，所以他答應了，而這個答應象徵是心裡願意讓耶穌進入到他的工作平台。

因此有趣的事情來了，耶穌講道一個小時之後，竟然教起彼得如何打魚了，而且還叫他做一件不同以往經驗的事情，也就是冒著危險進到水深之處——這若是發生在當今基督徒工作者的身上，很多人可能會先問：「神啊！祢懂電腦嗎？」或者是說：「祢知道公司權力鬥爭多嚴重嗎？怎麼會叫我利他呢？怎麼會叫我活出祢的形像和樣式出來呢？這太可怕了！」

如果你也曾經跟神有過類似的對話，那麼我會告訴你，其實神並不是沒有出現在工作平台中，而是你澆滅了內心的感動、沒有選擇順服神的帶領，最終的結果自然也就很難領受到神的祝福。

由此可見，彼得的整段經文最重要的一句話就是，他對耶穌說「但依從祢的話」（因信），並且真的照做（稱義）。而當一個人敢去做又新又難的事情，不就是生命的改變嗎？再者，誰說工作是世俗的，這不就是跟聖經教導接軌了嗎？

透過跟神的合作，最終找到人生的命定，正是每一位神的兒女都渴望經歷的事情，因此假使解經沒有講到故事中的這些個人化、工作化、生命化，是很難吸引人（尤其是年輕人）的，傳統堂會若能正視這是一個典範轉移的關鍵時刻、勇敢承接使命，定可將時代的危機化為轉機！

Part 1

【神的兒女】

與愛神的人同在：
神創造天地的全景圖

2024 年最受國際矚目的盛事之一，就是在法國巴黎舉辦的第 33 屆夏季奧林匹克運動會。就在一百年前，同樣是在巴黎舉辦的第 8 屆奧林匹克運動會上，發生了一件驚動世界的事件，全球各大報社爭相以頭版的標題報導——「要上帝，不要金牌！神權高於君權！」這樣的新聞報導，讓神在全地得尊榮，也激勵了全世界的基督徒，引發一波福音運動。整個事件的主角，是四百公尺金牌得主 Eric Henry Liddell（李愛銳）。

Eric 是出生於中國的英國奧運金牌得主。1902 年時生於天津，父親是派至天津的傳教士，後來父親生病，全家返回蘇格蘭。Eric 和手足們都是虔誠的基督徒。

Eric 自小就展現出優異的賽跑天賦，參加各種賽事，而且每跑必贏，被冠上「蘇格蘭飛人」的美譽，前途大好；但他內心始終不曾忘記要回中國當宣教士的使命。Eric 的故事後來被拍成電影「火戰車」（Chariots of Fire），最主要的原因是他在 1924 年的巴黎奧運會上，公開尊榮上帝。

當時的情況是，他原先代表英國參加最有把握贏得金牌的 100 米賽跑；到了法國後，得知該賽事的預賽被安排在周日，因堅持守安息日，便拒絕參賽。

英國王子到巴黎替奧運團隊打氣，獲悉此事，還特別為此與大臣開會，並在會議中勸說 Eric 要為國家的榮譽而跑。沒想到面對君權高於神權的英國體制，Eric 不受環境逼迫，反過來告訴王子說：「我當然非常願意為國家爭光，但是神創造了人、也建立了國家，神告訴我『主日是屬於神的』，所以我必須要先忠於神（更勝於國家）」。如此爭議的會議內容，隨即一躍成為全球報社的頭條新聞！

最後，Eric 改為代表英國參加在非週日舉辦的 400 米賽跑。在出賽之前，美國的一位基督徒賽跑選手遞給他一張紙條，上面寫著：「那亙古真理的書上說『尊重我的，我必看重他。』祝你得勝。」

在賽前讀到這張紙條，讓他有如神助，如願奪得 400 米的金牌成績。Eric 賽後表示，前 200 米是他自己的全力衝刺，後 200 米就感覺到是神在帶著他跑，是信仰支撐著，他是在為神而跑！最後還以 46.7 秒成績打破當時的世界紀錄。

在那之後，Eric 並未留戀體壇，而是與妹妹 Jenny 一起到中國當宣教士，引領了山東福音大復興運動。第二次世界大戰時，被關在日本佔領的集中營裡；43 歲那年因腦瘤病逝中國，結束短暫卻傳奇的一生。

外界都為 Eric 的英才早逝感到惋惜，也敬佩他公開榮耀神；卻鮮少人知道，他的妹妹 Jenny 曾對他提出很多的信仰質疑。

兄妹倆最大的信仰分歧就是，謹守宗教形式的 Jenny 認為；所謂的事奉神，就是要把時間都放在教堂內，專注在讀經、禱告、聚會、敬拜、講道等傳統傳福音的聖工上；她認為哥哥出去參加賽事，是為了追求自己的喜愛及成功，是貪愛世界，不榮耀神。但一樣也在教堂內事奉神的 Eric，他的領受卻是深信運動天賦是神所賜，在運動場上發揮所長，也是榮耀神的一種方式。

有次，在 Jenny 再次挑戰他之後，Eric 刻意找機會與

Jenny 深談，真誠地告訴她說：「我知道神創造我是有目的的，但祂同時讓我跑得很快，使我在賽跑時能夠感受到神對我的喜悅，而且我賽跑真正的力量，是信仰支撐著我（The Power comes from within），我是在為神而跑！」

- I believe God made me for a purpose.（帶使命的基督徒→人生目的）
- But He also makes me fast!（神造我成為祂唯一器皿→真實身份）
- When I run I feel His pleasure.（在世上的賽跑中榮耀神→人生意義）

事實證明，神確實藉由讓 Eric 在巴黎奧運的 400 米賽跑時，心中不斷湧現出以上話語、支撐著他獲得冠軍，做出一個激勵人心的見證（尊重我的，我必看重他〔撒上 2 :30〕）。

在報上看到 Eric 如何讓神在全球得尊榮，Jenny 不再質疑 Eric 的信仰態度，更立刻趕赴巴黎，為哥哥的比賽喝采加油！

花了一些篇幅講述這則真實故事，主要是想引領讀者們反思幾個問題：

(1)Eric 與 Jenny 信的是同一位神，看的是相同版本的聖經，也都渴望事奉神，但為什麼對真理（神及聖經）的詮釋，以及其所帶出的實踐方式是分歧的？至終的結果及影響力也天壤之別？

(2)Eric 的運動天賦（恩賜）從何而來？如果天賦是從神

而來，為什麼在世界的職場（包括賽場）藉著信靠神，展現恩賜以榮耀神時，卻被認為不是敬拜及事奉神的見證？

(3)Jenny 只有教堂牆內的恩賜，或是被固定的思維埋沒了？是否有更多在政治、學術、企業、商業、文化、體育、藝術、媒體等領域中有天賦的青年人，也被這種只能在牆內事奉神的思維埋沒了？

(4) 我們如何在與神互動中找到神所給的獨特恩賜，並藉此完成使命？

說了這則故事及其帶出的反思，就引出了這本書的中心議題：**宗教在形，信仰在心**。何謂信仰？什麼是信仰的源頭？何謂宗教？什麼是宗教的源頭？從基督信仰的角度來說，追本溯源，答案其實就在創造天地和人類的「神」身上！

為了有助大家系統地理解人類最初的起源，以及最終的生命解答，我將第一章分成四大面向如下：

(1)**「神造」天地萬物（創 1-2 章）**：要活出祂的形像及樣式的兒女，接管世界並轉化社會的「文化使命」。

(2) **人選擇「不信」神（創 3 章）**：帶進罪及死亡，致失去管理萬物的權柄，到拯救靈魂的「福音使命」。

(3) **聖經「人類」歷史（創 4-11 章）**：神的拯救──因信稱義、信仰在心；人的自義──偶像崇拜、宗教在形。

(4) **聖經「猶太」歷史（創 12 章至瑪 4 章）**：神的拯救因信稱義、律法精義；人的自義──行為稱義、律法字句。

1-1 人類的第一個使命（創 1-2 章）：轉化社會的文化使命

在此之前，我們必須先從制高點俯瞰神創造天地的全景圖，了解宇宙是如何誕生，而線索就在〈創世記〉當中（創 1:1-31、2: 7-15）。

■無形、無窮、無規律三位一體的「獨一真神」創造出二元的「靈界」，以及有形、有限、有規律、多元的物質「世界」

「起初，神創造天地。地是空虛混沌，淵面黑暗；神的靈運行在水面上。神說：要有光。就有了光。神看光是好的，就把光暗分開了。神稱光為晝，稱暗為夜。有晚上，有早晨，這是頭一日。」

● **起初**：「時間」（time）開始——只有在被造的世界中有時間的觀念，在靈界中是永恆的，沒有時間的觀念。

● **神**：聖經開宗明義有「神」存在。

● **創造**：「從無到有」（created），以別於造出「從有到優」（made），聖經也開宗明義啟示是神創造了「天地」。

● **天地**：「空間」（space）觀念——無形、無窮、無規律的「獨一真神」創造出二元的「靈界」，以及有形、有限、有規律、多元的物質「世界」——俗稱「宇宙」。世界之小與靈

圖1-1-1 看得見的世界來自看不見的獨一真神

神的創造（主要原因）——從無到有	
次要原因（果—結果） （看得見的物質世界：自然律）	主要原因（因—原因） （看不見的獨一真神：信念律）
1. 發生什麼（what）：科學 2. 物質宇宙（physical）：受造物 3. 看得見（visible）：生活 4. 規律而清楚：可以複製 5. 理性、定律：世界觀 6. 可以被證明：是受造物 7. 必朽：相對、暫時、有限 8.人的魂、體（外表）：限於時空	⬅ 1. 為何發生（why）：信仰 2. 獨一真神（spiritual）：造物主 3. 看不見（invisible）：生命 4. 無規律、不清楚：不可能複製 5. 超理性、真理：國度觀 6. 只能堅信：神是創造者 7. 不朽：絕對、永恆、無限 8. 人的靈（內心）：超越時空
人的複製（次要原因）——從有到優	

界之大的對比有如「冰山之一角」。（圖 1-1-1）

「神說：諸水之間要有空氣，將水分為上下。神就造出空氣，將空氣以下的水、空氣以上的水分開了。事就這樣成了。神稱空氣為天。有晚上，有早晨，是第二日。」

「神說：天下的水要聚在一處，使旱地露出來。事就這樣成了。神稱旱地為地，稱水的聚處為海。神看著是好的。神說：地要發生青草和結種子的菜蔬，並結果子的樹木，各從其類，果子都包著核。事就這樣成了。於是地發生了青草和結種子的菜蔬，各從其類；並結果子的樹木，各從其類；果子都包著核。神看著是好的。有晚上，有早晨，是第三日。」

「神說：天上要有光體，可以分晝夜，作記號，定節令、日子、年歲，並要發光在天空，普照在地上。事就這樣成了。

於是神造了兩個大光，大的管晝，小的管夜，又造眾星，就把這些光擺列在天空，普照在地上，管理晝夜，分別明暗。神看著是好的。有晚上，有早晨，是第四日。」

- **神在頭一日到第四日**：創造宇宙中各類靜止或運行的基礎建設。

「神說：水要多多滋生有生命的物，要有雀鳥飛在地面以上，天空之中。神就造出大魚和水中所滋生各樣有生命的動物，各從其類；又造出各樣飛鳥，各從其類。神看著是好的。神就賜福給這一切，說：「滋生繁多，充滿海中的水；雀鳥也要多生在地上。有晚上，有早晨，是第五日。」

「神說：地要生出活物來，各從其類；牲畜、昆蟲、野獸，各從其類。事就這樣成了。於是神造出野獸，各從其類；牲畜，各從其類；地上一切昆蟲，各從其類。神看著是好的。」

- **各從其類**：所有動物是神的原創，而非進化演變而來。
- **神看著是好的**：在無罪的世界中，一切都是「善」的。
- **神在第五日和第六日**：創造水中及陸上有生命、會動的活物，包括人類——進入已創造好的基礎建設中。
- **這裡的「一日」**：並非今日地球自轉一日的「地球鐘」，而是一段時日或一個世代——「宇宙鐘」的概念。神的話是超自然的科技（神蹟），不是神話。神「說」是「創造」，不是以人時間的概念和有限的科技去理解。

■神創造的「至終」傑作——創造有祂形像及樣式的「人」

「神說：我們要照著我們的形像、按著我們的樣式造人，使他們管理海裡的魚、空中的鳥、地上的牲畜和全地，並地上所爬的一切昆蟲。神就照著自己的形像造人，乃是照著他的形像造男造女。神就賜福給他們，又對他們說：要生養眾多，遍滿地面，治理這地，也要管理海裡的魚、空中的鳥和地上各樣行動的活物。」

「神說：看哪，我將遍地上一切結種子的菜蔬和一切樹上所結有核的果子全賜給你們作食物。至於地上的走獸和空中的飛鳥，並各樣爬在地上有生命的物，我將青草賜給牠們作食物。」事就這樣成了。神看著一切所造的都甚好。有晚上，有早晨，是第六日。」

- **神的形像——神的屬性**：有神外顯的屬性和內在的靈性品格，包括永存（靈命）、絕對（信實）、至善（利他）、慈愛（犧牲）、公義（勇氣）、聖潔（無罪）。

- **神的樣式——神的作為**：以耶穌在世的本體為代表，包含人的外在形體和內在能力——神超自然——全能、全知、全在，不受時、空限制的能力。

- **造人**：神在建立一個全宇宙運行的系統後，方才創造主角的「人」。人是神的兒女，因為人是按照（或有）神的形像及樣式所造的。

- **遍滿地面**：神給人的使命是持續向外拓展，而不是向內故步自封、自給自足、抱團取暖。神造人的目的不只是一味地敬拜神、讚美神，更重要的是遵行祂的旨意，向外活出神的旨意以轉化社會。

• **治理這地、管理活物**：創造完世界後，神對人說的第一句話就用到「治理」及「管理」這些詞。神將未來世界的治理及管理的權柄託付給有自己形像及樣式的人類，並要人尊重神創造宇宙的規律（治理），並善待神所創造的活物（管理）。這是人類「工作」的來源，也是神給人的「第一個」使命——在活出神的形像及樣式中去工作，去轉化神所創造的「社會」。

■神賦予人類「掌管」宇宙的權柄→人類的第一個使命

依照上述經文，可以得知神跟人說的第一句話是：「要人治理這地、管理活物」，神按著自己形像創造出「有靈的活人」，就是希望人類接管祂在那六日所創造出來的天地萬物。

換句話說，治理和管理就是人的工作，也就是神造人之後就把管理宇宙的權柄給人，所以人要去做治理和管理，而且要向外拓展，勇敢地走出舒適圈，進入社會發揮正向影響力，方能完成轉化社會文化的使命。

「耶和華神用地上的塵土造人，將生氣吹在他鼻孔裡，他就成了有靈的活人，名叫亞當。耶和華神在東方的伊甸立了一個園子，把所造的人安置在那裡。耶和華神使各樣的樹從地裡長出來，可以悅人的眼目，其上的果子好作食物。園子當中又有生命樹和分別善惡的樹。有河從伊甸流出來，滋潤那園子，從那裡分為四道：第一道名叫比遜，就是環繞哈腓拉全地的。在那裡有金子，並且那地的金子是好的；在那裡又有珍珠和紅瑪瑙。第二道河名叫基訓，就是環繞古實全地的。第三道河名

叫底格里斯，流在亞述的東邊。第四道河就是伯拉河。耶和華神將那人安置在伊甸園，使他修理看守。」（創 2:7-15）

● **耶和華**：神自稱的名字，神位格中的「聖父」。

● **神用地上的塵土造人**：人的體（身體）及魂（大腦）是物質世界的產物，其中主要組成的化學元素與塵土無異，但其中個人的特點來自父母生理的遺傳（DNA），所以人的體跟魂受制於自然世界。

● **有靈的活人**：神將祂的形像及樣式的種子放在人的靈裡（DNA），同時因應每個人獨一的使命決定人種、時代、地點及恩賜。所以靈是人的生命導向，也是人生目的（使命）、真實身份（真我），以及相對應的人生意義（價值）的綜合體。神造人的靈能超越自然世界（圖 1-1-2）。

● **亞當**：人開始有名字，是聖經中「第一個」亞當，以別於「第二個」亞當——耶穌基督。

● **立了一個園子**：神是投資者（資方），人是經營團隊（勞方），人的工作要與神合作。

● **修理看守**：人在世上主要的工作——要追求卓越、創造價值、有所作為。

▶基督徒工作觀

(1) **神是工作者**：神本身就是一個極富創意的工作者。祂創造宇宙，並稱自己創造天地的行為是工作，如創世紀記載：「……神造物的工已經完畢……」；神還維持宇宙運行，如〈歌

圖1-1-2 人的被造：看得見的表象來自看不見的異象

<table>
<tr><td colspan="2">人的異象啟示自信念律</td></tr>
<tr><th>次要原因（果—表象）
（看得見的物質世界：自然律）</th><th>1. 主要原因（因—原因）
（看不見的獨一真神：信念律）</th></tr>
<tr><td>1. 身體（體）：父母（遺傳）所生——生理、感官、行為、驅動中心——現實面
2. 大腦（魂）：父母（遺傳）所生——理智、情緒、個性、意志、良知——精神面
3. 思想體系：受世界上的知識、文化及時代烙印的影響
4. 跟表象（看得見）的控制及慣性思維專注物質世界——「己」為中心</td><td>1. 生命（靈）：神（旨意）所生——信心、愛心良心、信實、永恆中心——生命面
2. 個人：人生意義、人生目的，真實身分神聖不滿足的源頭——饑渴靈
3. 能夠超越自我利益，傾向進入到對他人付出及犧牲——激發潛能
4. 聽異象（看不見）的指引及內心信念靈命到物質的實踐——「神」為中心</td></tr>
<tr><td colspan="2">人的表象受制於自然律</td></tr>
</table>

羅西書〉記載：「……萬有也靠他而立。」；神使歷史發生，並藉歷史來完成祂的旨意。

(2) **神創造的人是工作者**：人，既是神依照自身形像創造出來的，自然也是天生的工作者；神創造人來管理其他創造物，並接管神的創造，這就是人工作的起源。

(3) **神創造人使人與神同工**：神立了園子，讓人修理看守，這是神與人合作。即使是今日，人亦是神資歷較低的合作夥伴，預備要完成神的工作。

(4) **神是投資者，人是經營團隊，互為合作夥伴**：所有物質世界的產物，都是藉著免費的原始資源（神是投資者），加上人類的加工（人是經營團隊）而做成的，因此「加工」便是我們的工作。

■神「量身」打造每個人的「靈魂體」，以成就人轉化社會的文化使命

我們的父母遺傳給我們獨一物理的 DNA，神生每個人時，也遺傳給我們靈裡獨一的 DNA。若以一座冰山來比喻，人看得見的體與魂，猶如露出海面的冰山，看不見的靈則像海面下的冰座，是真正的存在基底。

神賦予人的靈，亦是人類跟動物最大的差別：

(1) 人有信仰：可以直接在靈裡連接到神，所以面對不確定的未來時，就希望去求一個比自己更厲害的東西來幫助自己，因為看不見，就用看得見的物件來敬拜——拜偶像的起源——其他動物沒有此需求。

(2) 人有智慧：其他動物只會利用自然，只有人能在創新中改造自然——創造出人類文明史。

回顧創造之初，神是按照全人靈、魂、體的次序來創造我們的。靈來自於神，不屬於物質世界，具有超個人（transpersonal）的特徵，亦即魂、體會受制於時間和空間等自然律，靈卻是超越自然律（圖 1-1-3）。

靈：所追求的生命範疇亦是超越自我利益，傾向進入到關係中付出和犧牲，又因靈兼具了信心、愛心、良心，神經常會藉由靈裡的真光來呼召我們，願意予以正向回應的人，便能體驗到內心真正的平安喜樂，乃至於活出永恆的意義。

圖1-1-3 神量身訂制靈、魂、體：邁向全人事奉

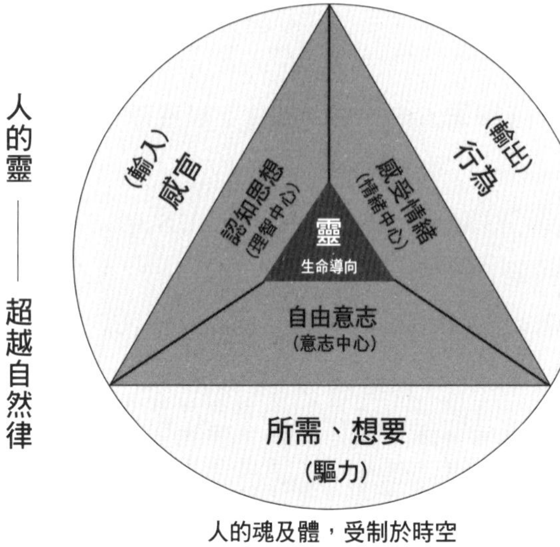

魂：相對於靈在靈命世界，魂屬於物質世界，是我們理性認知（知）、情感表達（情）以及意志抉擇（意）的中心，運作基地在我們的大腦中，這部分也是神按照生命任務來設計個人的心理（精神）素質。它們的組成如下：

(1) 理智中心（眼力）：IQ 的高低、學習、思考的聰明及智慧。

(2) 情緒中心（魅力）：EQ 的強弱、情緒的穩定與波動。

(3) 個性中心（動力）：理性或感性、強勢或和平、鬥志高或低。

(4) 意志中心（魄力）：意志力高或低、不滿現狀、膽識能力。

(5) **德性中心（德力）**：品格高或低，良知生來不同但有共同性。

此外，魂的組成不僅是受制於遺傳，還有個人在成長環境中「本性風格的塑造」和「認知觀念的形成」。

體：則是靈與魂的載體，和魂一樣屬於物質世界，是我們與外界互動的介面，而神也同樣是按照生命任務來量身打造我們的生理組成。它們的組成包含了基因、性別、長相、血脈、潛能、健康素質，是我們的感官、行為、驅力中心。

神不只量身訂制我們的靈、魂、體，還會因著個人所肩負的使命，為其打造出各種相應的主、客觀條件（圖 1-1-4）。

(1) **靈命**：你的生命導向也是你人生目的（使命）、真實身份（真我），以及相對應的人生意義（價值）和良知的綜合體。

(2) **熱情**：為了指引你去完成獨一的使命，神造你天生對某些人、事、物、理念等有特殊的敏感或熱情。

(3) **能力**：因著使命，神也會賜你與熱情搭配的天分、才幹、資源等，在對的時間點一一被激發並茁壯。

(4) **經驗**：神看不見的一雙手默默地帶領你，藉著完成階段性的任務，使你得到完成使命必須有的專業及綜合能力。

(5) **個性**：與使命及熱情交軌，神也將你接線成為一個感性的、理性的、知性的或隨性的人。

綜上所述就不難發現到，神創造每個人並非隨興，而是有深刻的旨意在當中，所以我們都應該是全人事奉、使命導向，

圖1-1-4 神的原創：全人事奉、使命導向、承受永生

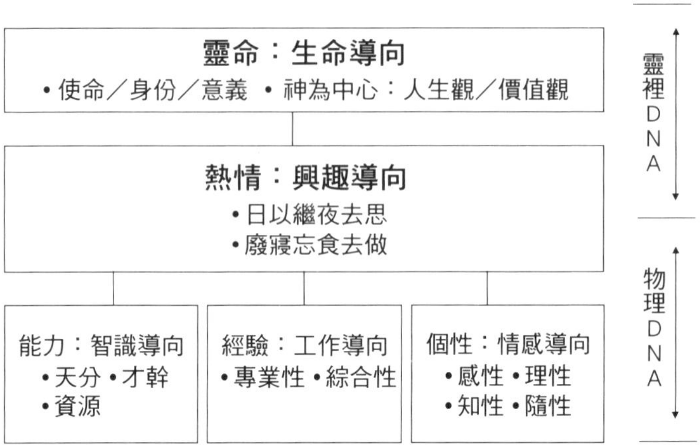

以活出神創造我們每個人的獨特性。

但為什麼神已經賦予人類「轉化社會文化」此一使命，又繼而賦予人類第二個使命呢？

【反思與討論】

- 請寫出本單元的主題和重點是什麼？並分享讓你印象最深刻或最有啟發的部分。
- 神創造宇宙賦予我們治理、管理的使命，你將如何開始轉化社會文化？
- 在身心靈全人事奉的整合上，請寫出下一周應用在生活工作的具體實踐：
  (1) 在靈命上
  (2) 在熱情上
  (3) 在能力、經驗、個性上

1-2

人類的第二個使命（創3章）：拯救靈魂的福音使命

為什麼神再賦予人類第二個使命？關鍵在於：人因為不信從神、棄善悖逆神而犯了罪！但第二使命的出現，並不代表第一使命的消失。

我們接著把〈創世記〉中亞當與夏娃的故事說下去。

■神命令的旨意→神的「主權性」

「耶和華神吩咐他說，園中各樣樹上的果子，你可以隨意吃。只是分別善惡樹上的果子，你不可吃，因為你吃的日子必定死。」（創 2:16-17）

值得一提的是，直到這裡，神只給了人一個使命——藉著活出神的形像、樣式轉化全地（文化）使命——在地上活出天國。尚未賦予人拯救靈魂（福音）的使命，原因是人尚未犯罪，神創造的天地及世界都是善的，神看著是好的。

• **隨意吃**：神創造天地萬物是提供人一個好的環境，以接管神的創造。

• **只是……你不可吃**：神供給人一切，只要求人不做一件事；藉著信靠順服祂守住這誡命。

• **分別善惡**：我們生活的世上，如同圖 1-2-1 所示，其實

圖1-2-1 靈界的絕對 VS 世界的相對

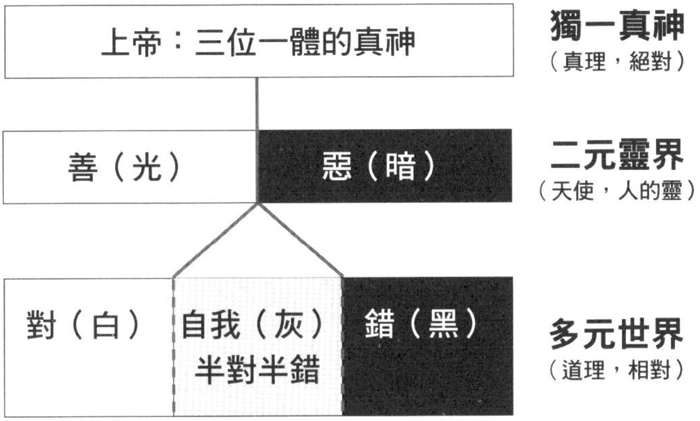

同時存在三個層面：

(1) **獨一真神**：三位一體的神，自在永在，是獨一和一元絕對的權柄，也是分別善惡的真理所在，所以只有至善的神方能有此分別善惡的絕對權柄。在上帝的真光中，不論善惡都會原形畢露，無一能逃避。在黑暗中無法分辨善良與邪惡，但在真光之中就能分辨清楚。

(2) **二元靈界**：是神所創造，伏在上帝的權柄之下的好天使及壞天使（神賜自由意志），是存在的並與上帝對話（代下 18:18-22；伯 1:6、2:1；但 10:12-13）。這是二元絕對的靈界（光與暗、善與惡不能並存）；也包括人的靈裡狀態（信與不信不能並存）。

(3) **多元世界**：也是神所創造，伏在上帝權柄之下的相對多元的物質世界，包括我們的魂及體。

在二元的靈界，有善就沒有惡，也就是說，一旦心中沒有了善，惡就進入了；因為人類的始祖亞當與夏娃受到撒但的誘惑，內心棄善（不相信神），自此，惡就從人的內心進入到了神原本創造的至善世界。

人無法取代神來訂立二元靈界善、惡的標準，而是以個人自我的私心介入，所以在世界上就會形成除了對（白）、錯（黑）之外，還有半對半錯的灰色地帶（半白半黑），造成世上紛爭的亂源。

- **必定死：**人若不信神的「話」，代表人「不信」神，不信神就是選擇「不要」神。而神是「永生」的，也是「善」的，所以人不信神就將「惡」（苦難）及「死亡」帶到了世界。

■墮落的「天使長」（撒但），迷惑世人「悖逆」神

「耶和華神所造的，惟有蛇比田野一切的活物更狡猾。蛇對女人說，神豈是真說，不許你們吃園中所有樹上的果子嗎？女人對蛇說，園中樹上的果子，我們可以吃，惟有園當中那棵樹上的果子，神曾說，你們不可吃，也不可摸，免得你們死。蛇對女人說，你們不一定死，因為神知道，你們吃的日子眼睛就明亮了，你們便如神能知道善惡。於是女人見那棵樹的果子好作食物，也悅人的眼目，且是可喜愛的，能使人有智慧，就摘下果子來吃了。又給她丈夫，她丈夫也吃了。」（創 3:1-6）

- **蛇：**撒但的化身。
- **豈是真說：**撒但故意用模稜兩可的話誘惑女人。
- **神曾說：**女人因順著蛇的思路走，對神的信心開始動搖。

● **不一定死**：從靈裡絕對的信念（必定死），誘導到魂裡相對的懷疑（不一定死），可見撒但是有計畫地在誘惑人。

● **眼睛就明亮了**：是以自我看待事物的角度，以替代靈裡對神的信念。**好作食物**（吃）滿足肉體，用世界上身體慾望上的滿足，撒但再次誘惑人。

● **如神**：提升人是被造物的身份以取代神，當人開始照著自己的形像造「假神」，「自我」就成為人的「偶像」了。

● **能知道善惡**：人若離開了神而照己意來定善惡，是犯罪的源頭，也是世界上的亂源，因為分別善惡就是決定對錯，人不信神，就是用自我告訴神「你錯我對」。

● **女人見……能使人有智慧**：顯示人是憑眼見（體），靠感覺（魂）的決定。

● **摘下果子來吃了……她丈夫也吃了**：這是出於人自由意志的選擇。神造的萬物中，惟有允許天使（包括撒但）及人類有能力選擇「要堅信神以榮耀神」，或「不信神而悖逆神」。

■「墮落」的人類，「喪失」掌管世界的權柄

「他們二人的眼睛就明亮了，才知道自己是赤身露體，便拿無花果樹的葉子，為自己編作裙子。天起了涼風，耶和華神在園中行走。那人和他妻子聽見神的聲音，就藏在園裡的樹木中，躲避耶和華神的面。耶和華神呼喚那人，對他說，你在哪裡。他說，我在園中聽見你的聲音，我就害怕。因為我赤身露體，我便藏了。耶和華說，誰告訴你赤身露體呢？莫非你吃了我吩咐你不可吃的那樹上的果子嗎？那人說，你所賜給

我，與我同居的女人，她把那樹上的果子給我，我就吃了。耶和華神對女人說，你作的是什麼事呢？女人說，那蛇引誘我，我就吃了。」（創 3:7-13）

● **眼睛就明亮……赤身靈體**：神用聖靈造真人，原為正直且純潔有如孩子般天真無邪，同時也是向神敞開的。在蛇引誘之下，始祖因不信神，心中開始產生私慾、混淆視聽。結果就是：自我是因失去真我；眼亮源自靈瞎；赤身靈體因失去原本尊貴神的形像與樣式；分辨其實是無知；害怕是因為沒了勇氣；藏了是因為不敢面對神。可見在人墮落之後，當人的慾望興起，就有可能做出違背上帝旨意的事（犯罪）。

而且從那以後，因為罪的影響，地受咒詛，使得人治理及管理不易，這就是為什麼人要活出信仰變得這麼困難。

● **推卸責任**：犯罪後的人受自我控制。人的思維永遠是我對你錯，就像亞當推卸是夏娃的錯，因為夏娃是神所賜，所以至終是神的錯；夏娃則將責任推卸給蛇。

「耶和華神對蛇說，你既作了這事，就必受咒詛，比一切的牲畜野獸更甚。你必用肚子行走，終身吃土。我又要叫你和女人彼此為仇。你的後裔和女人的後裔也彼此為仇。女人的後裔要傷你的頭，你要傷他的腳跟。又對女人說，我必多多加增你懷胎的苦楚，你生產兒女必多受苦楚。你必戀慕你丈夫，你丈夫必管轄你。又對亞當說，你既聽從妻子的話，吃了我所吩咐你不可吃的那樹上的果子，地必為你的緣故受咒詛。你必終身勞苦，才能從地裡得吃的。地必給你長出荊棘和蒺藜來，你也要吃田間的菜蔬。你必汗流滿面才得糊口，直到你歸了土，因為你是從土而出的。你本是塵土，仍要歸於塵土…耶和華神便打發他出伊甸園去，耕種他所自出之土。……於是把他趕出去了……要把守生命樹的道路。」（創 3:14-24）

● **咒詛**：希望壞事發生在某人或某事上。神的咒詛，是祂用來懲罰對祂悖逆之事的方法。人因不信神的罪，將惡（苦難）及死亡帶進了世界，破壞了神創造的美好世界，因此神咒詛了蛇（撒但）、女人、男人、地及世界。

● **咒詛蛇（撒但）**：「你既作了這事，就必受咒詛，比一切的牲畜野獸更甚。你必用肚子行走，終身吃土。我又要叫你和女人彼此為仇。你的後裔和女人的後裔也彼此為仇。女人的後裔要傷你的頭，你要傷他的腳跟。肚子行走，終身吃土。」從此，蛇永不得翻身、永不得拯救。

● **咒詛女人**：「我必多多加增你懷胎的苦楚，你生產兒女必多受苦楚。你必戀慕你丈夫，你丈夫必管轄你。」女人顧家——主內（重情感）——受生產和戀慕男人之苦，同時負起養育孩子的責任（慈愛代表）。

● **咒詛男人**：「地必為你的緣故受咒詛。你必終身勞苦，才能從地裡得吃的。地必給你長出荊棘和蒺藜來，你也要吃田間的菜蔬。你必汗流滿面才得糊口，直到你歸了土，因為你是從土而出的。你本是塵土，仍要歸於塵土。」男人養家——主外（重工作）——受終生勞苦和辛勤養家之苦，同時負起帶領孩子的責任（公義代表）。

● **咒詛地**：「地必給你長出荊棘和蒺藜來。」自始祖犯罪後，地及世界也被咒詛下持續敗壞，這就是「不進則退」的定律；世上所有事物除非有外力的介入，都有自然退化的傾向。隨著時間的過去，會從有次序變成沒有次序，這不進則退的原則，也包括了心靈的狀況，所以我們在成聖的過程中，要靠著聖靈向上推動的外力。

- **女人的後裔**：不是男人與女人的後裔，預表聖靈感孕的耶穌基督，而在神的計畫裡，耶穌基督的影子早已在此出現。
- **傷你的頭**：耶穌的死裡復活，是對撒但的致命打擊，破除撒但用死亡轄制人的權柄。
- **傷他的腳跟**：撒但鼓動當時的猶太人，將耶穌的手腳釘在十字架上。
- **你必汗流滿面才得糊口**：因為宇宙萬物都在衰退中，使工作環境變為困難，而且其他的工作者也有罪，使得人治理這地，管理活物的工作更加艱難。
- **你本是塵土，仍要歸於塵土**：人的身體（魂與體）本是神用地上的塵土所造的，也是世人死後要「入土為安」的習俗。
- **耶和華神便打發他出伊甸園去，耕種他所自出之土**：不論在園內還是園外，神都要人工作。神雖然咒詛了工作環境的「地」，使工作更加困難，卻沒有咒詛「工作」的本身，工作是神賜給人的使命及恩典，即使在人犯罪後，神沒有將這神聖的命定收回，所以正確的工作心態及作法是神聖而有價值的。

在此特別提出這個觀點，是希望教會及信徒們，不要受到傳統聖俗二分的思想框住，狹隘地認為只有教會的神職人員工作，才是在全職事奉神且討神喜悅。而是應該用正面、積極的態度來教導神的兒女（會友）看待工作，也要學習並教導擁有正確的工作觀，別再將世上所有工作都視為不屬靈，也將「社會上的工作」視為是世俗的。

• **要把守生命樹的道路**：有罪的人會死是一種解脫，人若在罪中又長生不死的話，等同要永遠與神隔絕，這對人來說反而是無止盡的痛苦。也破壞了神拯救人類因信稱義的計畫。

在〈創世記〉前三章當中，我們看到人類的始祖因為不信神的罪，將惡及死亡帶進了世界，以致徹底改變了歷史的走向。

亞當因著不順服神，導致人與神關係破裂，使罪進入世界，於是撒但就伸手奪取亞當所失去對世界的管理權，成為「這世界的王」（約 14:30）、「全世界都臥在那惡者手下」（約壹 5:19）、「空中掌權者的首領」（弗 2:2）。而且，在耶穌受撒但的三個試探中，似乎耶穌也從未質疑牠擁有暫時統治世上萬國權柄的正當性（太 4:1-11）。

■人類的第二個使命：拯救靈魂的福音使命

按照神的創造，我們過的應該是使命導向的正版人生，不只工作經驗的累積具有國度性，最終也是為了實踐以神為中心的人生觀。

既然神對每個人都有一個使命和呼召，為什麼絕大多數的世人不知道這輩子所為何來，按己意活成了沒有意義的盜版人生？原因是跟始祖亞當夏娃一樣，人沒有按照神的原創去做，而選擇逆向的自由意志，其結果讓人遠離神。這就帶出神賦予人類的第二個使命：拯救靈魂的福音使命。

由於神的愛，不希望人變成沒有意識的機器人，所以給每個祂造的人自由選擇：愛神（信神）或不愛神（不信神），如此的愛方為珍貴，並藉此來做永生或永死的審判。也因為擁有自由意志，人類開始相信自我而遠離真神。

人類自始祖亞當沒有聽從神的話，受了撒但的誘惑，吃了分別善惡樹上的果子而犯罪，從神的原創中集體墮落。後天的影響則是，人雖然承受了神天生的靈、魂、體，但在後天接受世界思想體系的影響下，自由意志做出正確抉擇的機會越來越小，在我們越來越自以為是（自我）的情況下偏離神越來越遠。至於世界的思想體系，又可細分為下列這些：

(1) **知識**：不同等級、類別的知識及教育影響人的一生，知識在某些層面上可以改變個人的命運。

(2) **文化**：可見卻不可觸摸，還能像強力膠把一群人聚集在一起，是一個整合體系，其中包括：

- 行為 → 認可的行事為人準則
- 價值 → 選擇什麼才是好的、有益的、最好的
- 風俗 → 傳統的衣飾、飲食、年節等
- 組織 → 政府、社團、學校、家庭
- 宗教 → 關於神、現實或終極的意義

(3) **時代烙印**：各類媒體多少都影射出一些思想及念頭，希望大眾接受。

以上三者都是物質世界的產物，並非神創造的，但它們卻

形成我們的思想體系，也就是我們的相信體系。

我們的人生觀及價值觀，亦是建構在此一體系之上。而且我們自出生起在自由意志驅使下，頭腦就不斷在接受新的知識、文化（和時尚的）烙印，並從中調整出一個以自我為主導的思想、相信、決斷體系來主導人生，進而造就出「自我體系」——世界思想體系所造出人類的自大、自義、自狂、自戀、自傲的綜合體。

縱然如此，神原創的靈並未消失，只是深深地埋藏在我們的內心。但一個以世界為導向的人生，因為所做的一切都是為己，實踐的也是世界體系推崇的人生觀，最終便與永生無緣，只會邁向死亡，其示意圖請參照圖 1-2-2。

看到這裡，可能有人會問，我們注定只能世世代代受到始祖罪性的詛咒嗎？一點轉圜的餘地都沒有嗎？

好消息是，有的！神在造人的時候就給予人有信仰的能力，只要人願意重新透過自由意志，做出棄惡向善的順向選擇，也就是「堅信耶和華會施行拯救」，便能脫離罪的綑綁，活出神原本造個人的樣式，並完成神賦予的使命。

只不過遺憾的是，往往神賜人內心的「信仰」，常常被人降格成了表面的「宗教」，進而流於一種組織形式的運作，失去了信仰本質，這在後面的章節會詳述。

在此針對前面兩章做個總結：

(1)「神說，我們要照著我們的形像，按著我們的樣式造人……神就賜福給他們，又對他們說，要生養眾多，遍滿地面，治理這地。也要管理海裡的魚，空中的鳥，和地上各樣行

圖1-2-2 人的自我：世界導向、邁向永死

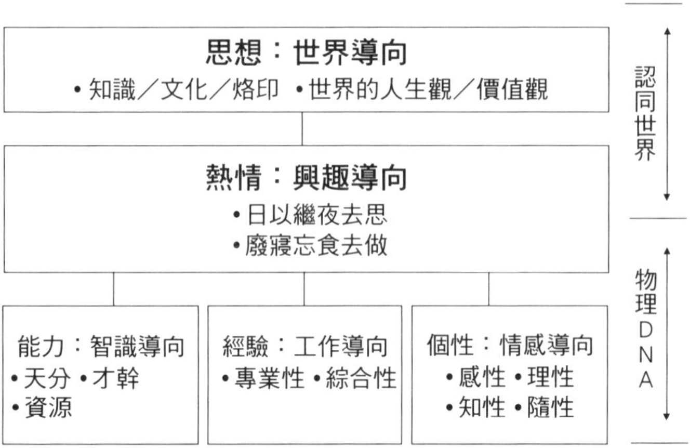

動的活物。」（創 1:26-28）唯有人是神的兒女，有神的形像與樣式，此即為人與動物最大差別。這帶出是人的第一個使命：轉化社會的文化使命。

(2)「耶和華神呼喚那人，對他說，你在哪裡。他說，我在園中聽見你的聲音，我就害怕。因為我赤身露體，我便藏了。」（創 3:7-13）人因犯罪，自此從尊貴形像與樣式中墮落。結果帶出人的第二個使命：拯救靈魂的福音使命。

【反思與討論】

- 請寫出本單元的主題和重點是什麼？並分享讓你印象最深刻或最啟發的部分。
- 就人類因罪惡而導向死亡的結局，你如何找到重回伊甸園與神同在的方法？
- 請在接下來一周每天讀經禱告中，寫下你如何信靠順服神吩咐的經歷：

(1) 聖經的經文
(2) 現實的挑戰
(3) 生活的應用

1-3 聖經人類歷史（創 4-11 章）：神賜信仰在心，人做宗教在形

當人們面臨過不去的困境、突如其來的災禍、不確定的未來，或是急求夢想成真時，因發現自身的能力有限，無論有沒有宗教的歸屬，都會很自然地在內心渴望找一位比自己更厲害的對象（人或神）來求解困。「老天啊！救我！」甚至還會突然從內心冒出這樣的呼喚。即使古代世界上最有權柄的君王，亦會在自認不足中藉出「祭天」來祈求能驅使自然力的神明，賜給國家風調雨順。

究竟誰是老天？誰能掌控自然？為什麼老天或神明會出手救你或幫你？為什麼在所有的動物中，只有人類會有此一追求和想念？

■神的拯救：神賜人有「信仰」的本能

「耶和華神用地上的塵土造人，將生氣吹在他鼻孔裡，他就成了有靈的活人，名叫亞當。」（創 2:7）

正因為人是有靈的活人，具備直接與神連結的靈命需求及能力，基於內在靈命的自省，任何墮落的罪人，內心深處還是渴望找回「神尊貴的形像與樣式」。更精確一點的說法就是，找到神造每個人的人生目的（使命）、真實身份（真我），以

及相對應的人生意義（價值），因此可以這麼說，人自出生就在走一條回「天家」的路！

所以當人在地上看得見的生活環境受阻，或內心渴望得著什麼而又自認能力不足時，就會自動切換思路，轉而向在天上看不見的靈命世界求援，頓時就產生三樣互相關連的事務發生：

(1) **求告者**：內心不平安而呼求神的善男信女。

(2) **求告對象（神明）**：一神論的上帝、阿拉；無神論的佛祖；泛神論的日月山川、人、物、精靈，等等。

(3) **誓約**：在求告者腦中或心中產生與求告對象（神）之間的一個一個互相堅立誓詞的約定，如亞伯拉罕之約（來 6:13-17）、大衛之約（詩 132:1-2、11-12）、萬國萬民之約（賽 45:22-25）。

只不過，受到人的自由意志介入，這誓約又衍生出兩條截然不同的取徑：

【取徑 1】誓約主體向求告對象（神）的意願傾斜，成就了神的國及神的義：人受內心（靈）異象需求指引，因為內心深處對求告對象的屬性（神的形像：永存、絕對、至善、慈愛、公義、聖潔）及能力（神的樣式：超自然、全能、全知、全在）有堅定的信念（因信），因此，會將求告對象定位為一位忠誠的信靠者，將自己定位為誓約的忠誠信徒。所以，即使面對艱難的環境、不確定的未來、生存的挑戰中，仍會以求告對象的旨意為中心，在與求告對象的互動中，自願以犧牲利他的心態行事，而驅使出世上諸般的「非常的舉動」，以完成求告對象負予的地上使命的義行；我稱之為關係互動主導的信仰在「心」。

【取徑 2】誓約主體向求告者（自己）的意願傾斜，成就了自己的國及義：人受外在（體與魂）的表象需求吸引，雖表面上對求告對象（神）表達敬畏的態度，也願意做出敬虔的行為及付出，但對求告對象的屬性及能力只有膚淺的認知及信任，所以內心深處將自己定位為誓約的主導者（master），將求告對象（神）定位是一個願望實現者（a wish fulfiller），只要付出對的價碼，就可以心想事成，所以，至終是以利己為中心，將原本出自內心的「信仰」，轉變成表面的「宗教」；我稱之為利益交換主導的宗教在「形」。

■「因信稱義」，帶出重生與神蹟，完成世上的使命

因為人犯罪及罪延伸出的惡，所有地上的事物都在撒但掌管中敗壞，這使得人要活出神的形像及樣式更為困難；人與神溝通，以及從神支取力量的能力，也從原本在伊甸園中的「顯能」被限制成現在世界上的「潛能」。

幸而愛人到底的神，終究沒有放棄與人同在的心意。神拯救並且幫助那些願意與撒但為仇（「我又要叫你和女人彼此為仇；你的後裔和女人的後裔也彼此為仇。……」〔創 3:15〕）在地上執行神賦予使命的人們，只要活出「因信稱義」：

(1) 神賜人有「信仰」的本能：

神的形像：強調每個人在被創造時所具有的神性特質，這是一種固有的屬性，與人類的本質和存在有關，是敬虔人。

神的樣式：則可以被視為人類在道德和靈性上的逐步實現或成長，是一個過程，代表人類在生活中更完全地反映出神的屬性和旨意，是做敬虔事。

我們都清楚「因信稱義」是一個整體的概念，是一個有罪的人因為信靠真神而自願將主權交付與神的信念中，從有罪的被神赦免為無罪的身份，所以稱義的主體是神，主權也在神，人不可能自己稱義，但可惜的是過往在這方面的教導過份強調神恩典的因信，而忽略了一個真正因信稱義後的新生命，必然會持續藉著信仰實踐的義行，不斷生命改變。為了強調信仰實踐的必要性，在本文中我刻意將因信稱義分為一體的兩面，就如「認罪悔改」也是一個整體的觀念，但一個真正認罪的人必然有悔改的義行，以免許多人只願不斷地認罪，卻不願意付代價地去做悔改的義行。

神的同在：有神外顯的屬性和內在的靈性品格，包括永存（靈命）、絕對（信實）、至善（利他）、慈愛（犧牲）、公義（勇氣）、聖潔（無罪）——因信的個人信仰。

神的介入：以耶穌在世的本體為代表，包含人的外在形體和內在能力，神超自然、全能、全知、全在、不受時、空限制的能力——稱義的信仰實踐。

(2) 亞伯蘭的因信稱義：神多次向亞伯蘭說話，他都因信（信靠順服的信心）而稱義（信靠順服的義行，從受呼召出吾珥開始），信心不斷提升，再加上在救侄子羅得後，因信靠神，拒絕接受擄掠的財物，因此，神與他立約：「亞伯蘭信耶和華，耶和華就以此為他的義。」（創 15:6）白話一點的說法就是，亞伯蘭因內心信靠神（因信），做出了不貪財的義行，因此神就算（本不應得，是神借給人的「恩典」）他是合神心意的（稱義）。

神稱亞伯拉罕為義，也是在亞伯拉罕年邁無子的時候，神說他本身所生的後嗣，將多如天上的繁星。亞伯拉罕信神（因信）帶出了義行（稱義）。因此，他才會在超出慣性思維的信心所帶出的義行下，以 99 歲的年紀與 89 的撒拉同房，隔年產下以撒。

(3)〈希伯來書〉11 章的信心名人錄，記載了舊約最廣為人知聖經人物「因信稱義」的代表作：聖經中的這些信心偉人，沒有一個在死前看到或得到神的賞賜，但他們仍信神！頂級的信心是不求在世上看得見的賞賜，而相信神在永世中看不見的應許。

信稱罪人為義的神（因信），並照神的方法去行（稱義）的生命及行動，便得以藉著與神的連結中去執行轉化社會及拯救靈魂的使命，並從罪裡重獲新生。

圖 1-3-1 信仰在心的說明如下。

圖的上半部：代表神及整本聖經都一致的啟示（真理）：「因信稱義」，是神拯救並幫助那些願意與祂同在而與撒但為仇人類的方法。「信就是所望之事的實底（因信而生盼望），是未見之事的確據（稱義的信心實踐）」（來 11:1）。

圖的右下角：個人信仰（因信）：信仰是個人的，也是關乎群體的。任何使命的完成，必須要有一個有信仰的罪人，在地上遇到過不去的情境中，在用盡自己及世上的方法後，經不

圖1-3-1 信仰在心，因信稱義完成使命

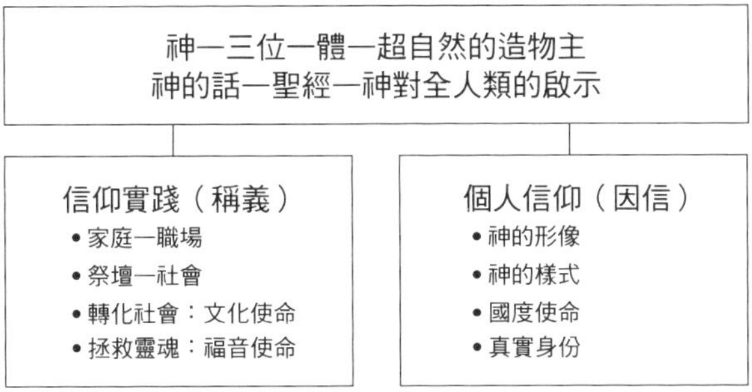

起內心（靈裡）活出神形像及樣式的渴望驅使，因而對超自然神的存在且能施行拯救的事實，建立起堅定不移的信念（圖 1-1-2），進而得以跳脫表象的限制，進入異象的追尋，至終找到了在神國度中的獨一使命及真實身份。

圖的左下角：信仰實踐（稱義）：真正的信仰必然帶出其落實的行動（雅 2:26），實踐是驗證及加強信心最好的途徑。信仰的實踐地點，就是在信徒生活的各方面（家庭、職場、祭壇〔教會〕、社會）。

實踐方法：必須與神同工同行中，順服神的旨意並遵照神的方法去行，因而潛能被激發，以超越世上情、理、法限制的能力走出困境，在自己影響所及的範圍內，投入戰場與仇敵爭戰，在地上打贏一場屬靈的爭戰，並在執行轉化社會的文化使命及拯救靈魂的福音使命中，把撒但從亞當所竊取的治理權柄奪回來，「讓主責備撒但」（〈猶大書〉9 節），令撒但敗退，歸榮耀與神。

結合上述的信念和行動，我稱之為「信仰」。實踐信仰的過程稱為因信稱義；活出因信稱義的信徒是「先求神的國及神的義，一切以神的旨意為優先」。

何謂「信仰」：是耶和華神造人時賜給每個人的本能，是一個求告者（人）對求告對象（神）具有超自然的本質及能力的信念或信心，因著信，而願意交出原本世界上的主導權，成為更美好信仰國度的委身者。信仰的堅信者會求與神建立親密的個人關係，不一定會求神蹟。

人的靈是天父耶和華放進去的，人在過不去的困境中呼求神的本能，就是信耶和華會伸手施行拯救。這也是廣義的信「耶穌基督」，因為耶穌早已在亞當時代出現（創 3:15 提及女人後裔），而且耶穌早在神創造時就同在（約 1:1-3；西 1:15-17；來 1:2）。

而且聖經六十六卷書中，每卷書都預指及提到耶穌。舊約傳講彌賽亞基督（廣義耶穌）施行拯救，新約知道祂的名字是道成肉身的耶穌；舊約時代的信徒是前瞻堅信耶穌，新約的信徒是往後堅信耶穌。人有信仰，在於神賜聖靈的「恩典」。

「彌賽亞」來自希伯來語的單詞 Mashiach，意思是「受膏者」或「被揀選的救世主」，在希臘語中對應的詞是 Christos，在英語中是 Christ，中文是「基督」，所以「耶穌基督」（Jesus Christ）和「耶穌彌賽亞」是同一個名字。

聖經不時讓我們窺見一個「在一段短時間中」加「在一個小範圍內」被神出手托住的世界，也就是一個神藉著堅信祂的人的信仰，而介入行神蹟的世界。比方說，在〈但以理書〉記載，神保守了在火窯之中，那三個人的身體及衣服。

「沙得拉、米煞、亞伯尼歌對王說：尼布甲尼撒啊，這件事我們不必回答你；即便如此，我們所事奉的神能將我們從烈火的窯中救出來。王啊，他也必救我們脫離你的手；即或不然，王啊，你當知道我們絕不事奉你的神，也不敬拜你所立的金像。……沙得拉、米煞、亞伯尼歌這三個人都被捆著落在烈火的窯中。那時，尼布甲尼撒王驚奇，急忙起來，對謀士說：我捆起來扔在火裡的不是三個人嗎？他們回答王說：王啊，是。王說：看哪，我見有四個人，並沒有捆綁，在火中遊行，也沒有受傷；那第四個的相貌好像神子。」（但 3:16-25）

信仰堅信者一旦打贏屬靈爭戰，不但可以完成轉化社會的第一個文化使命，在生命影響生命之下，也等同完成拯救靈魂的另外一個福音使命。換句話說，信徒在轉化社會的過程中，藉著本身生命的改變，影響身旁參與者的生命也跟著改變，所以神賦予的兩個使命，其實是信仰的一體兩面！

■信仰在「心」本於「神意」，表面宗教在「形」出於「人意」

相較於「信仰」本質的長闊高深，「只有形的宗教」內涵則顯得淺薄了，因為前者追隨的是真神，後者吹捧的是假神。宗教的形成，其實是源自人看不見的信仰需求，漸漸演變成看得見的盲目崇拜——偶像崇拜、自我崇拜。

「偶像」崇拜：自有不信真神的人類開始，在任何時代、任何地點、任何人種，乃至於任何文化的人，都會找到各種不同的偶像來拜。尤其是，當人處在困境中，對未來感到恐懼或懷疑而內心不平安時，就會想要求助一個比自己更有能力的對象（通常是無形的），而也因為看不見，就用看得見的物件或材質，將該對象製作成一尊尊偶像來敬拜，所以偶像是人造的假神。

「自我」崇拜：所有看得見的偶像崇拜，其實是以個人的自我崇拜為主導者。意思就是說，人既有信仰需求又不願向真神交出主權，行事為人的準則仍舊以「己為中心」，因此製作實體偶像來崇拜以滿足自我，根本是在自欺欺人。個人偶像崇拜漸漸演變成群體的偶像崇拜，我稱之為宗教。宗教徒是以我的國及我的義為出發點，拜偶像的心態是與假神做利益交換，以完成自己的心意。

何謂「表面宗教」：信仰與宗教均源自神的啟示，是一體的兩面，但可惜的是，人往往刻意地將人意植入，至終演變成以各種看得見或看不見的偶像崇拜為中心的一整套價值規範、行為準則、禮儀規範、傳統文化。只有「形」的宗教是有組織、有體系在社會上勸人為善並建立道德規範的社群。

宗教人士崇拜偶像祈求神蹟，卻不探究行神蹟之神的本源與本體是什麼？宗教是群體化，也是人意化的，所以必然促進或融入世上各種文化中，成為各族群中相互對立的根源。

圖 1-3-2 宗教在形的說明如下。

圖的上半部：神拯救人類因信稱義的計畫及方法仍然一致、未變。

圖1-3-2 宗教在形，己為中心偶像崇拜

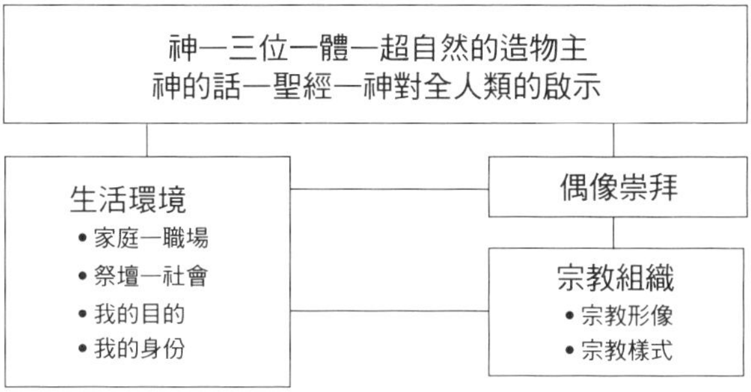

圖的右下角：個人對真神的信仰，被偶像崇拜的假神所取代，人也被融入宗教組織中，神賦予我們個體存在的價值和意義，反而不見了（神看不見人了）。

圖的左下角：人因生命沒有改變，未能在生活環境中活出信仰，仍以自我的人生目的及身份而活。

▶因信稱義的典範人物

■亞伯

「有一日，該隱拿地裡的出產為供物獻給耶和華；亞伯也將他羊群中頭生的和羊的脂油獻上。耶和華看中了亞伯和他的供物，只是看不中該隱和他的供物……」（創 4:3-5）；「亞伯因著信獻祭與神，比該隱所獻的更美，因此便得了稱義的見證，就是神指他禮物作的見證。他雖然死了，卻因這信仍舊說話。」（來 11:4）

神看中亞伯愛神的心（因信），而甘心樂意的獻上最珍貴頭生的羊（稱義）；看不上該隱表面的獻上一般的供物（宗教），將最珍貴的初熟果子留給自己（在形）。

■以挪士

「塞特也生了一個兒子，起名叫以挪士。那時候，人才求告耶和華的名。」（創 4:26）

以挪士承認自己不足（因信），而求告神得幫助、求平安（稱義）。

■以諾

「以諾與神同行，神將他取去，他就不在世了。」（創 5:24）；「以諾因著信（猶 14-15）被接去，不至於見死。人也找不著他，因為神已經把他接去了。只是他被接去以先，已經得了神喜悅他的明證。」（來 11:5）

以諾堅信自己在世上是有目的及使命的（因信），所以與神同工同行（稱義），因而得神喜悅將他接去。

■挪亞

「耶和華見人在地上罪惡很大，終日所思想的盡都是惡，耶和華就後悔造人在地上，心中憂傷。耶和華說：我要將所造的人和走獸，並昆蟲，以及空中的飛鳥，都從地上除滅，因為我造他們後悔了。……挪亞是個義人，在當時的世代是個完全人。挪亞與神同行……神觀看世界，見是敗壞了；凡有血氣的人在地上都敗壞了行為。神就對挪亞說：凡有血氣的人，他的盡頭已經來到我面前；因為地上滿了他們的強暴，我要把他們和地一併毀滅。你要用歌斐木造一隻方舟，分一間一間地造，裡外抹上松香。」（創 6:5-14）

「於是挪亞和他的妻子，兒子，兒婦，都出來了。一切走獸，昆蟲，飛鳥，和地上所有的動物，各從其類，也都出了方舟。」（創 8:18-19）

「挪亞因著信，既蒙神指示他未見的事，動了敬畏的心，預備了一隻方舟，使他全家得救。因此就定了那世代的罪，自己也承受了那從信而來的義。」（來 11:7）

挪亞因為信神的話，因而在百年間，忍受當代世人的嘲笑，在極端物質缺乏的環境中，日復一日遵循神的旨意前行（因信），最後方舟建成，並以方舟完成了轉化當時極端敗壞世代的文化使命，同時也以方舟成就了拯救一家八口與其他活物的福音使命（稱義）。

以巴別塔事件（創 11 章）為分界點，在那之後，聖經的敘事脈絡就正式進入到，以「以色列民族」為主角的歷史記載。

【反思與討論】

- 請寫出本單元的主題和重點是什麼？並分享讓你印象最深刻或最啟發的部分。
- 文中兩條人類向神求援的取徑，你的信仰誓約是向誰（神或自己）傾斜？有哪些需要改變或加強之處？
- 對照亞伯拉罕「因信稱義」的具體行動，就最近一個月你對神的話（聖經真理）所帶出的行動是什麼？請條列之。

1-4 聖經猶太歷史（創 12 章至瑪 4 章）：神盼律法精義，人守律法字句

在歷經創世（1-2 章）、墮落（3-5 章）、洪水（6-9 章）、巴別塔事件（10-11 章）後，神對待人類的方法開始有所轉變，改走「揀選」路線，上帝藉著與猶太歷史（互動關係），作為與其他人類歷史（互動關係）的縮影，但並不代表神不關心及不是其他人類的神。

神主權性地從萬族中揀選亞伯拉罕，作為以色列民族的祖先，也藉由此民族作為獨一真神的見證人。自此，「聖經歷史」從原先的「全人類歷史」，變成等同「以色列民族的歷史」。

以色列民族歷經族長亞伯拉罕、以撒、雅各後，神揀選雅各的兒子約瑟，將全族七十人自迦南領進埃及（創 12-50 章）。四百三十年後再呼召摩西，帶領族人出埃及，回到迦南應許之地。

■神「拯救」的信仰在心，盼律法「精義」

摩西來到西乃山麓曠野，並代表百姓在山上與神立約，又從神手中領受作「祭司的國度、聖潔的子民」（出 19:6）之標準——誡命（出 19 章）、典章（出 20-24 章）、律例（出 25-31 章）。

(1) **誡命**——道德律
(2) **典章**——生活律　} **神的律法**
(3) **律例**——敬拜律

神頒布了有如「立國憲章」的律法給以色列民，但拯救個人「因信稱義」的真理未變，信仰在心與律法精義的圖 1-4-1 說明如下。

圖1-4-1 信仰在心，律法精義完成使命

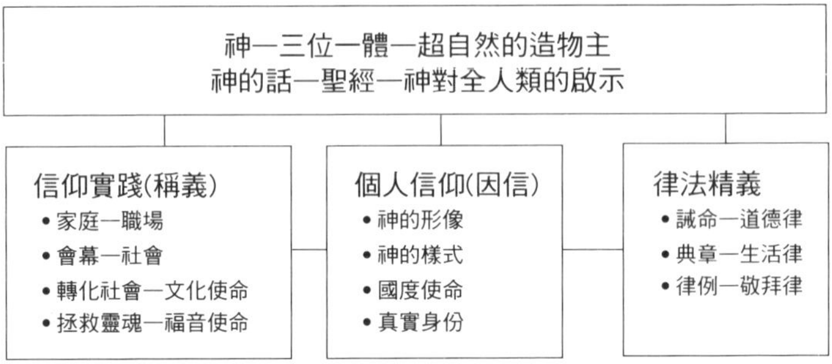

圖的右下角：律法精義。律法時代之前（創世至摩西），神是用「說」的來表彰律法的存在。

「有一日，該隱拿地裡的出產為供物獻給耶和華；亞伯也將他羊群中頭生的和羊的脂油獻上。耶和華看中了亞伯（律法精義的信仰在心）和他的供物，只是看不中該隱（律法字句的

宗教在形）和他的供物……」（創 4:3-7）

都因亞伯拉罕聽從我的話，遵守我的吩咐和我的命令、律例、法度。（創 26:5）

自以色列人在西乃山領受神的律法開始，聖經歷史就進入「律法時代」（摩西至耶穌）。毋庸置疑，神的律法必然是好的，是以信仰為中心且拯救人的，所以律法不但重要，更要遵行。

「這是耶和華——你們神所吩咐教訓你們的誡命、律例、典章，使你們在所要過去得為業的地上遵行，好叫你和你子子孫孫一生敬畏耶和華——你的神，謹守他的一切律例誡命，就是我所吩咐你的，使你的日子得以長久。」（申 6:1-2）

當時律法的字句是寫在石頭上，神的本意卻是要人從內心活出律法的「精義」（內涵），而非只在形式上守住律法的「字句」（表面），所以律法不是用墨寫的，乃是用「永生神的靈」寫的，真正目的也不是寫在石版上，乃是要刻在人的心版上。神最初頒布的這套律法，以信仰規範為本，我稱之為「律法精義」。

■人「自義」的宗教在形，守律法「字句」

可惜的是，當時大多數的以色列民自約書亞帶領進迦南、大衛建立王國，一直到所羅門建聖殿的期間，只守住了律法的字句，沒能活出律法的精義，所以神的律法精義被貶低成了人的「律法字句」，因為「僵化、刻板的字句是叫人死，精華、精髓的精義是叫人活」(林後 3:6)。猶太宗教律法。行為稱義的圖 1-4-2 說明如下。

圖1-4-2 宗教在形，律法字句行為稱義

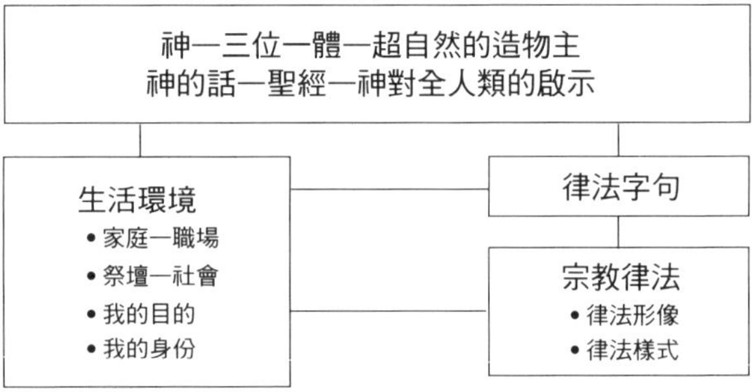

圖的右下角：個人對真神的信仰，被猶太宗教的傳統所取代，人也被融入宗教律法的體系中，神賦予個人存在的價值和意義反而不見了，而且絕大部分的猶太人也沒能活出神的靈意律法，只守住了人的宗教律法。以致於墮落到走回頭路，漸漸引進外邦偶像崇拜，導致道德低落——犯姦淫、不公不義的惡行遍佈全國，國力一落千丈。

所羅門後，王國分裂。北國在西元前 722 年亡國並擄至亞述，從未回歸；南國於西元前 586 年亡國並被擄至巴比倫，聖殿被毀。後有餘民自波斯回歸耶路撒冷，重建聖殿。

雖然回歸的猶太人痛定思痛，戒除外邦偶像的崇拜，但在後來的法利賽人及文士等狂熱宗教人士的主導下，在遵循神的律法上，仍舊只以外表的敬虔程度為標準，甚至無限制地延伸律法及盲目遵守，最終帶出只以「行為」稱義，而無「信仰」的「猶太宗教律法」，而且自義地認為只有猶太人方能得救。因此，猶太教難以轉化社會。

在這裡要特別強調的是，神起初在給人治理這地及管理活物以轉化社會的使命中，呼召出的挪亞、亞伯拉罕、摩西、撒母耳、大衛都集有祭司、先知和君王三合一的職份。舉例說明：摩西集君王（帶百姓出埃及）、先知（與神面對面）、祭司（為亞倫獻祭）；撒母耳集君王（士師）、先知（膏立掃羅）、祭司（會幕獻祭）；大衛也是集君王、先知（預言彌賽亞受難）、祭司（以感恩讚美為祭獻與神）於一身。

過去有些教會著重在教會牆內服事，偏向祭司在聖殿的事奉，現在更需要鼓勵神的兒女走到牆外，在社會上發揮君王（使徒）和先知的職份，成為那影響有影響力的神的兒女。

■活出內心律法精義的生命，以超越表面律法字句的遵循

神之所以啟示摩西頒布「律法」，不是要宗教表面的儀式誡命化，乃是要加強人內心的信仰實踐，藉由將個人信仰具體化、集體信仰規範化，以及藉著獻祭的儀式及祭物，讓獻祭者的生命在全然獻給神的過程中，得以完成在世界上的使命。

律法的本意是善的、是為人的好處而設的，所以人是律法的主人，而非僕人。可惜的是，人往往在有意無意中，漸漸淡化神頒布律法的靈意精義，取而代之的是強化自己的人意。

人也忘記了神要他們向外拓展（遍滿全地）的旨意，反而

在安逸中向內退縮及內捲；沒有活出律法精義的信仰去轉化社會，反而向內守住律法的外表而躺平。有些宗教領袖還會強調，遵行律法字句是人唯一可以分別為聖、成為義人的根據，於是眾人只行禮如儀地獻祭物給神，而不再全人獻上。

如此的曲解教導，等同鼓勵人放棄追求個人信仰，全然融入集體的宗教體系中。而當神的律法精義成為人的宗教，神賦予我們個體存在的價值和意義反而不見了；人的內心也體會不到真神了，因為偶像崇拜或猶太律法取代了神，成為人的主人。

當宗教取代信仰，便成了人自以為義而崇拜的偶像，人也因此越活越不自由。宗教是人想出來的、是限制人、捆綁人的，唯有信仰是神賜的恩典、是真理且使人得自由的，一如〈約翰福音〉8 章 32 節，耶穌教導眾人：「你們必曉得真理，真理必叫你們得以自由。」

在此一大環境影響之下，能在會幕或聖殿外活出使徒或先知呼召，去執行治理及管理職份，進而做到轉化社會並活出天國命定的神的子民（或聖徒），少之又少。不過也感謝神，自亞伯拉罕被呼召起，一直到耶穌降生的兩千年歷史中，以色列民族的國運雖因不信神（悖逆）神而一度走向滅亡，但過程中仍有多次短暫上揚的機會。

細觀絕大部分國運上升的轉捩點，都是因當時有信仰堅信者在與神的互動中，活出了君王（使徒）及先見（先知）的世上職份，也就是在地上活出天國的旨意，因此得以扭轉情勢。

▶因信稱義的典範人物

■**約伯**：〈約伯記〉是聖經最早寫成的一卷書，全書 42 章中，最令人省悟的是最後一章的 5-6 節：「我以前風聞有你，現在才親眼見到你。因此，我厭惡自己，在塵土和爐灰中懊悔。」

- **風聞有你（神）**：約伯說自己在還沒有遭受苦難之前，他只是在知識行為上認識神，所作的義行其實都是在做一些外表「顯而易見」的善行——獻燔祭（伯 1:5）——行為稱義的宗教在「形」。
- **因信親眼見到你（神）**：在深層經歷神後，約伯在內心中察覺自己有「隱而未現」、「自以為義」的罪——信仰在「心」。
- **稱義（我厭惡自己，在塵土和爐灰中懊悔）**：約伯認罪悔改以後，他才從一個表面敬畏神的人（做敬虔事），重生成一個內心親近神的人（是敬虔人），也因為這個原因，神也就將其所失去的東西加倍給他。

■**亞伯拉罕**

故事記載在〈創世記〉22 章，亞伯拉罕老年得子，自然對兒子以撒寵愛有加，對兒子的看重有時甚至超過神，所以神要試驗他，看他選擇兒子還是信靠祂，有一天，神要亞伯拉罕獻上最珍貴的兒子做為燔祭。

「神說：你帶著你的兒子，就是你獨生的兒子，你所愛的以撒，往摩利亞地去，在我所要指示你的山上，把他獻為燔祭。……以撒對他父親亞伯拉罕說：父親哪！亞伯拉罕說：我兒，我在這裡。以撒說：請看，火與柴都有了，但燔祭的羊羔在哪裡呢？亞伯拉罕說：我兒，神必自己預備作燔祭的羊羔。於是二人同行……耶和華說：你既行了這事，不留下你的兒子，就是你獨生的兒子，我便指著自己起誓說：論福，我必賜大福給你；論子孫，我必叫你的子孫多起來，如同天上的星，海邊的沙。你子孫必得著仇敵的城門，並且地上萬國都必因你的後裔（單數，預表耶穌；參考加 3:16）得福，因為你聽從了我的話。」（創 22:2-18）

- **因信**：神要亞伯拉罕獻上獨子以撒，這指令與神以前與亞伯拉罕的立約是前後矛盾。神曾告訴他，以後子孫將有如天上星星那麼多（多國之父），而且直系的子孫是來自他與撒拉親生的，而以撒是他們的獨子，因此即使在頭腦上懷疑神、情感上也不願意，仍有內心信念告訴亞伯拉罕，理性層面想不出解決之道，但在人不行、在神必能，神是信實的。
- **稱義**：因為靈命不斷經歷神的信實，有了「神必自己預備作燔祭的羊羔」的信念，亞伯拉罕二話不說就照神的旨意前行。正當他伸手拿刀要殺他的兒子時，被神的使者叫停，並告知通過試煉的結果是──「地上萬國都必因你的後裔得福，因為你聽從了我的話。」信仰在心的賞賜是「信心之父」。

亞伯拉罕的信心，來自於他「堅信神賜給他後裔」的應許；在〈希伯來書〉11:8-19 提出，他有許多因信稱義的見證，而非一次信心的行為。

■他瑪

他瑪是一位外邦女子，故事記載在〈創世記〉38 章，這章的出現，對上下文有些突兀，內容也不正經，但仔細研讀下去卻是意義非凡，因為她蒙面假扮成妓女，刻意在路上引誘她死去丈夫的父親猶大，與她同寢，生下兒子法勒斯，而法勒斯卻成為耶穌的祖先，在耶穌家譜中，他瑪的名字也赫然在列（見〈馬太福音〉1 章）。

乍看之下，這件事情已經犯了欺騙、姦淫、亂倫等罪，怎麼還會收錄到聖經中？而如此見不得人的他瑪，又怎麼有資格排到至高無上耶穌的家譜中呢？但深究其中會發現，真正的重點是，出自靈界的內心信仰，遠超越世界的情理法，意即地上的一切，限制不住連於天上信念的力量。這也說明了，神的意念及智慧不是人及世界可及的。

本章的重點是，神看中了他瑪出自內心靈意律法精義的「因信」，所以認可了她非常態的「稱義」行動，並賞賜她成為因信稱義代表耶穌的先祖。這跟她在地上的種族、身份、地位、血緣、才智都無關。再次強調，整本聖經貫穿一致的信息是，神揀選人的唯一標準是「因信稱義」。

不過在此也要提醒大家，靈裡的事只有神在掌權（申 29:29），切不可以人意代替神意，不要藉此妄稱神的名（出 20:7）而為所欲為。

「猶大為長子珥娶妻，名叫他瑪……他瑪見示拉已經長大，還沒有娶她為妻，就脫了她作寡婦的衣裳，用帕子蒙著臉，又遮住身體，坐在亭拿路上的伊拿印城門口。猶大看見她，以為是妓女，因為她蒙著臉。猶大就轉到她那裡去，說：來吧！讓我與你同寢。他原不知道是他的兒婦。他瑪說：你要與我同寢，把什麼給我呢？猶大說：我從羊群裡取一隻山羊羔，打發人送來給你。他瑪說：在未送以先，你願意給我一個當頭嗎？他說：我給你什麼當頭呢？他瑪說：你的印、你的帶子，和你手裡的杖。猶大就給了她，與她同寢，她就從猶大懷了孕。」（創 38:6-18）

他瑪的因信：活出刻在內心的靈意律法精義，要守住婚約，為她死去的丈夫立後，因而渴望活出神形像中的信實、守約的屬性。而且他瑪堅信自己活在地上是有目的、有異象的，不甘願無限期地接受猶大不公不義的安排——信所當信。

他瑪的稱義：一個信仰在心的人，當機會來臨時會把握時機，在接受神進入內心的那一剎那，似乎看到了比過去認知更偉大、更美好的願景，因此願「拚死以赴」地勇敢前行完成使命——行所當行。

「約過了三個月，有人告訴猶大說，你的兒婦他瑪作了妓女，且因行淫有了身孕。猶大說，拉出她來，把她燒了。」（創 38:24）

他瑪的歸正：事成後，他瑪仍守住世上的道德律法，「他瑪起來走了，除去帕子，仍舊穿上作寡婦的衣裳」（創 38:19），因此最後「猶大承認說，她比我更有義，因為我沒有將她給我的兒子示拉。從此猶大不再與她同寢了」（創 38:26）。所以神來自天上的赦罪恩典，遠遠超越了源自地上對公義及律法的限制（參考圖 1-1-1）。

■喇合

妓女喇合的故事記載在〈約書亞記〉2 章及 6 章。當約書亞差派兩個探子窺探耶利哥城時，城中開酒店的妓女喇合「因信」耶和華旨意及拯救，而「冒死」將探子隱藏起來，並安全送出城外，因而幫助以色列人完成了神的旨意（稱義），後全家得救並歸正，與以色列人生下耶穌的先祖。

「耶利哥王打發人去見喇合說，那來到你這裡，進了你家的人要交出來，因為他們來窺探全地。女人將二人隱藏，就回答說，那人果然到我這裡來。他們是哪裡來的我卻不知道。」（書 2:2-3）

喇合的因信：「我知道耶和華已經把這地賜給你們，這地的一切居民在你們面前心都消化了……耶和華你們的神本是上天下地的神。」（書 2:9-11）

喇合的稱義：「女人領二人上了房頂，將他們藏在那裡所

擺的麻秸中……於是女人用繩子將二人從窗戶裡縋下去。」（書6:6-15）

喇合的賞賜：「約書亞卻把妓女喇合與她父家，並她所有的，都救活了。因為她隱藏了約書亞所打發窺探耶利哥的使者，她就住在以色列中，直到今日。」（書 6:25）

喇合的尊榮：「撒門從喇合氏生波阿斯……那稱為基督的耶穌，是從馬利亞生的。」（太 1:5-16）

喇合的見證：「妓女喇合因著信，曾和和平平的接待探子，就不與那些不順從的人一同滅亡。」（來 11:31）

■以利與撒母耳

這段故事記載在〈撒母耳記上〉4 到 7 章，凸顯出大部分以宗教代替信仰，而自認信神的人，其信仰更傾向表象的偶像崇拜（**宗教在形**），而不肯跟隨內心的異象（**信仰在心**）。故事中兩位人物是當時以色列人的士師以利及他的接班人撒母耳，前者內心不敬畏神，後者則堅信神。

「童子撒母耳在以利面前事奉耶和華。當那些日子，耶和華的言語稀少，不常有默示……耶和華第三次呼喚撒母耳。撒母耳起來，到以利那裡，說：你又呼喚我？我在這裡。以利才明白是耶和華呼喚童子……耶和華對撒母耳說，我在以色列中必行一件事，叫聽見的人都必耳鳴。我指著以利家所說的話，到了時候，我必始終應驗在以利身上。我曾告訴他必永遠降罰與他的家，因他知道兒子作孽，自招咒詛，卻不禁止他

們。所以我向以利家起誓說：以利家的罪孽，雖獻祭奉禮物，永不能得贖去。」（撒上 3:1-14）

宗教在形：以利竟然尊重（縱容）孩子勝過於尊重（敬畏）神，自此，神的靈也不再與以利同在，加上當時以色列人的心已遠離神，自然神也就不在他們之中。當時，以色列人屢次敗於非利士人，有次竟然抬出約櫃，以為藉由神的同在及幫助來打勝仗，不料卻兵敗如山倒，並且神的約櫃也被擄去，一得知此，以利在驚嚇中後倒，折斷頸項而終（以色列人內心不信不敬畏神，神早已不在他們及約櫃之中）——偶像崇拜。

信仰在心：神及時興起撒母耳，先是要他除去以色列百姓敬拜的外邦神和亞斯他錄、巴力，使以色列全家都歸向耶和華。隨後又協助掃羅帶領以色列人打勝仗，收回所有被占領的城邑，非利士人從此不敢再入侵，可見成事是在於耶和華（神必與歸向祂的人同在）——因信稱義。

敬虔事與敬虔人：有人只做敬虔的事（在形），但不是敬虔的人，像以利；但敬虔人（在心）必做敬虔事，如撒母耳。

■先知彌迦

聖經裡面有很多卷先知書，篇幅占了聖經的四分之一。先知的出現，都是在國家命運的轉折點上，所以先知書是一國最衰弱時期之收錄。而且，神藉由他們向國家及人民揭示的重要訊息就是：

假信神（宗教）→ 真犯罪 → 道德衰→ 國滅亡
真信神（信仰）→ 神同行 → 道德興→ 國復興

假信神（宗教在形）：「我朝見耶和華，在至高神面前跪拜，當獻上什麼呢？豈可獻一歲的牛犢為燔祭嗎？耶和華豈喜悅千千的公羊，或是萬萬的油河嗎？我豈可為自己的罪過，獻我的長子嗎？為心中的罪惡，獻我身所生的嗎？」（彌6:6-7）」獻東西討好神，但神不喜愛表面的「祭祀」。

真信神（信仰在心）：「世人哪，耶和華已指示你何為善。他向你所要的是什麼呢？只要你行公義，好憐憫，存謙卑的心，與你的神同行。」（彌 6:8）」獻全人歸向神，神喜愛內心自認有罪的人求神「憐恤」的心。

■十六位雙職事奉的典範人物（見下表）

2019 年，我的第三本書《雙職事奉》問世，書中介紹了十六位信徒們都耳熟能詳的聖經人物。他們的共同點是，都在聖經歷史遇到過不去的坎時，活出內心信仰，在地上執行治理及管理的職份中（世上命定），扭轉了情勢，在地上活出神在他們身上的獨一旨意（國度使命），同時完成了轉化社會及拯救靈魂的雙重使命（見下表）。雙職事奉就是全職事奉，每個信徒應將內心的信仰及使命，活在生活的方方面面——家庭、職場、教會、社會。

人物姓名	國度位份（使命）	世上職位（命定）	職位地點
亞伯拉罕	信心之父	多國之父	迦南地
雅各	以色列十二族族長	畜牧企業家	哈蘭地
約瑟	帶以色列人入埃及	埃及宰相	埃及
摩西	帶以色列人出埃及	以色列最偉大的先知	曠野
約書亞	帶以色列人入迦南	以色列元帥	迦南地
基甸	帶領族人擊敗米甸人	以色列士師	迦南地
撒母耳	開展王權管理	末代士師	迦南地
大衛	彌賽亞君王先祖	最強王國的君王	迦南地
以利亞	以利沙師父	烈火先知	迦密山上
以賽亞	預言彌賽亞的先知	南國貴族	耶路撒冷
但以理	外邦先知	外邦多朝宰相	巴比倫波斯
尼希米	重建聖牆及聖民	猶大省長	耶路撒冷
以斯帖	在波斯拯救全族人	波斯王后	波斯
彼得	教會創建者	耶穌大弟子	耶路撒冷
保羅	福音拓荒者	外邦使徒	亞西亞
約翰	真理衛道者	耶穌最愛的門徒	以弗所

對於熟悉聖經的讀者應該看得出來，第一位到第十三位是舊約時代的聖經人物，最後三位則是來自耶穌降生後的新約時代。下一章我們就進一步來談談，耶穌為什麼來到世上？

【反思與討論】

- 請寫出本單元的主題與重點是什麼？並分享讓你印象最深刻或最啟發的部分。
- 對你信仰認知最具有挑戰性或效法的「因信稱義」典範人物是哪一位？為什麼？
- 你要如何提升自己，從「宗教在形—守律法字句」轉化為「信仰在心—活出律法精義」的基督徒？

Part 2

【末後亞當】

耶穌為什麼來到世上：

重新認識耶穌基督

耶穌為什麼來到「世界上」？耶穌又為什麼一定要被「釘在十字架上」？

我借用耶穌出生前七百年，先知彌迦所說的一句預言來做啟發：「世人哪，耶和華已指示你何為善。他向你所要的是什麼呢？只要你行公義，好憐憫，存謙卑的心，與你的神同行。」（彌 6:8）

「何為善？」不是一般人認為出自「人為中心」的「慈心善行」，也不是所有宗教都是「勸人為善」的善功。而是一個人的內心在堅信耶和華會伸手施行拯救的信念中（因信），所成就的義行（稱義），也就是神要成就的事，甚至包括爭戰，在活出了神的形像及樣式中，如此方能得到彌賽亞（基督）的救贖，並與神同行。

所以，什麼是公義？什麼是憐憫？公義是把人應得的給他，憐憫是把人不配得的給他，公義和憐憫並不是相反的，這兩者是可以並行的，差別是在於公義的路行不遠，必須換成憐憫才能走得更遠。

如果上帝只用公義對待我們，只給我們應得的，沒有人能站立在祂面前。因此我們應該感到慶幸，上帝不僅施行公義，還把我們不配得的給我們，憐憫就是赦罪，一筆勾銷。憐憫是完全出自神愛的恩典，上帝和我們立的是憐憫的約。

有時候你必須要管教你的孩子，孩子不聽話的時候，父母必須做個決定，處罰還是不處罰？你要行公義給他們應得的？還是憐憫原諒他們呢？你想在兩者之間做出平衡，卻很難做到，想要兩個同時做到確實很難。

面對人類集體犯罪的事實，上帝在兼顧公義和憐憫的時候也很為難，但是有一種情況可以解決這個難題，就是一個無罪的人願意代替有罪的人接受懲罰，這樣上帝就能同時懲罰和赦罪，如果無罪的人願意代受懲罰，有罪的人就可以蒙赦免。

所以耶穌必須聖靈感孕、道（無罪）成肉身（的人），而且上十字架（接受懲罰）也是必要的，天上的公義和慈愛在此交會，在十字架上可以看見上帝完全的公義，因為罪在十字架上被釘死，在十字架上也可以看見上帝完全的憐憫，有罪的得到釋放，因為無罪的甘願代替受罰。

很多人覺得慈愛的上帝，不用十字架就能赦免我們，這是不可能的，因為若如此，那祂只有憐憫沒有公義。而如果上帝不肯赦罪，只有懲罰，那祂只有公義沒有憐憫。

所以上帝在舊約裡非常堅持，以色列人如果想被赦罪就一定要獻上無罪的生命為祭，如果沒有流血，就沒有赦罪，因為沒有流血，上帝就不能兼顧公義和憐憫。〈羅馬書〉3 章清楚指出，在十架上可以看出對信靠耶穌的人來說，上帝是公義的也是赦罪的，這是因為無罪的耶穌願意承擔刑罰，我們才可以蒙憐憫，所以耶穌在十字架上所成就的就是善事。

如果我們已經接受了十架的公義和憐憫，我們的生命一定會改變，我們也必定會成為行公義、好憐憫、有謙卑心的人。謙卑和公義、憐憫一樣重要，人有可能行公義、好憐憫，卻很驕傲；但如果你行公義，好憐憫是認知到是上帝先對你行公義和憐憫，你就會謙卑地與主同行，謙卑就是敬畏神的人在基督裡自然散發出的特質。

基於以上所敘述的，當今包含許多基督徒在內，很多人都狹隘地以為，耶穌之所以降世為人，就只是要拯救靈魂和建立教會，成就人拯救靈魂的福音使命，實際上，這只說對了一半。

當時有些猶太人信耶穌，是為了幫助他們推翻羅馬政權，但耶穌來到世上的另外一個真正身份是「末後的亞當」。首先的亞當因著墮落，失去了原本賦予他管理受造物的權柄，耶穌要號召全世界的基督徒，將那管理世界的統治權自撒但（陰間的權柄）手中奪回，以成全人轉化社會文化的另外一個使命。

為了幫助基督徒們，尤其是正對基督信仰感到困惑的人，可以更清楚地認識耶穌及其降世的意義，我將逐一講述耶穌來到世上的四個目的：

(1) **成就「救恩」**:「廣義」因信稱義的實證，成就人拯救靈魂的福音使命。

(2) **帶進「天國」**: 耶穌是「末後」的亞當，成全人轉化社會的文化使命。

(3) **建立「教會」**:「陰間」的權柄，不能勝過它，成全人完成大使命的呼召。

(4) **差派「聖靈」**: 領受「上頭」來的能力，成全人活出豐盛的新生命。

基於上述四個目的的重要性，神也安排了對的天時、地利、人和，以迎接耶穌的誕生。「及至時候滿足，神就差遣祂的兒子，為女子所生，且生在律法下。」(加 4:4)

聖經中所說的「時候滿足」主要是指，當時在政治、文化及人心方面都已經預備好了，也就是開始出現「撥亂反正」的時機。當時的時空背景是，以色列民自認在信仰上有特殊地位，加上民族優越感，衍生出嚴重的排他主義；再加上，文士及法利賽人將律法誡命分成 613 條，其中 248 條是應當遵守的命令、365 條是禁令，儼然已造成人們的重擔。

再以「推力」和「拉力」的概念來解釋，以色列人的「自義」走入生命絕境，以及世人拜偶像拜到進入「宗教」死胡同，遍尋不著真正救贖，在在都是推力。外在環境的拉力則是，當時語言已用希臘文統一，舊約也從希伯來文被翻譯成希臘文，加上羅馬修了很多大道，讓傳福音變得更方便且容易！

對應到當今，這就如同教堂內有些人會高舉得救身份，自認在救恩上有特殊的地位，看輕那些尚未走進教會的人；以及有些會友或牧長用傳統且僵化的角度，來解釋聖經並將其延伸成各種律法，並要求人人都應當遵守。

無怪乎，有些尚未信主的人，在真正認識到神之前，就先將基督教貼上「排他」標籤，因而抗拒做進一步的了解。

2-1 成就救恩：
耶穌成就人類拯救靈魂的福音使命

很多人認為，耶穌來了就不用守律法，也沒有任何框框架架的限制了，實際並不然。耶穌的到來，不是要廢掉舊約的律法和先知，而是親身見證了先知預言的「應驗」及與律法遵守的「滿足」，無縫地將舊約貫穿到新約。

「莫想我來要廢掉律法和先知。我來不是要廢掉，乃是要成全。我實在告訴你們，就是到天地都廢去了，律法的一點一畫也不能廢去，都要成全。所以無論何人廢掉這誡命中最小的一條，又教訓人這樣作，他在天國要稱為最小的。但無論何人遵行這誡命，又教訓人遵行，他在天國要稱為大的。」（太5:17-19）

成全先知：主耶穌的出現，應驗了所有先知對信基督會施行拯救的預言及應許，他們都是預指耶穌會成就救恩。所以，此後不會再有彌賽亞（基督）會來的預言了。

成全律法：主耶穌在世上遵行了全律法誡命（道德律）、典章（生活律）、律例（敬拜律），一條都沒有犯，是自古以來唯一做到的人，最後，耶穌還在十字架上為人類做了獻祭。

所以律法的頒佈已得滿足，要從只守表面律法的字句，超越到活出信耶穌所成就的律法內涵，也就是新約律法的精義。

成全，同時代表終結的意思。世上終於等到一位，確實活出了全部先知預言以及全律法的人。這兩個「神的旨意」因此得到滿足。在〈馬太福音〉17 章，耶穌在變像後，與代表律法的摩西及代表先知的以利亞說話，似乎也是象徵著聖經從舊約進入新約的整全模式。

■成就救恩，「廣義」因信稱義的實證

「耶穌為什麼必須來到世間？又為什麼一定要上十架？」聖經歷史雖然經歷了不同時代的時間軸，也包涵了萬族萬民的種族軸，耶穌的出現及祂在十字架上的作為，整全並統一了神在任何時代以及面對任何種族救贖的方式只在於：因信（信耶和華會施行拯救）+ 稱義（在信的基礎上成就義行）。

保羅傳講因信稱義的根基：「你們得救是本乎恩，也因著信，這並不是出於自己，乃是神所賜的。也不是出於行為，免得有人自誇。」（弗 2:8-9）雅各傳講因信稱義的結果：「虛浮的人哪，你願意知道沒有行為的信心是死的嗎？」（雅 2:20）把上述概念更具體化，耶穌成全救恩公式如下，缺一不可：

保羅的因信稱義（加 2:16）+ 雅各的因義成聖（雅 2:26）

= 基督福音

= 進天國與神同掌王權

「既知道人稱義不是因行律法，乃是因信耶穌基督，連我們也信了基督耶穌，使我們因信基督稱義，不因行律法稱義；因為凡有血氣的，沒有一人因行律法稱義。」（加 2:16）

「身體沒有靈魂是死的，信心沒有行為也是死的。」（雅 2:26）

整本聖經中，上帝拯救罪人的福音本質是永遠不變的，所以耶穌是承先（舊約）啟後（新約）、各族各民（全人類）的救主。

有些專注牆內的堂會，認為只有教堂內是聖的，也只有在教堂內聽了耶穌的福音的人方能得救而排外。我在此提出「廣義基督信仰」包容的論述，提升牆外的視野，並回歸真理的本質。

舊約時代是傳講彌賽亞施行拯救的基督福音，在新約我們知道基督的身份是耶和華的兒子，並且道成肉身來到世界，祂的名字是叫耶穌。耶穌尚未出生前的舊約時代的人，是往前堅信基督（廣義耶穌），耶穌出生後的新約時代的人，是往後堅信耶穌（基督）。所以耶穌必須道成肉身來到世間，成為廣義因信稱義的實證，以成就全人類的救恩。

而且耶穌在十架上所成就的救恩，也徹底否決了人自我救贖的一切善功（拜偶像、守律法、行良知、聽人治、得應許、靠修行）。

■「廣義基督信仰」在各方面的應用

「因為神不偏待人。凡沒有律法犯了罪的，也必不按律法

滅亡；凡在律法以下犯了罪的，也必按律法受審判。」（羅2:11-15）

原來在神面前，不是聽律法的為義，乃是行律法的稱義。沒有律法的外邦人若順著本性行律法上的事，他們雖然沒有律法，自己就是自己的律法。這是顯出律法的功用刻在他們心裡，他們是非之心同作見證，並且他們的思念互相較量，或以為是，或以為非。口語一點來解釋，這段經文的意思就是說，古往今來，不論是猶太人或外邦人，若有人活出了因信稱義的根基，也做到了因信稱義的結果，就是堅信耶和華會施行拯救的基督（彌賽亞），也是廣義指耶穌的救恩拯救，因為沒有機會實際接觸到耶和華真神，也沒有機會實際聽過基督（彌賽亞，廣義指耶穌）施行救恩的福音，但因為神不偏待人，只要活出神刻在他們內心的律法精義，也就是內心接受福音的指引，並按照是非之心來同做見證，並以此信心做為未來行事為人的準則，就等同信了耶穌及福音，因救恩的信心是耶穌基督，而非僅靠行律法（神有至終的審判權）。所以，在審判之日，耶穌就會成為他們的中保，透過耶穌寶血的遮蓋，他們的罪就歸在主耶穌被釘的十字架上。

「我又看見一個白色的大寶座，與坐在上面的。從他面前天地都逃避，再無可見之處了。我又看見死了的人，無論大小，都站在寶座前。案卷展開了。並且另有一卷展開，就是生命冊。死了的人都憑著這些案卷所記載的，照他們所行的受審

判。於是海交出其中的死人。死亡和陰間也交出其中的死人。他們都照各人所行的受審判。」（啟 20:11-13）

神既是不偏待人，信靠神的人就深信，祂的公義審判高於人的公義判斷；祂的慈愛救贖高於人的愛心憐憫。到主耶穌再來的時候，白色大寶座的審判是由超越時空、全知全能的神，按照祂的主權就古今中外的人他們在世上的行事為人作審判。而不是由我們自以為的義。

由此可見，耶穌是我們的保護傘。我們的不完全，主耶穌都幫我們成就了，所以主耶穌是為信祂名的任何人道成肉身，是世界上所有基督徒的救世主。

■律法不是用「墨」寫的，乃是用永生神的「靈」寫的！

靠我們自己辦不到，乃是靠真理的聖靈。凡被聖靈引導的就得以活著（靈裡得救），律法不能定我們的罪了，所以律法就從寫在石版上（舊約）成就到寫在我們的心版上（新約）。

律法是後事的影兒，那形體卻是基督，舊約是影兒——基督（Christ），新約是形體——耶穌（Jesus）。也就是說，舊約到處都是基督模糊的影子，新約就讓我們看清楚了，基督的名字就是耶穌基督（Jesus Christ）。雖然基督徒（Christians）的名稱在新約使徒時代方出現（徒 11:26），其實，古往今來信基督拯救的信徒，都是信耶穌的基督徒。

「你們明顯是基督的信，藉著我們修成的。不是用墨寫的，乃是用永生神的靈寫的。不是寫在石版上，乃是寫在心版上。我們因基督所以在神面前才有這樣的信心，並不是我們憑自己能承擔什麼事，我們所能承擔的，乃是出於神。他叫我們能承當這新約的執事。不是憑著字句，乃是憑著精義。因為那字句是叫人死，精義（或作聖靈）是叫人活。」（林後 3:3-6）

保羅啟示我們，神的律法要能刻在心版上，前提是基督徒要有「聖靈」，也就是有永生神的靈進駐在內心，方能活出律法的精義；聖靈的進駐，則是因我們信基督（廣義耶穌）的拯救而來。下表將兩約的律法精髓做比較，可見兩律之間非但無衝突，還是互補。

舊約律法（出 20 章）	新約律法（可 12:30-33）
形式：寫在石版上（律法字句） 精神：消極守住十誡不犯罪	形式：寫在心版上（律法精義） 精神：積極活出愛神愛人中除罪
對神的四誡——愛神 (1) 除了我以外，你不可有別的神 (2) 不可為自己雕刻偶像，不可跪拜那些像，也不可事奉它 (3) 不可妄稱耶和華你神的名 (4) 當紀念安息日，守為聖日	**對神的一誡——愛神** (1) 你要盡心、盡性、盡意、盡力，愛主你的神
對人的六誡——愛人 (5) 當孝敬父母 (6) 不可殺人 (7) 不可姦淫 (8) 不可偷盜 (9) 不可作假見證陷害人 (10) 不可貪戀人的房屋、妻子，並他一切所有的	**對人的一誡——愛人** (2) 要愛人如己

■以基督信仰的因信稱義，超越宗教領袖的律法轄制

「我告訴你們，你們的義，若不勝於文士和法利賽人的義，斷不能進天國。」（太 5:20）

耶穌時代的猶太人，尤其是他們的宗教領袖法利賽人及文士，敬虔地將律法的深度及廣度衍伸成 600 多條；在宗教儀式上說得頭頭是道，內心卻假冒為善且我行我素。

他們用魂及體守住了律法表面的字句，卻未以內心遵行律法內涵的精義；他們做了許多敬虔事，卻不是敬虔的人；他們對耶穌傳講的「天國降臨」及「因信稱義」的真理不屑一顧，甚至還處心積慮地要害死耶穌，所以耶穌在〈馬太福音〉23 章 13-36 節宣判法利賽人及文士的八大禍。

「你們這假冒為善的文士和法利賽人有禍了！因為你們正當人前，把天國的門關了，自己不進去，正要進去的人，你們也不容他們進去……」這段指出法利賽人及文士的盲守遵行並教導律法，讓自己及跟隨者進天國更困難也更無所適從了。

他們是靠行律法來稱義的，一般人要勝過他們，不就要守更多的律法？又或者是乾脆不行律法？似乎怎麼做都不對。

相較之下，藉著「信」耶穌基督超越律法，遠高於罪惡的轄制和舊約律法的規約，得到真正靈裡的自由，也明確多了！

人們只要堅信耶穌的拯救，主耶穌就會幫助基督徒藉著聖靈內駐，將律法寫在心版上，聖靈會讓我們知罪（「所以凡有血氣的，沒有一個因行律法能在神面前稱義，因為律法本是叫人知罪。」（羅 3:20）且自發性地在罪中感到痛心，繼而啟動在不平安中去認罪悔改（除罪）的機制，這就是持續因信稱義

的過程。

「如今我歡喜，不是因你們憂愁，是因你們從憂愁中生出懊悔來。你們依著神的意思憂愁，凡事就不至於因我們受虧損了。因為依著神的意思憂愁，就生出沒有後悔的懊悔來。以致得救；但世俗的憂愁是叫人死。你看，你們依著神的意思憂愁，從此就生出何等的殷勤、自訴、自恨、恐懼、想念、熱心、責罰（或作自責）。在這一切事上，你們都表明自己是潔淨的。」（林後 7:9-11）

當一個人能從靈裡省悟到，犯罪時要信靠耶穌救恩的拯救（因信），而且也願意及時悔改行為（稱義），最後便能得救，這就是「因信稱義」。在此要特別釐清的一點是，認罪悔改是指「真正的從靈裡除罪」。信徒萬萬不可抱著僥倖心態，以為罪可得赦免就繼續犯罪，而是要走上聖潔道路，不能只要耶穌的十架救恩，卻不背上自己應負十架的代價——意即不能只要耶穌寶血的赦罪，卻不跟隨祂。

藉由持續地面對罪及從靈裡除罪，我們會越來越有神的形像與樣式。品格不斷進化，最終結出聖靈九果。

「聖靈所結的果子，就是仁愛、喜樂、和平、忍耐、恩慈、良善、信實、溫柔、節制。這樣的事沒有律法禁止。」（加 5:22-23）

這些果子的標準已超越律法本身，所以律法禁止不了，以確保信徒走上得勝（成聖）的歷程，這就是「因義成聖」。

另外值得一提的是，新約刻在內心律法的標準，遠遠超過了舊約刻在石版上的律法。譬如說，舊約律法是十一奉獻；新約是將全人獻上當活祭、被主使用。

〈馬太福音〉5 至 7 章的「登山寶訓」，正是耶穌訓誡當時生活在舊約律法字句下的猶太人，如何活出新約律法精義的「天國憲章」，如何從律法的「宗教徒」，蛻變到救恩的「信仰者」，以勝過文士及法利賽人的義（因信稱義）。

耶穌出來傳道的目標，是以自己的族人猶太人為先。起初在北方的加利利還頗受歡迎；到了中期已遭到攔阻及門徒退去；至後期的第三年，尤其在南方的耶路撒冷，反對耶穌的人士已形成共識，要除掉耶穌。福音書記載，反對耶穌的言與行，因而互動得最頻繁的有兩大類群：一般的猶太民眾和猶太宗教的領袖。接下來就花一點時間解釋，耶穌與他們的矛盾及衝突的一些事件脈絡。

■因唯我獨尊的宗教而棄絕救恩：耶穌被「猶太民眾」厭棄

耶穌之所以成為猶太人的眼中釘，終至被迫害，一切都是源自於猶太人在宗教上的唯我獨尊和自以為義！

起初，他們以利己的出發點，膚淺地回應耶穌，認為彌賽亞的到來是要帶來全人醫治和全民族的拯救——包含在政治上帶領猶太人推翻羅馬的統治，建立彌賽亞王權。

即使後來耶穌已經明示，祂是為全人類的救恩來到世上，並要求猶太人深入內心層面來回應耶穌，並以神的旨意為出發時，他們仍一心圖謀想從耶穌身上獲取自身的益處。

至於猶太教領袖，則是因為出於嫉妒百姓尊崇耶穌，便想方設法在律法上找到耶穌的把柄，藉由做假見證來控告和抓捕耶穌；當猶太百姓看到耶穌連自己都救不了，在感覺受騙的憤怒驅使下，由愛生恨，加上受到宗教領袖們的慫恿鼓動，便隨之附和，大聲喊著要把耶穌釘死在十字架上。

基於上述原因，無論是猶太教領袖還是人民，從上而下，多數人皆對耶穌的身份感到質疑，甚至公開對其棄絕：

(1) **否認主是世界的光的見證**：「耶穌又對眾人說：我是世界的光。跟從我的，就不在黑暗裡走，必要得著生命的光。法利賽人對他說：你是為自己作見證，你的見證不真。」（約 8:12-13）

(2) **否認祂從父神來**：「他們就問他說：你的父在哪裡？耶穌回答說：你們不認識我，也不認識我的父；若是認識我，也就認識我的父。」（約 8:19）

最令猶太民眾受不了的是耶穌說：「我與父原為一。……」猶太人回答說：「我們不是為善事拿石頭打你，是為你說僭妄的話；又為你是個人，反將自己當作神。」（約 10:30-33）

(3) **不贊同主說他們受罪捆綁**：「耶穌對信他的猶太人說：你們若常常遵守我的道，就真是我的門徒；你們必曉得真理，真理必叫你們得以自由。他們回答說：我們是亞伯拉罕的後裔，從來沒有做過誰的奴僕。你怎麼說〔你們必得自由〕呢？耶穌回答說：我實實在在地告訴你們：所有犯罪的就是罪的奴

下表為猶太宗教與基督信仰對立的攻防點：

猶太人狹隘的自認為……	耶穌廣義的反駁說……
唯我獨尊：耶和華是他們專屬的獨一真神，且摩西律法是猶太人獨有。	**神不偏待人**：三位一體真神是全人類的神，且律法的功用是刻在信神的人的心裡。
贏在起點：身為亞伯拉罕的子孫，可以靠著遺傳的血統及守律法、守傳統，來得到神的喜悅及神祝，並得永生——意即認為人可以自贖、靠守律法自義。	**贏在拐點**：「世人都犯了罪，虧缺了神的榮耀」（羅 3:23）；「沒有義人連一個都沒有」（羅 3:10）。所以恩典必須從天上來（神的義）——因信耶穌基督加給一切相信的人——因信稱義。
曲解律法：財富、地位、健康，是神對守律法者的祝福（順命得福），因而看不起窮人、邊緣人、有殘疾的人及外邦人，認定他們是罪人（逆命受詛）。	**神的主權**：不正當方法得來的財富、地位，與神的祝福無關；人處在困苦、殘疾中有可能與犯罪有關，但也有可能無關（活在有罪的世界中的自然發生），但人人都需要神赦罪的恩典。
假冒為善：認定耶穌與稅吏及罪人為友，必然不是什麼正經的人，也絕不可能是從神而來的彌賽亞。	**神召罪人**：「耶穌聽見，就說：康健的人用不著醫生，有病的人才用得著……我來本不是召義人，乃是召罪人。」（馬 9:12-13）神赦罪的恩典，超越了世人對公義的觀念。

僕。」（約 8:31-34）

(4) 譏笑主是撒瑪利亞人及被鬼附的：「猶太人回答說：我們說你是撒瑪利亞人，並且是鬼附著的，這話豈不正對嗎？耶穌說：我不是鬼附著的；我尊敬我的父，你們倒輕慢我。」（約 8:48-49）

(5) 否認祂比亞伯拉罕還大：「猶太人對他說：現在我們知

道你是鬼附著的。亞伯拉罕死了，眾先知也死了，你還說：人若遵守我的道，就永遠不嚐死味。難道你比我們的祖宗亞伯拉罕還大嗎？他死了，眾先知也死了，你將自己當作什麼人呢？」（約 8:52-53）

(6) 以暴力對付主：「耶穌說：我實實在在地告訴你們，還沒有亞伯拉罕就有了我。於是他們拿石頭要打他；耶穌卻躲藏，從殿裡出去了。」（約 8:58-59）

對那些跟隨者所抱持的利己宗教心態，耶穌不僅了然於心，還公開言明何謂真正的信仰以及跟隨祂的條件，讓那些為了神蹟而來的宗教徒知難而退：

(1) 耶穌不為看神蹟而信祂的人所動：「當耶穌在耶路撒冷過逾越節的時候，有許多人看見他所行的神跡，就信了他的名。耶穌卻不將自己交托他們，因為他知道萬人，也用不著誰見證人怎樣。因他知道人心裡所存的。」（約 2:23-25）

(2) 耶穌是生命的糧，許多門徒退去：「既在海那邊找著了，就對他說：拉比，是幾時到這裡來的？耶穌回答說：我實實在在地告訴你們，你們找我，並不是因見了神蹟，乃是因吃餅得飽……我是從天上降下來生命的糧；人若吃這糧，就必永遠活著。我所要賜的糧就是我的肉，為世人之生命所賜的……這些話是耶穌在迦百農會堂裡教訓人說的。他的門徒中有好些人聽見了，就說：這話甚難，誰能聽呢？耶穌心裡知道門徒為這話議論，就對他們說：這話是叫你們厭棄（原文作跌倒）嗎？倘或你們看見人子升到他原來所在之處，怎麼樣呢？叫人活著的乃是靈，肉體是無益的。我對你們所說的話就是靈，就是生命。只是你們中間有不信的人。耶穌從起頭就知道誰不信他，誰要賣他。耶穌又說：所以我對你們說過，若不是蒙我父的恩賜，沒有人能到我這裡來。從此，他門徒中多有退去的，不再和他同行。」（約 6:25-66）

時至今日，在基督徒當中，似乎也有許多人以己為中心，只顧著自己膚淺、有限、狹小的慾望，且愛追求屬世的物質名利，對屬靈事務興趣不大；只有少數基督徒願意深入內心地回應耶穌，讓主來解決生命裡最大的掙扎，一切以神為中心並讓神來主宰生活。

教會層面亦然。多數教會組織為了人數增長，只要有意願進入教會的都照單全收，以致拖垮整個教會，停滯不前；似乎甚少有教會能學習耶穌，選擇性地挑選關鍵少數願意付代價的門徒，為他們做專注的門徒訓練，再差派他們進入社會，藉由在執行轉化社會及拯救靈魂的使命中，自然倍增教會及教會的影響力。

■贏在宗教起點卻輸在信仰拐點：耶穌與猶太宗教領袖的衝突

當時猶太民眾雖有民族性裡的「唯我獨尊」的自義，但當接觸到耶穌的言行時，至少起初還會膚淺地接納並回應耶穌。唯當耶穌要求展現深入內心的靈裡忠誠，加上對彌賽亞身份的誤判，大部分猶太民眾還是走上棄絕耶穌及救恩的道路。

相較於猶太民眾的單純動機，猶太宗教領袖因為既得利益——聖殿宗教崇拜系統（舊皮袋—外表的宗教），帶出來一系列的個人權勢、地位、財富等的自傲——受到耶穌所秉持及教導的因信稱義得救恩（新酒—內在的信仰）的嚴峻挑戰，所以從頭到尾都在與耶穌不斷地鬥爭。

猶太宗教領袖打自內心恨惡耶穌及門徒，視他們為眼中釘，為了除之而後快，最後還不惜違背良心，導致褻瀆聖靈，主導了將耶穌釘上十字架的一幕。

正因如此，猶太人從贏在起點變成輸在拐點；從宗教舊典範的優等生，淪落為信仰新典範的劣等生。但〈羅馬書〉11:26 以色列人終要得救，因為神的信實，「輸在拐點」只是暫時的，「終要得救」才是最終的結果。

透過這樣的先例，可以看到一個現象就是，通常在面臨一場巨大情勢變更的典範轉移時刻，越是變革前的舊典範佼佼者（贏在起點），出於對於新事物的麻痺及對於改變的抗拒，越可能成為新典範的強烈抗拒者，最終遭到無情的淘汰（輸在拐點）。一如猶太宗教的舊典範，被基督信仰的新典範所轉移，並取而代之。

起初贏在起點的人，總是以舊典範的思維做思考，面對新事物的出現或新典範的挑戰，要嘛視而不見、要嘛立即反擊，忽略了舊典範已經困在傳統不合時宜的框架裡（如守律法），並不符合新時代的需求。而且，在抗爭的過程中，都在自己熟悉的框架世界中打轉，少了冒險犯難的內心探索，因而也鮮少能做出什麼突破框架的偉大事蹟。

為了幫助大家進一步了解，新舊典範轉移的思考歷程，我用底下的模式說明。對應圖 2-1-1 和人的被造圖 1-1-2（見頁 68）所啟示，每個人都是活在三個分別代表現實面（體）、精

圖 2-1-1 由外至內的生命領受模式

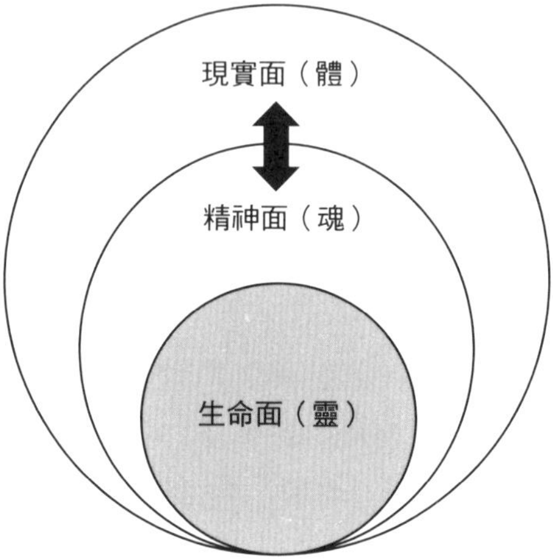

神面（魂）、生命面（靈）的象限中。

一個贏在起點的人，面對情勢變更的關鍵時刻，通常是從體與魂的層次來回應，體驗的順序是「從外到內」，而且不會進入到靈的層次（即內心信念）。

現實面（體），感受的是「發生什麼」（what happened）：藉著身體外表的感官來感受生活中遇到重大挑戰的關鍵時刻，屬於現實面的體驗。

精神面（魂），思考的是「如何回應」（how to respond）：感官的刺激接著會進到大腦，藉著大腦的慣性思維來思考：(A) 用現有的理性知識、經驗、行事法則，以及固有的資格、規則、級別；(B) 以自我為中心，贏在眼前的價值觀和人生觀，來組織解決方案，這是屬於精神面的回應。

生命面（靈），反思的是「為何而戰」（why do I fight）：在一般挑戰時，大多數人不會問到生命面的問題；但在人生逆境的關鍵時刻，因為現實面及精神面過不去了，人們就會開始反思更深層次的熱情（passion）、意義（meaning）及其所帶出生命定位的信念（belief）是什麼？

在與內心信念探索的爭戰中，越是在宗教上擅長對律法字句鑽研及教訓人的優勝者，如文士、律法師、祭司，以及強烈認同守住律法的字句就可以稱義的人，如法利賽人、利未人，他們就越容易抗拒生命的改變。

他們在耶穌以信仰在「心」挑戰宗教在「形」，所引發的天人交戰中，因為害怕走出表象的舒適圈、不敢冒險，而鎖住了視野及思維，大腦便無意識地自動駕駛（autopilot），也因此拒絕在生命面改變自己，以至於最後仍以慣有的理性思維來回答生命面的問題。

明明在探問的是「靈命更新」，卻依舊在顧及自我利益的現實面做思考，甚至刻意繞道而行以求速效；可想而知，當然就無法從生命面找到任何可以超越既有框架的終極解答。

在這種情況之下，即使是贏在起點，仍注定要輸在拐點——正如猶太人及其領袖們。下表是主要分歧點的節錄。

▶四則聖經故事

下表中的這些耶穌語錄，全都是有所本，下列就引用四則聖經中的故事，具體闡述耶穌話語背後的深刻意涵。

猶太領袖狹隘的認為…… 宗教領袖／猶太律法／ 行為稱義／人的自義	耶穌反駁說廣義的救恩…… 萬國萬民／基督信仰／ 因信稱義／神的恩典
律法字句：在生活中守住了摩西的律法，以及自己研訂出的「口傳律法」──傳統、典章、律例必得永生。	**律法精義**：律法只能叫人「知罪」，人要活出律法所帶出來神的「心意」──愛神、愛人（律法總綱）方能得救。祂來不是要廢去律法，而是成全律法，讓信祂（愛神）的人得生。
假敬拜神：深信神喜愛「祭祀」；神召「義人」。	**真敬拜神**：神不喜愛表面的「祭祀」，而喜愛內心自認有罪的人求神「憐恤」的心；神到世上不是召不認罪悔改的「義人」，而是召自認不配的「罪人」。敬拜神是在於心靈和誠實。
人是奴隸：律法來自神，所以人要服在律法之下，人是為律法而活的。	**人是主人**：律法是為人的「好處」所設，人要順服在神旨意下，但人是律法的「主人」，所以主人有特殊情況時，可以「變通」律法。
人意禁食：敬虔人必須守每週兩次「禁食」的律法，不如此做，就犯違反律法的罪。	**靈意禁食**：是為「克苦己心」，以尋求神的旨意，是個人的「因時制宜」，不能強加成律法。
死安息日：「安息日」是停止「一切」所做的，違反者犯罪，甚至可以處死。	**活安息日**：「安息日」不可作工，是指停止「日常」的工作，使人可以休息 ，並專心親近神。但當人為了生存急需，或救人或動物脫困的前提下，是可以作工的。
洗手禮儀：深信吃飯前必須行「潔淨」的洗手禮，不然就犯了古人流傳的規條。	**心靈重生**：人真正的潔淨是內心的，所以「入口」的不能污穢人，「出口」的乃能污穢人
褻瀆聖靈：法利賽人「刻意」拒絕內心聖靈的感動，昧著良心說真神是服在撒但之下，耶穌是靠著鬼王趕鬼，如此顛倒是非，稱善為惡，以至「褻瀆」聖靈的罪「總不得」赦免（太 12:31-32）。	**聖靈降臨**：只等真理的聖靈來了，他要引導你們明白一切的真理；因為他不是憑自己說的，乃是把他所聽見的都說出來，並要把將來的事告訴你們（約 16:13）。

■耶穌與文士在律法教導上的對決：真理必叫你們得以自由（約 8:32）

「到了迦百農，耶穌就在安息日進了會堂教訓人。眾人很希奇他的教訓；因為他教訓他們，正像有權柄的人（造就人），不像文士（框住人）。」（可 1:21-22）

• 文士—人的私意—框住人

(1) 學院派的灌輸：喜歡咬文嚼字、強解聖經、鑽研律法，把律法原則擴大、分析，產生了數千條日常生活的細規，來指導以色列民的言行舉止；他們相信神會報應及審判違反律法之人。

(2) 以宗教的外表儀式、祭禮、規條來事奉神，心中卻沒有真正敬畏神，曲解了真正的信仰；拘泥字句，動輒引經據典，注重人的傳統，規條一大堆，喊口號，難以實踐，注重的是「遵行死的律法、經文、傳統」。

(3) 教條式教導，沒有新意，只有灌輸，前一句經文尚未解釋清楚，又以另外一段經文解釋，飄在雲端，不接地氣，與耶穌教導對比鮮明。

• 耶穌—神的心意—造就人

(1) 接地氣的啟發：主的教導注重內心，要把人帶回用心靈與誠實敬拜神。耶穌講道時，常以律法和先知的真義，辯駁文士的傳統及人意的義理，糾正他們的錯誤。

(2) 抓住聽眾切身關注的痛點，使產生共鳴，並帶進來新穎的觀點，使聽者感受新奇，得到啟發。直面人心，使百姓明白並且願意遵守，帶著永恆真理的威權，滿足人乾渴的心靈，因祂的話帶著生命。

(3) 祂沒有引述其他拉比的話，而是依據神和舊約聖經的第一手經驗來教導，極具啟發性，且因平素用心反覆思想神的話，重視聖經的原意，注重的是「活出真的生命、關係、互動」。

■耶穌與門徒不守禁食之禮，新酒裝在新皮袋裡

「他們說：約翰的門徒屢次禁食祈禱，法利賽人的門徒也是這樣；惟獨你的門徒又吃又喝。耶穌對他們說：新郎和陪伴之人同在的時候，豈能叫陪伴之人禁食呢？但日子將到，新郎要離開他們，那日他們就要禁食了。耶穌又設一個比喻，對他們說：沒有人把新衣服撕下一塊來補在舊衣服上，若是這樣，就把新的撕破了，並且所撕下來的那塊新的和舊的也不相稱。也沒有人把新酒裝在舊皮袋裡，若是這樣，新酒必將皮袋裂開，酒便漏出來，皮袋也就壞了。但新酒必須裝在新皮袋裡。沒有人喝了陳酒又想喝新的，他總說陳的好。」(路 5:33-39)

• **新郎和陪伴之人同在的時候，豈能叫陪伴之人禁食呢：**新郎指耶穌，陪伴之人指門徒。「禁食」是為「克苦己心」，以尋求神的旨意，是個人的「因時制宜」，而且哀慟有時、歡樂有時，不能強加成律法，此句比喻神國在主身上實現是喜樂，且是值得一起歡慶的時刻。

• **新郎要離開他們，那日他們就要禁食了：**此句比喻耶穌之後會因遭到眾人的棄絕甚至傷害，而與門徒生死相隔。到那

時，陪伴的人就要禁食了。這比喻也符合當時的風俗習慣。

• **新酒必須裝在新皮袋裡**：新酒指的是耶穌所成全的因信稱義救恩的來到，新皮袋是承接救恩的普世教會。

• **沒有人喝了陳酒又想喝新的，他總說陳的好**：此指舊典範麻痺者如猶太宗教領袖，因為自以為是的硬心，刻意拒絕接受新的典範。（見下表）

■耶穌在安息日醫 38 年癱子：要愛神也要愛人如己

「這事以後，到了猶太人的一個節期，耶穌就上耶路撒冷去。在耶路撒冷，靠近羊門有一個池子，希伯來話叫做畢士大……在那裡有一個人，病了三十八年……耶穌對他說：起來，拿你的褥子走吧！那人立刻痊癒，就拿起褥子來走了。那天是安息日，所以猶太人對那醫好的人說：今天是安息日，你拿褥子是不可的。他卻回答說：那使我痊癒的，對我說：拿你的褥子走吧。他們問他說：對你說拿褥子走的是什麼人？那醫好的人不知道是誰；因為那裡的人多，耶穌已經躲開了。後來耶穌在殿裡遇見他，對他說：你已經痊癒了，不要再犯罪，恐怕你遭遇的更加利害。那人就去告訴猶太人，使他痊癒的是耶穌。所以猶太人逼迫耶穌，因為他在安息日作了這事。」（約 5:1-16）

• **耶穌對他說：「起來，拿你的褥子走吧！」那人立刻痊癒，就拿起褥子來走了**：耶穌用實際的行動展示了，安息日是為人的好處而設的，救人脫困就是在愛人如己，等同愛神，比

舊酒裝在舊皮袋—猶太宗教—被淘汰舊典範	新酒裝在新皮袋—基督信仰—要建主新典範
舊酒： (1) 守律法稱義，猶太人外在的宗教形式、條文、律法、傳統，妨礙了人內心與神的相交。 (2) 外在僵化，看似敬虔的制度取代內心活潑的生命。 (3) 神不見了	**新酒：** (1) 因信稱義，耶穌所傳講的神國、祂的福音、祂的同在，是活潑、激動且活得出來改變生命的能力。 (2) 主使我們變得更柔軟、更敞開，可以接受用新方法去完成原本的救恩。
舊皮袋： (1) 以聖殿敬拜主導出的猶太宗教體系 (2) 因著堅硬、剛愎，很多人拒絕改變，對目前一陳不變所享受的即得好處心滿意足，墨守宗教傳統、攔阻長進。 (3) 固守熟悉的環境	**新皮袋：** (1) 基督普世教會 (2) 具有伸縮性、可塑性、調整性，不僅可盛裝耶穌革命性的教訓，也承受祂的內住及同在。 (3) 不斷成長的生命及組織
喝陳酒： (1) 在舒適圈中不知、也不求增長，又攔阻福音向外邦傳開，將基督教侷限為猶太教的一支。 (2) 新酒裝在舊皮袋中。沒有人喝了陳酒（猶太教）又想喝新的（基督教），他總說陳的好。	**喝新酒：** 新皮袋裝上新酒，主使我們變得更柔軟、更敞開，可以接受用新的方法去完成原本的救恩（福音及真理的本質不變），不再墨守成規（傳講及傳播的方式改變）。
結局：人開始對未來產生懷疑、恐懼、舉步維艱。	結局：人對未來充滿希望、期待，並勇於開創。

守安息日律法更優先。

● 那天是安息日，所以猶太人對那醫好的人說：「今天是安息日，你拿褥子是不可的」：猶太人認為，人是為安息日而活的，律法是人的主人。因為守律法就代表愛神了，即使犧牲人的急需，也是神喜悅的。

宗教領袖及猶太拉比，訂下 39 項 1521 條的規條，禁止一切的工作、勞動，認為不守安息日是罪大惡極，甚至可以處死。這顯示出在主耶穌時代，神對安息日誡命的心意，已經被許多規條式的解釋所曲解。換言之，猶太人將神的心意轉化為形式上的規條，認為只要遵守這些就能討神喜悅，將信仰變成了死的生命，徒留宗教儀式。

那麼回歸本源，神當初設立安息日的心意又是什麼呢？其實安息日的本意，是為了紀念神的創造，也是為了讓人有機會在靈裡親近神。

神有恩典憐憫，記念人的需要，所以使人在一週的辛勞後可以休息，並藉由從內心敬拜神的方式，讓人與創造主建立深刻連結，使其在靈性上得到復興，這才是本質上的心靈重生。（其他安息日的衝突記載在太 12:1-8；可 3:1-6；路 13:10-17；路 14:1-14）

■耶穌論真正潔淨之禮：心靈的重生

「那時，有法利賽人和文士從耶路撒冷來見耶穌，說：你的門徒為什麼犯古人的遺傳呢？因為吃飯的時候，他們不洗手。耶穌回答說：你們為什麼因著你們的遺傳犯神的誡命呢？

神說：當孝敬父母。又說：咒罵父母的，必治死他。你們倒說：無論何人對父母說，我所當奉給你的已經作了供獻，他就可以不孝敬父母。這就是你們藉著遺傳，廢了神的誡命。假冒為善的人哪，以賽亞指著你們說的預言是不錯的。他說：這百姓用嘴唇尊敬我，心卻遠離我，他們將人的吩咐當作道理教導人，所以拜我也是枉然。耶穌就叫了眾人來，對他們說：你們要聽，也要明白。入口的不能污穢人，出口的乃能污穢人。當時，門徒進前來對他說：法利賽人聽見這話，不服（原文作跌倒），你知道嗎？耶穌回答說：凡栽種的物，若不是我天父栽種的，必要拔出來。任憑他們吧！他們是瞎眼領路的；若是瞎子領瞎子，兩個人都要掉在坑裡。彼得對耶穌說：請將這比喻講給我們聽。耶穌說：你們到如今還不明白嗎？豈不知凡入口的，是運到肚子裡，又落在茅廁裡嗎？惟獨出口的，是從心裡發出來的，這才污穢人。因為從心裡發出來的，有惡念、凶殺、姦淫、苟合、偷盜、妄證、謗讟。這都是污穢人的；至於不洗手吃飯，那卻不污穢人。」（太 15:1-20）

• **那時，有法利賽人和文士從耶路撒冷來見耶穌，說：你的門徒為什麼犯古人的遺傳呢？因為吃飯的時候，他們不洗手**：法利賽人和文士見耶穌，目的是想調查看看，這位人稱的先知是否有神差派的權柄，且為了找把柄陷害，便批判耶穌門徒吃飯時沒洗手，犯了當時人意律法規定的淨潔禮。

• **你們倒說：無論何人對父母說，我所當奉給你的已經作了供獻，他就可以不孝敬父母。這就是你們藉著遺傳，廢了神**

的誡命：耶穌反問挑戰他們，用對神已做了奉獻為由，而可以不供養父母，這是高舉「人的傳統」——奉獻給神之物為由，廢棄了「神的誡命」——孝敬父母。借用了愛神的名，行假冒為善的惡，可見他們認為遵守他們所訂戒律，遠比遵守摩西的律法更重要。

- **他說：這百姓用嘴唇尊敬我，心卻遠離我，他們將人的吩咐當作道理教導人，所以拜我也是枉然**：先知以賽亞指出人的盲點，只顧做表面敬虔的事，但內心假冒為善不敬虔的人，在神眼中一目瞭然。此指在外的宗教，難以取代在內的信仰。

- **入口的不能污穢人，出口的乃能污穢人**：前者指的是食物是維持肉身的生命，不會污穢人的內心及道德；後者指的是，一個人犯罪的內心，是萬惡的根源，卻能夠害人害己。

- **因為從心裡發出來的，有惡念、凶殺、姦淫、苟合、偷盜、妄證、謗讟。這都是污穢人的；至於不洗手吃飯，那卻不污穢人**：此指真正的潔淨之禮，不是靠外在洗手的繁複「禮儀」程序，刻意與外邦人分別為聖，自認高人一等，而在於人人內在污穢心靈的「重生」。

對比當今多數人都已經具備飯前洗手的好習慣，當時的猶太人，他們指控耶穌門徒吃飯時沒有洗手，並非出自衛生考量，而是對律法「自以為是的優越感」的一種儀式化行為。

因此一如既往，相較於在形式上遵守律法，耶穌不斷在強調的是，發自內心的跟隨，也就是願意花時間與神連結，藉此洗滌心靈，才是真正的潔淨之禮。

【反思與討論】

- ▶ 請寫出本單元的主題與重點是什麼？並分享本文讓你印象最深刻或最啟發的部分。
- ▶ 請分享耶穌來到世上的目的和跟你個人的關係？我們如何避免贏在宗教起點，輸在信仰拐點的困境中？
- ▶ 由耶穌對猶太人傳統觀點和對猶太宗教領袖的一連串反駁，讓你對於一直以來所接受的信仰教導，有什麼反思？

2-2 帶進天國：
耶穌成全人類轉化社會的文化使命

■耶穌，是「末後」的亞當！

神造的第一個出於地的兒子，亞當（首先的），因著他的墮落，以致失去了原本賦予他管理受造物的權柄，於是「及至時候滿足」，神就差派祂出於天的兒子道成肉身，成為耶穌基督來到世上，成為末後的亞當（或稱第二個亞當），將那管理世界的統治權自撒但手中奪回。

「經上也是這樣記著說：首先的人亞當成了有靈（靈：或作血氣）的活人；末後的亞當成了叫人活的靈。」（林前 15:45）

耶穌的到來正是要帶領我們奪回治理這地及管理活物的兩大權柄：(A) 轉化社會的文化使命；(B) 拯救靈魂的福音使命。

耶穌在福音書中每到一處，必然行公義、好憐憫，以轉化當時受猶太教掌控的扭曲文化，又在轉化文化中拯救失喪的靈魂，更以醫治各樣的病症，以大能的神蹟證明祂是彌賽亞——神的兒子（太 3:17、9:35、11:5）。

這也是聖經歷史的新頁，人類從此離開舊約時代，進入了新約的時代 —— 耶穌帶來一個新的國度，也就是神的國度——「天國」，藉此徹底破除撒但以偶像崇拜為中心的各種迷惑世人宗教體系，以及以猶太教為中心的迷惑以色列民律法體系。從此以後，人們可以坦然無懼地直接與神修復關係。而且對於天國的到來，早在施洗約翰時期就已經預告！

「那時，有施洗的約翰出來，在猶太的曠野傳道，說，天國近了，你們應當悔改。」（太 3:1-2）施洗約翰傳講的信息是，天國不是飄在天上一個虛構的存在，而是真真實實存在地上；他說天國即將來臨，是因為有一個人會把天國帶來，他也不是虛構的人物，而是真正的彌賽亞——拿撒勒人耶穌。

「從那時候耶穌就傳起道來，說，天國近了，你們應當悔改。」（太 4:17）耶穌到來之後也告訴大家，施洗約翰傳的是在地上活出天國的道理，沒錯，天國就要降臨了，而且神可以賦能給信祂的門徒，使整個世界重回到正軌。

■進天國的「屬靈爭戰」:「非比尋常」信心（因信）的行動力（稱義）

「從施洗約翰的時候到如今，天國是努力（forcefully）進入的，努力（forceful）的人就得著了。」（太 11:12）

「律法和先知，到約翰為止。從此神國的福音傳開了，人人努力（forcing）要進去。」（路 16:16）

撒但想阻止人們進天國，千方百計要把天國奪去，因此以上的兩段經文，耶穌便說到了，一個要進天國而得救的人，面對在世上來自撒但的屬靈逼迫時，首先應抱持什麼樣的基本態度。

聖經描述天國是一個集「公義、和平與喜樂」的綜合體，也是要進天國信徒的內心素質。這些元素都無法僅憑消極的言語或靜態的敬虔來宣講，必須透過積極「轉化及救贖」的行動來完成，因為這些內涵的本質，就是要在敵人的營壘中去「撥亂反正」！

由此可知，文中的「努力」，並非指世上一般的努力。希臘文的原意是靈裡的「暴力」，英文的翻譯是用「force」的字根，意思是說，進天國需要藉著內心按納不往的渴望，而驅使出世上諸般的「非常的舉動」，甚至是要不顧性命地「豁出去」(「我若死就死吧！」斯 4:16)。

但中文翻譯成「努力」，非常的不妥，容易造成許多人誤解為要靠一般人的「勤勞」，或是表面敬虔的「行為」才能得救，反而模糊了真正的信仰內涵。

耶穌在差遣十二門徒傳天國近了的道時，告訴他們：「我差你們去，如同羊進入狼群。所以你們要靈巧像蛇，馴良像鴿子。」(太 10:16)。經文中的「靈巧像蛇」就是超越一般的非凡行動。

耶穌在精明管家的比喻當中也說：「主人就誇獎這不義的管家作事聰明。因為今世之子，在世事之上，較比光明之子，更加聰明。」(路 16:8)」耶穌並不認可管家做事的不良動機，反藉此鼓勵我們要有非比尋常的信心帶出積極進取的行動力。

再者，這裡說的「努力」，並非是得救進天國的條件，而是一個重生得救的基督信徒，面對持續逼迫時應當有的態度，想要進入地上「天國」的心態，要能夠面對一場又一場的屬靈爭戰。

耶穌說，從施洗約翰出來傳道到現在，經歷過天國道理的人都知道，天國是帶著一股屬靈的力量進入到他們的生命當中。就像施洗約翰，當他明白天國是真實的且將會臨到之後，整個人便徹底地改變了，成為一個在屬靈上火熱的人。這時，天國就成為他追求的一切，並且掌管了他的生命。

所以才會說，進天國的門是一道窄門——如同信仰是窄門，宗教是寬門。

(1) 在登山寶訓中，耶穌用進「窄門與寬門」以及「智與愚的建造」，強調要進天國得救的信徒，面對屬靈爭戰應有的心態。

「你們要進窄門。因為引到滅亡，那門是寬的，路是大的，進去的人也多；引到永生，那門是窄的，路是小的，找著的人也少。」（太 7:13-14）

「……所以，凡聽見我這話就去行的，好比一個聰明人，把房子蓋在磐石上；雨淋，水沖，風吹，撞著那房子，房子總不倒塌，因為根基立在磐石上。凡聽見我這話不去行的，好比一個無知的人，把房子蓋在沙土上；雨淋，水沖，風吹，撞著那房子，房子就倒塌了，並且倒塌得很大。」（太 7:24-27）

(2) 耶穌曾用「撒種的比喻」，強調屬靈爭戰應有的心態。

「他用比喻對他們講許多道理，說：有一個撒種的出去撒種；撒的時候，有落在路旁的，飛鳥來吃盡了；有落在土淺石頭地上的，土既不深，發苗最快，日頭出來一曬，因為沒有根，就枯乾了；有落在荊棘裡的，荊棘長起來，把它擠住了；又有落在好土裡的，就結實，有一百倍的，有六十倍的，有三十倍的。有耳可聽的，就應當聽！」（太 13:3-9）

耶穌藉由撒種說明，在相對的世界上，憑眼見（體）及靠感覺（魂）的信，可能有不同等級的差別：(A) 不信——落在路旁，被飛鳥吃盡；(B) 相信——落在土淺石頭地上，被日頭曬乾；(C) 信任——落在荊棘裡，被荊棘擠住。但在絕對的靈裡，只有兩種信：不信與 (D) 堅信——落在好土裡，結實一百倍、六十倍、三十倍。而且不信者，因為是用一般的「勤勞努力」來信神，終究結不了果實。

上述這段比喻正好印證了，信仰是要用強勁猛烈的信心行動克服障礙，生命才可以更豐盛的結實！

「所以我用比喻對他們講，是因他們看也看不見，聽也聽不見，也不明白。在他們身上，正應了以賽亞的預言，說：你們聽是要聽見，卻不明白；看是要看見，卻不曉得；因為這百姓油蒙了心，耳朵發沉，眼睛閉著，恐怕眼睛看見，耳朵聽見，心裡明白，回轉過來，我就醫治他們。但你們的眼睛是有福的，因為看見了；你們的耳朵也是有福的，因為聽見了。我實在告訴你們，從前有許多先知和義人要看你們所看的，卻沒有看見，要聽你們所聽的，卻沒有聽見。所以，你們當聽這撒種的比喻。」（太 13:13-18）

何謂堅信？那就是在環境、感覺、外表、世人、理性，都催促著一個人往反方向去做時，他卻依舊持守神的話語和指引，在狂風暴雨中忍受試煉前行，不管發生什麼事或付出什麼代價，都持續信靠神到底，那種「非比尋常」持續信靠神的信念，便是堅信。

撒種的目的是為了結實，但唯有持續堅信神的人，方值得神的介入，做出榮神益人的神蹟奇事，如同唯有好土能結實，且有一百倍、六十倍、三十倍的收成。

如果講到這裡，讓你懷疑真的有人做得到嗎？那麼不妨回顧一下，前幾章的典範人物。

所有在舊約「因信稱義」的模範使徒及先知，像是亞伯、挪亞、亞伯拉罕、他瑪、妓女喇合、先知撒母耳等等，他們面對撒但在世上的攔阻及逼迫時，絕對不是靠一般「安於現狀的努力」，而是靠「突破困境的靈裡暴力」，最終才得以超越環境、完成使命。

■輸在「宗教」的起點，卻能贏在「信仰」的拐點：耶穌與「門徒」及「外邦基督徒」的互動

很多父母都希望「讓孩子贏在起跑點」，卻忽略了更要教導孩子，在碰到任何的情況下，要懂得變通以學會贏在拐點，無怪乎有句話說：「小時了了，大未必佳。」

前一篇文章曾經提到，耶穌時代絕大多數的猶太人亦陷入了同樣的誤解，所以即使自認贏在起點，最終還是經不起新情勢考驗而輸在拐點；相較之下，耶穌的門徒及外邦基督徒們，

雖然很多在世上條件下都輸在起點，卻因為在面臨生命拐點時，活出了堅定信念，因而打贏屬靈爭戰，最終脫穎而出，從宗教的「劣等生」，勝出為信仰的「優等生」。

勝敗之間，關鍵就是在於，相較於「贏在起點」是一種憑眼見、靠慣性的思維，「贏在拐點」憑藉的是超越理性的信念，看的是生命的意義而非眼前的得失。

同樣用圖 1-1-2（見頁 68）來說明「贏在拐點」的思維。兩者最大的差別在於，贏在拐點是超越現實面、精神面，直入生命面的領受模式（即內心層次），所以體驗順序是「由內至外」的，如下圖 2-2-1 所示。

「贏在拐點」的思維引導我們直指生命核心，進到生命面（靈）去探問「why ？」為什麼活在世界上？生命的異象是

圖2-2-1 由內至外的生命領受模式

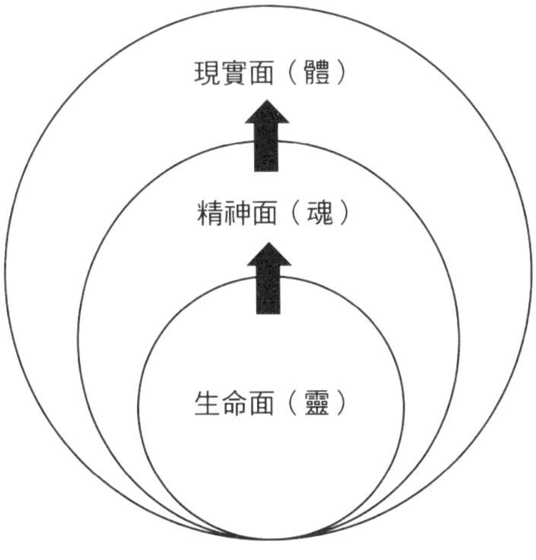

什麼？因此，由內而外的突圍思考邏輯就會如下：

- **生命面：反思「為何而活」**（why do I exist）

面臨一般時刻，多數人不會探問到生命層面的問題，唯有深陷重大挑戰且無法靠現實面及精神面的思維來跨越困境的關鍵時刻，人們才會開始反思，活在世上的「目的」、最渴望的「熱情」，以及生命定位的「信念」是什麼？——此正是內心迫切尋求神拯救或廣義遇到耶穌的時刻。

神也很清楚每個人的靈裡狀況。神並不是醫治所有瞎子，也不是讓所有瘸子都可以行走，更不是碰到誰就呼召誰。正因祂知道每個人靈裡的狀況，所以才讓那些已經在靈裡準備好（渴望尋求神）的人遇見耶穌。

這時，越是不在律法框架裡，或在宗教上輸在起點，而自認不配的一些猶太人以及邊緣人士，像是撒瑪利亞人、外邦人、痲瘋病人、稅吏、牧羊人、娼妓、女人、窮人、罪人等非主流人士（林前 1:26-29），他們經不起內心改變生活及生命的衝動，若能把握時機（因信）就能贏在拐點（稱義）。

原因是，他們當中有些人，要麼在生活中受困良久（生理缺陷、病痛、工作等），用盡了世上的方法都無效，面對關鍵時刻，雖然與過往慣性思維在拉扯，內心一度陷入天神交戰，但因安於現狀的痛苦，超過了生命改變的害怕，且經不住內在信念的迫切渴求，因而做出了「非常舉動」，而得以進入地上的天國。

又或者有一些人，為了生活，原本走在不正當的路上，但因著內心深處極渴望重新活回生命的正軌，因為堅信耶穌的拯救到一個地步，做出了一般人不認可的「非尋常的舉止」也在所不惜，因而走上一條新的生命道路。

無論是出於什麼動機，他們的共同點是，皆懷抱著「超自然神（耶穌）必能拯救」的堅定信念，因此有意識地放棄固有本能的感覺、能力、掌控，勇敢跳脫出現實面及思考面的限制，進入超物質世界的生命面去找答案。

當我們在有意識地審視自身本質及熱情，且願意拋棄慣性思維以及自我掌控感之後，便得以在不確定中，學習聆聽內心的聲音，進而追隨內在熱情及信念，找到最適合的人生定位。

一如耶穌所呼召的門徒及外邦信徒們，他們在接受神（耶穌）進入內心生命面的那一剎那，便領受到比過去更真實、更偉大、更美好的異象及願景，因而鼓足勇氣地豁出去了。

• 精神面：思考的是「如何突破」（how to breakthrough）

領受到靈裡的異象之後，精神面便緊跟其指引，用「對」的方式將之做「好」，甚至要敢於面對過去不光彩的事實，也要願意超越自我利益，在必要時做出犧牲，行出愛神、愛人的善行，只管做對的事，將結果交給神。

• 現實面：體驗的是「結果如何」（what is the result）

當生命定位確立且執行方式是對的，便會在現實面得到印證。意即，當我們把現實面的場景拉到生命面做反思，因著生命面的質變（靈命世界）、精神面的突破，接著就會如蝴蝶效應般，在現實面產生很大的量變（物質世界），讓事情的結果超乎原先的期望。

這對個人來說，無疑是一種「正向回饋」，因為不僅見證了異象，也證明從生命面得到的領受是對的。當信心被增強，未來就更願意持續從生命面的領受出發，成為一種自然而然的正向循環。

▶耶穌與門徒及外邦基督徒的「互動案例」

在福音書中與耶穌互動最頻繁的大致有四類人：上一章提到的 (A) 棄絕耶穌的一般猶太民眾；(B) 與耶穌從頭鬥爭到底的猶太宗教領袖，他們都成了新典範的淘汰者。以及底下講的 (C) 耶穌呼召的猶太門徒；(D) 堅信耶穌的社會邊緣人士及外邦人，他們是新典範的推動者。

他們面對耶穌的關鍵時刻，都做了非比尋常的回應，也得了意想不到的結果。我如此整理是幫助大家，在看福音書的故事時有脈絡可尋，進而有所啟發並願意去實踐真理。

接下來就進入福音書中的故事，跟隨耶穌的腳蹤，看看祂是如何將天國（福音）帶進人們的生命，讓門徒和外邦信徒深刻經驗到神的救恩，其間大致的脈絡如下：

一、他們不是耶穌在路上偶然遇到的幸運者，大多數是耶穌在靈裡探測到他們內心尋求神拯救的渴望（因信），祂是刻意走險路、繞道、遇風暴去找他們的，並給予必要的（稱義）幫助。

二、耶穌先解決他們切身所需（工作、呼召、傳道、赦罪、趕鬼、醫治、重生）後，很自然地將福音傳給他們，並呼召他們成為宣教士。

三、耶穌行了神蹟，以證明自己是神，具有全能、全知、全在的本質。

「神藉著拿撒勒人耶穌在你們中間施行異能、奇事、神蹟，將他證明出來，這是你們自己知道的。」（徒 2:2）

(1)【工作】耶穌再召彼得等四位門徒（路 5:1-11）

這是一個如何在工作中活出信仰，也是一個「聖俗合一」以事奉神、榮耀神的聖經故事。詳盡的敘述請看本書中序章中「扭轉聖經歷史的雙職事奉人物：彼得」。

(2)【呼召】耶穌召馬太並與稅吏和罪人為友

「耶穌從那裡往前走，看見一個人名叫馬太，坐在稅關上，就對他說，你跟從我來。他就起來跟從了耶穌。耶穌在屋裡坐席的時候，有好些稅吏和罪人來，與耶穌和他的門徒一同坐席。法利賽人看見，就對耶穌的門徒說，你們的先生為什麼和稅吏並罪人一同吃飯呢？」（太 9:9-10）

在四福音書中，耶穌常與稅吏（為羅馬政府收稅，政治上的叛國賊）和罪人（不守律法，宗教上犯罪）來往，不嫌棄猶太人所摒棄的社會底層人士，因為耶穌不看人的外表，祂看重的是內心飢渴的靈魂，以及未來有發展潛能的生命。

在耶穌的門徒中，馬太放棄的最大最多，他放棄了世界上看得見的特權收入，優厚的職業和富裕舒適的生活。一旦反悔，再也不能回頭了。但他卻選擇了天上看不見的應許，至終得到了人生的無價之寶，永恆的生命和平安喜樂，後來成為十二使徒之一，寫了〈馬太福音〉影響千萬人的生命。若換了是你，你會選擇和馬太一樣的人生嗎？

耶穌也沒有要求門徒進到一個會堂（今日的教堂），舉辦一場莊嚴而隆重的呼召大典（宗教在形）。而是就在職場的打魚湖邊呼召漁夫，在稅關上呼召稅吏，沒有任何宗教框架的儀式、規章（信仰在心），這對你有何反思及啟示？

(3)【傳道】耶穌傳永生之道給撒瑪利亞婦女，並呼召她成為宣教士

「他就離了猶太，又往加利利去。必須經過撒瑪利亞（耶穌特意走較為危險的路，去尋找這隻渴慕神拯救的外邦失落的羊），於是到了撒瑪利亞的一座城，名叫敘加……那時約有午正。有一個撒瑪利亞的婦人來打水（因有過多個丈夫，自認身份見不得人）……耶穌回答說：凡喝這水的還要再渴；人若喝我所賜的水就永遠不渴。我所賜的水要裡頭成為泉源，直湧到永生。婦人說：先生，請把這水賜給我，叫我不渴……（耶穌道出她正與不同男人有不道德的生活關係，來自人生乾渴，實則是心靈上的需求，以引出她對永生的渴慕中脫困，以歸正。）

「婦人說：先生，我看出你是先知。我們的祖宗在這山上禮拜，你們倒說，應當禮拜的地方是在耶路撒冷。耶穌說：婦人，你當信我。時候將到，你們拜父，也不在這山上，也不在耶路撒冷（神不在你們山上的寺廟裡，也不在猶太人的聖殿中——宗教在形）……神是個靈（耶穌啟示了父神的本質），所以拜他的必須用心靈和誠實拜他（任何時間，任何地點，活出了內心的信仰，就是在敬拜神——信仰在心）。婦人說：我知道彌賽亞（就是那稱為基督的）要來；他來了，必將一切的事都告訴我們。耶穌說：這和你說話的就是他！（在這一剎那間，她信了耶穌就是能幫她脫困的彌賽亞——因信）

「……那城裡有好些撒瑪利亞人信了耶穌，因為那婦人作見證說：他將我素來所行的一切事都給我說出來了（經歷到認罪悔改後的自由，為了見證耶穌，勇敢地分享以前見不得人的事，成為福音的使者——稱義）。於是撒瑪利亞人來見耶穌，求他在他們那裡住下，他便在那裡住了兩天。因耶穌的話，信的人就更多了，便對婦人說：現在我們信，不是因為你的話，是我們親自聽見了，知道這真是救世主。」（約 4:3-42）（福音在撒瑪利亞傳開，為後來耶穌門徒腓力在使徒行傳在撒瑪利亞的福音復興，起了關鍵重要的鋪墊〔徒 8:4-8〕）

(4)【赦罪】耶穌因著人的信，而行神蹟並赦免人的罪，證明自己是神

「過了些日子，耶穌又進了迦百農。人聽見他在房子裡，就有許多人聚集，甚至連門前都沒有空地；耶穌就對他們講道。有人帶著一個癱子來見耶穌，是用四個人抬來的；因為人多，不得近前，就把耶穌所在的房子，拆了房頂，既拆通了，就把癱子連所躺臥的褥子都縋下來。耶穌見他們的信心（信耶穌必能用超自然能力拯救他們所愛的癱子——因信；以至排除萬難，行出非常態拆房頂的舉動——稱義），就對癱子說：

小子，你的罪赦了。（有些人得病是因為犯罪的結果，所以要先罪得赦免後，身體方得康復）有幾個文士坐在那裡，心裡議論，說：這個人為什麼這樣說呢？他說僭妄的話了。除了神以外，誰能赦罪呢？耶穌心中知道他們心裡這樣議論，就說：你們心裡為什麼這樣議論呢？（只有神能赦罪的觀念是對的，但他們錯就錯在硬著心、不信的態度，只聽道、不接受教訓；見神蹟，卻不認彌賽亞）或對癱子說你的罪赦了（嘴上說容易做到，因不需要外在的證明），或說起來！拿你的褥子行走（實際行動很難做到，若神蹟沒有顯現，等同是在說謊，謊稱自己是神），哪一樣容易呢？但要叫你們知道，人子（但7:13-14 提到人子一詞，指耶穌兼有人性和神性）在地上有赦罪的權柄（證明自己是彌賽亞，有神的能力）。就對癱子說：我吩咐你，起來！拿你的褥子回家去吧。那人就起來，立刻拿著褥子，當眾人面前出去了，以至眾人都驚奇，歸榮耀與神，說：我們從來沒有見過這樣的事！（指赦人罪後，癱子能立刻行走的神蹟）。」（可 2:1-12）

(5)【趕鬼】耶穌藉著趕鬼，拯救人的靈魂，並呼召他成為宣教士

「他們來到海那邊格拉森人的地方（居民多是外邦人，崇拜巴力等外邦假神）。耶穌一下船，就有一個被汙鬼附著的人，從墳塋裡出來迎著他。那人常住在墳塋裡，沒有人能捆住他，就是用鐵鍊也不能。因為人屢次用腳鐐和鐵鍊捆鎖他，鐵鍊竟被他掙斷了，腳鐐也被他弄碎了。總沒有人能制伏他（因有邪靈的污鬼附身，擁有超自然的力量）。他晝夜常在墳塋裡和山中喊叫，又用石頭砍自己（因不接納自己的掙扎，可怕至極）。他遠遠地看見耶穌，就跑過去拜他。大聲呼叫說，至高神的兒子耶穌，我與你有什麼相干（鬼都認耶穌是至高神的兒子，猶太人卻不認 ！）。我指著神懇求你，不要叫我受苦（不要吩咐他們到無底坑裡去，鬼都認耶穌的權柄，猶太人卻不認 ！）。是因耶穌曾吩咐他說，汙鬼阿，從這人身上出來吧。穌問他說，你名叫什麼。回答說，我名叫群（原文是指羅馬軍團，代表眾多污鬼附在這人身上），因為我們多的緣故。就再三地求耶穌，不要叫他們離開那地方。在那裡山坡上，有一大群豬吃食（可能是向外邦神巴力獻祭用的豬）。鬼就央求耶穌說，求你打發我們往豬群裡附著豬去（污鬼必須找到寄居體）。耶穌准了他們。汙鬼就出來，進入豬裡去。於是那群豬闖下山崖，投在海裡，淹死了。豬的數目，約有二千。放豬的就逃跑了，去告訴城裡和鄉下的人。眾人就來要看是什麼事。他們來到耶穌那裡，看見那被鬼附著的人，就是從前被群鬼所附的，坐著，穿上衣服，心裡明白過來（這個鬼被趕走的人，可能是靈魂十分飢渴，尋求解脫，但可惜不斷錯拜假神，如此靈裡的渴求，神看得見，但邪靈也會趁虛而入，引來眾污鬼附身）。他們就害怕。看見這事的，便將鬼附之人所遇見的，和那群豬的事，都告訴了眾人。眾人就央求耶穌離開他們的境界（格拉森人不要主）。耶穌上船的時候，那從前被鬼附著的人，懇求和耶穌同在。耶穌不許（主要藉著這人得到格拉森人），卻對他說，你回家去，到你的親屬那裡，將主為你所作的，是何等大的事，是怎樣憐憫你，都告訴他們（主不但拯救了他靈裡的飢渴，還指引他去發展有潛能的生命）。那人就走了，在低加波利，傳揚耶穌為他作了何等大的事，眾人就都希奇。」（可 5:1-20）（這個心裡明白過來的人，回應主恩蒙召作了宣教士。

(6)【醫治】耶穌醫治因信，而甘冒犯律法的血漏婦人

「有一個女人，患了十二年的血漏，在好些醫生手裡受了許多的苦，又花盡了她所有的，一點也不見好，病勢反倒更重了。她聽見耶穌的事，就從後頭來，雜在眾人中間，摸耶穌的衣裳，意思說：我只摸他的衣裳，就必痊癒。（患不潔淨的病，有如痲瘋病人，必須與人隔離，若不，就犯律法要得懲罰）於是她血漏的源頭立刻乾了，她便覺得身上的災病好了（迫切求助且對主能隔空醫治人的超自然能力大有信心——因信；敢於甘犯律法，雜在眾人中間，為了不接觸耶穌，而只摸了耶穌的衣裳——稱義）。耶穌頓時心裡覺得有能力從自己身上出去，就在眾人中間轉過來，說：誰摸我的衣裳？門徒對他說：『你看眾人擁擠你，還說誰摸我嗎？』耶穌周圍觀看，要見做這事的女人（耶穌明知婦人已得醫治，為什麼還要難堪她出醜，是為了彰顯自己的能力？）。那女人知道在自己身上所成的事，就恐懼戰兢，來俯伏在耶穌跟前，將實情全告訴他（信心見證，沒有隱瞞自己的所作所為；因信稱義而甘犯律法）。耶穌對她說：女兒，你的信救了你，平平安安地回去吧！你的災病痊癒了（耶穌在解決人切身所需肉體的醫治後，至終是要拯救人的靈魂的心靈醫治）。」（可 5:25-34）

與以上相類似的事蹟，還有像是「耶穌醫治大臣之子」（約 4:46-54），「耶穌醫治百夫長之僕」（路 7:1-10），他們也都是信耶穌說的話，意即相信耶穌有超越時空（大自然）的醫治能力，因而得救。

(7)【重生】耶穌赦免雖犯姦淫罪，但因信而誠心悔改的婦人

「清早又回到殿裡。眾百姓都到他那裡去，他就坐下，教訓他們。文士和法利賽人帶著一個行淫時被拿的婦人來（現行犯），叫她站在當中，就對耶穌說：夫子，這婦人是正行淫之時被拿的。摩西在律法上吩咐我們把這樣的婦人用石頭打死。你說該把她怎麼樣呢？他們說這話，乃試探耶穌，要得著告他的把柄（要耶穌下令用摩西律法處死婦人，但卻觸犯了羅馬的法律）。耶穌卻彎著腰，用指頭在地上畫字。他們還是不住的問他，耶穌就直起腰來，對他們說：你們中間誰是沒有罪的，誰就可以先拿石頭打她（扭轉情勢，轉守勢為攻勢，用人人有罪的事實來挑戰百姓——靈巧像蛇）。於是又彎著腰，用指頭在地上畫字。他們聽見這話，就從老到少，一個一個的都出去了，只剩下耶穌一人，還有那婦人仍然站在當中（這婦人堅信耶穌不但能赦免她世界上所犯的罪，更能醫治她心靈中的不平安——因信；所以沒有跟隨其他人偷偷地溜走，誠心留下面對耶穌且認罪悔改——稱義）。耶穌就直起腰來，對她說：婦人，那些人在哪裡呢？沒有人定你的罪嗎？她說：主啊，沒有。耶穌說：我也不定你的罪（新典範——因信稱義，罪得赦免，恩寵超越律法和石頭）。去吧，從此不要再犯罪了（重生帶出的新生命）！」（約 8:2-11）

相類似的事蹟，還有「耶穌受罪婦膏抹」（路 7:36-50）、

「迦南婦人的信心」（太 15:21-28），鼓勵大家按照本章中同樣的思路做分析、得結論，以揣摩耶穌救恩的深度及廣度，並反思此與今日教會的教導及作法有何異同之處。

看到這裡，不知道大家有沒有注意到，基於聖經知識，我更是從工作和生活實踐的角度來詮釋聖經，因為接地氣的實踐是驗證真理最好的途徑——這也正是當今多數教會難以協助信徒活出「轉化社會的文化使命」，很重要的原因之一。

如果教會認為世界是俗的，等於永遠在打一場贏不了的戰爭，因為教會的範疇是要涵蓋世界的。教會的定義不僅是群體聚集，即使是個人，只要心裡堅信神且活出使命，廣義來說，他所到之處亦可被視為一個神國度教會的開始。

這裡所說的「從個人開始的國度教會」，並不是真的只有一個人。那些活出信仰且把福音推廣到社會職場的人，他和他禾場影響所及的人事物，就是一個無牆的教會。

從牆內到牆外，從有牆變無牆，這種走動式的教會不受限制，可以建立在個人的職場、家庭，甚至是公共場域。很多教會都把福音捧得太過高大上，讓牆外的人覺得似乎高攀不上，其實只要個人活出內心信仰就是在傳福音，也唯有接地氣的思維，才能真正影響社會。

地上的國被撒但奪去了，耶穌帶來一個天國（太 4:17、6:9-13），希望幫助個人及教會在地上活出天國，可惜的是，很多教會一直到現在，仍認為天國還沒有來到，所以不進入社會去做轉化，而是守在教會裡內捲。

我並不是說信徒不用去各地的教會聚會，而是想要強調，各地教會應該升級成一個信仰培訓中心，培訓基督徒信仰實踐的能力後，再差派到所屬禾場去收割，而不是把信徒圈在教會裡面做牆內事奉。

不要忘記了！耶穌是為全世界的人來的，不只是為了拯救靈魂，還有轉化社會，因此本該讓基督信仰有更大的包容性。而且得救是個人要被得救，應該讓信仰回歸到個人，教會則作為集中培訓能活出個人信仰的福音基地，方能打造出一個教會、基督徒、外邦人皆受惠的天國境地。因為教會不僅提供個人信仰的支持，也強調群體的合一與使命。

【反思與討論】

- 請寫出本單元的主題與重點是什麼？並分享本文讓你印象最深刻或最啟發的部分。
- 請你在接下來的一週，應用贏在拐點的思維做下列的反思並寫出來：
  - 生命面：反思「為何而活」
  - 精神面：思考的是「如何突破」
  - 現實面：體驗的是「結果如何」
- 你覺得信仰是屬於個人的事，還是教會的事？如何做到讓信仰回歸到個人？

2-3

建立教會：耶穌成全人類完成大使命的呼召

▶天父「啟示」，建立教會

耶穌在世界上傳道，似乎一直在等天父給祂一個訊息，讓祂知道在地上的工快要結束了，可以定意到耶路撒冷去完成一個最重要的事情——為救贖全人類，而被釘死在十字架上！

但在這之前，祂必須啟示門徒去創建一個延續祂在各地所作「轉化和救贖」事工的媒介，這就是耶穌來到世上要做的第三件事——建立教會。

以上這兩點，可從下列的經文（太 16:13-20）看出：

「耶穌到了該撒利亞腓立比的境內，就問（兩年學習的考試）門徒說（第一題）：人說我（有古卷沒有我字）人子是誰（別人怎麼看我真實的身份是誰）？他們說：有人說是施洗的約翰；有人說是以利亞；又有人說是耶利米或是先知裡的一位（是被神呼召出來做先知的屬靈神的代言「人」，不是「神」）。耶穌說：你們說我是誰？（追問核心問題）西門彼得回答說：你是基督（神差來拯救人的彌賽亞君王——廣義耶穌），是永生神的兒子（與神同等——基督＋人子＋永生神的兒子——主耶穌最完全的稱號)。耶穌對他說：西門巴約拿，你是有福的！因為這不是屬血肉的指示你的，乃是我在天上的父指示的(你回答得完全正確！這不是一個屬血氣的人可以認知的，是天父在你內心動工來宣告的，這也是我一直在等待的訊息)。

用口語一點的方式重述，就是耶穌對門徒說：「你們跟我兩年了，我用兩個題目考考你們，第一個題目是：『別人說我是誰？』」門徒回答：「別人都說耶穌是一個屬靈的先知，但沒有說耶穌是神。」

耶穌又問了第二個問題：「好，別人可能只聽過我講過一次道，或一次的互動，你們跟我兩年了，吃睡在一起，那你們說我是誰？」這時彼得就說：「你是基督，你是永生神的兒子，你是跟神同等的。」基督的英文是 Christ，意指受膏者或是神揀選的救世主，原文來自希伯來文的彌賽亞，所以彌賽亞和基督都是預表耶穌。

耶穌聽了就說：「這是天父啟示你講出來的，代表是天父藉著你告訴我說時間到了，可以去做那件事情。

接著，耶穌預告了第二點如下：

「我還告訴你，你是彼得（代表被呼召出來的門徒），我要把我的教會（耶穌預言教會——被呼召出來的神的子民——神王權在基督再臨前，在地上活出天國的門徒及群體）建造在這磐石上（主是不動搖磐石的房角石）；陰間的權柄（最直接的解意是「死亡之門」，但廣義也可以指撒但掌控世界的邪惡權柄）不能勝過他（教會要實踐轉化社會及拯救靈魂的使命，方能戰勝陰間的權柄)。要把天國的鑰匙（鑰匙的作用是開門，門徒是鑰匙的保管人，有權柄可以開啟天國之門，讓個人進入神的國）給你，凡你在地上所捆綁的，在天上也要捆綁；凡你在地上所釋放的，在天上也要釋放（門徒有權柄向人宣告「禁止」或「允許」進入神的國，凡在地上認罪悔改的必獲天上恩赦；否則罪刑難逃)。當下，耶穌囑咐門徒，不可對人說他是基督（時候未到)。」

這段經文則是指，耶穌告訴門徒將要把教會建立在神國的磐石上，也要他們去轉化社會文化，使其變成天國的文化，並在轉化的過程中拯救靈魂。同時也教他們要像一個法官，進到一個地方，若不被接納就走，接納你的就宣告釋放。

最後還預告當他到了耶路撒冷坦承自己是基督，就會被猶太人釘到十字架，並啟示門徒要接管教會。

「從此耶穌才指示門徒，他必須上耶路撒冷去，受長老祭司長文士許多的苦，並且被殺，第三日復活。」（太 16:21）

本文的重點在於說明耶穌來到世上的第三個目的：建立教會，因此接下來我們就來談談何謂教會的定義。

▶教會的「定義」及其主體及功能

教會（church）這個字是耶穌在用希臘文說的 ekklesia 翻譯而來的（太 16:18)。這個字的原意是：「在世俗的公共場所中，轉化及救贖社會的群體——從世界上分別出來神的子民。」神的子民不論人數多寡，不論他們身在何處，他們影響所及之人、事、物，即是一種形式上的教會。

新約聖經對教會一詞有兩個用法。一種是指個人啟動並影響所及的群體，或全體的基督徒，不論他們身在何處的國度全地的教會；另一種是指神的子民聚集在一起的傳統觀念的地方堂會。這兩種都是真實的教會，無論是那一種形式的教會存在，都該有牆外國度胸懷，積極執行轉化社會以及拯救靈魂的使命，以奪回世界的管理權柄。

所以，我們應該效法耶穌在世界上時，在各處建立無牆教會的精神，在接受裝備後，走出地方堂會去國度宣教，並影響外邦世界——如同耶穌復活後，頒布給教會大使命的內容及範圍：

■大使命內容

「耶穌進前來，對他們說，天上，地下所有的權柄，都賜給我了。所以你們要去（向外拓展中去執行轉化當地社會的文化使命），使（執行拯救靈魂的福音使命）萬民作我的門徒，奉父子聖靈的名，給他們施洗（心靈的重生）。凡我所吩咐你們的，都教訓他們遵守，我就常與你們同在，直到世界的末了（耶穌第二次來臨）。」（太 28:18-20）這不是只給專業牧者或宣教士的使命，而是給所有基督徒的使命。

■大使命範圍

「但聖靈降臨在你們身上，你們就必得著能力。並要在耶路撒冷（本地），猶太全地（近地），和撒瑪利亞（近文化），直到地極（跨文化），作我的見證。」（徒 1:8）不是只在本地的地方堂會聚集，而是要離開舒適圈，走出去的。

■初代耶路撒冷教會的「興衰史」：神會「介入」

初代的耶路撒冷教會，充滿活潑的動力，他們合一，禱告被聖靈充滿，以神的代言人方式走出去，做神的工作，並且看到神的結果。這是教會的黃金時代，一切真如耶穌所描述的教會，陰間的權柄不能勝過它：「於是領受他話的人，就受了洗，那一天，門徒約添了三千人……讚美神，得眾民的喜愛。主將得救的人，天天加給他們。」（徒 2:41-47）

但可惜的是，人的慣性是喜歡停留在定點的舒適圈中，耶路撒冷教會也是，他們漸漸以聚在本地的敬拜、關懷、飯食、團契、肢體互動為教會的主軸，忽略了耶穌要他們在向外拓展中去執行大使命的命令。

這就如同巴別塔時代的人類，遇見了一片平原後就住在那裡，忘了神要他們遍滿地面去治理地及管理活物的使命，後來是因為神藉著變亂口音，才再次使他們分散到全地上。

針對耶路撒冷教會當時的安於現狀，神則是藉著司提反事件，使門徒都分散出去執行大使命。

「從這日起，耶路撒冷（本地）的教會，大遭逼迫。除了使徒以外，門徒都分散在猶太（近地）和撒瑪利亞（近文化）

各處。有虔誠的人，把司提反埋葬了，為他捶胸大哭。」（徒8:1-2）牆內教會是內捲、躺平，而神的作為是去中央、散各地。唯一能讓撒但掌控的陰間權柄勝不過教會的方法，就是到牠的地盤去做轉化社會的文化使命，以及拯救靈魂的福音使命！

▶耶穌比喻：在前的要在後，在後的要在前

耶穌在《福音書》中講了許多比喻，而且往往是以「天國好比……」、「天國又像……」等字句開始，鼓勵聽眾要用對的心態，在地上活出天國的樣式，方能在耶穌再來時，有資格正式進入圓滿的天國。

在比喻中，耶穌刻意用最通俗的故事，最世俗的人物，不帶絲毫「宗教」的字句，卻啟示出天國最深奧的真理，在舉手投足之間，做了「轉化及救贖」的工作，很自然的傳遞福音的信息，值得我們效法。

如同戲劇中會有好人與壞人的角色，耶穌的比喻中也有正、反兩類人物，而且這兩類人物的設定，往往跟一般世上人的認知是相反的，因而帶出來一個很重要的觀念就是：「在前的要在後，在後的要在前」。

反面人物：猶太宗教領袖及一般猶太民眾。行為稱義、贏在起點、輸在拐點的代表性人物；最後失去救恩、沒進天國——宗教在「形」。

正面人物：耶穌門徒、社會邊緣及外邦信徒。因信稱義、

輸在起點、贏在拐點的代表性人物；最後得到救恩、進入天國——信仰在「心」。

結論：用「堅信」持續活出「因信稱義」的生命來顛覆世界的排序，在前的要在後，在後的要在前；自以為能進天國的卻進不去，自以為進不了天國的倒進了天國。

■好撒瑪利亞人比喻：我喜愛憐恤、不喜愛祭祀

「有一個律法師（宗教領袖中的佼佼者），起來試探耶穌說（找耶穌不懂律法的把柄），夫子，我該作什麼（你說我們守律法進不了天國，那如何才可以承受永生）才可以承受永生。耶穌對他說，律法上寫的是什麼？你念的是怎樣呢（耶穌用律法師熟悉的律法反問）？他回答說，你要盡心，盡性，盡力，盡意，愛主你的神。又要愛鄰舍如同自己。（舊約律法的總綱）耶穌說，你回答的是。你這樣行，就必得永生。（耶穌非常贊同這知識層面的標準答案，但提醒他要活出律法精義所帶出的信仰實踐，如果他兩方面都做到了，就表示他和神有永生的關係，就必得救）。

「那人要顯明自己有理（為了證明自己為什麼做不完全、開始心虛），就對耶穌說，誰是我的鄰舍呢（指一個人要做到表面愛神的祭祀反而容易，因為對自己有好處，要做到內心自我犧牲愛人的憐恤，則太難了，因為個人通常不認為有誰值得自己去付出得不到回報的愛）？耶穌回答說，有一個人從耶路撒冷下耶利哥去，落在強盜手中，他們剝去他的衣裳，把他打個半死，就丟下他走了。」

「偶然有一個祭司，從這條路下來。看見他就從那邊過去了。又有一個利未人，來到這地方，看見他，也照樣從那邊過去了。」（以色列宗教人士的硬心，見死不救，就如這律法師，只有聖殿內的宗教生活，也只做表面愛神的祭祀，不願改變生命去憐恤人）。

「惟有一個撒瑪利亞人（一個不信猶太教，你們看不起的外邦人），行路來到那裡。看見他就動了慈心（因信——活出神利他犧牲屬性的內心渴望，慈心源自活出神形像的盼望），上前用油和酒倒在他的傷處，包裹好了，扶他騎上自己的牲口，帶到店裡去照應他，第二天拿出二錢銀子來，交給店主說，你且照應他。此外所費用的，我回來必還你。」（稱義——做出與愛神相對應的愛人的行動，反而是這位沒守律法且受他們鄙視的撒瑪利亞人，活出律法的精義、神的樣式）。

「你想這三個人，哪一個是落在強盜手中的鄰舍呢？他說，是憐憫他的（好撒瑪利亞人活出了內心愛人的信仰，但他不信猶太教，也沒聽過福音，他能承受永生嗎？）耶穌說，你去照樣行吧。」（路 10:25-37）

從這個故事可以看出，守律法的人，寧可被高達六百多條的律法綑綁住也要當祭司，藉此討好神並彰顯於人，卻不願意做內心生命的改變去愛人，也就是他們把愛人和愛神這件事情拆開來了。實際上，一個願意去愛他人的人，是出於內心愛神的動力所驅使，所以能夠愛人，才堪稱是真正的愛神。

此外，耶穌的意思也並不是說，所有在行為上有幫助人的好人都能進天國，而是要渴望活出神的形像跟樣式而去愛人的人，才能進天國，因為神的形像就是愛人、願意做犧牲、願意利他。

「我們愛，因為神先愛我們。」（約一 4:19）如何活出愛神愛人？關於這句話的實踐，可能有許多不同的解讀。若從關係的角度切入，其實最重要的是，神怎麼看你？想知道上帝怎麼看你，就要看人怎麼看你？也就是說，你和別人的關係及互動，會反映出你和上帝之間的關係。

上述比喻中，最關鍵的詞是「動了慈心」，這慈心源自這撒瑪利亞人在當下與神在內心互動的關係（愛神）中，所帶出與人的關係互動（愛人），因為唯有這樣你才能找到上帝。所以從我們和別人的關係（愛人或不愛人），會反映出我們和神的關係（愛神或不愛神）「這些事你們既作在我這弟兄中一個最小的身上，就是作在我身上了。」（太 25:40）。我們是透過服事「人」以事奉「神」的。

可惜的是，往往宗教人士習慣性地只把焦點放在愛神，就好比比喻中的律法師、祭司、利未人，以及今日有些只關注牆內敬拜神（表面愛神），而忽視牆外憐恤人的行動（愛人）。

唯有先感恩神對我們的憐憫，才能真正去照樣行出來，也就是將「神的愛」傳出去。

反面人物：律法師、祭司、利未人。牆內專注「獨善其身」的人生觀，只專注教堂內的聖工，但不關心社會的神職人員或熱心基督徒，只做敬虔事（神前人前），不是敬虔人（假冒為善）。

正面人物：好撒瑪利亞人。牆外活出「愛人如己」的人生觀，當別人落難時，我不會袖手旁觀，雖然沒進教堂，卻在公共場所活出愛神愛人生命的世人。敬虔人（因信愛神），必做敬虔事（稱義愛人），做出了耶穌身體力行「轉化及救贖」的文化及福音工作。反思一下，你是否有活出這種「得勝」基督徒的生命？

【耶穌啟示】

(1) 所謂的傳福音，並不一定要套教堂內一陳不變的「形式」，也不是一件專業的高大上的事，無非就是內心因愛神，而愛人感動的自然流露。

(2) 神看重我們是什麼樣的人（好撒瑪利亞人），遠重於在做什麼事（祭司、利未人），不要急著去做傳福音的「事」，而要先將自己成為「福音」。

(3)「愛」的本意是犧牲、付出、不求回報的。

■大筵席的比喻：真福音臨到因信稱義的罪人及外邦人

「同席的有一人聽見這話，就對耶穌說，在神國裡吃飯的有福了（法利賽人滿以為自己必能進神國享受筵席）。耶穌（卻）對他說，有一人（耶穌）擺設大筵席（赴天國的筵席），請了許多客（事先有請帖和日期——耶穌福音的對象是猶太人優先）。到了坐席的時候，打發僕人去對所請的人說，請來吧！樣樣都齊備了（關鍵時刻要把握時機）。」

「眾人一口同音的推辭。頭一個說，我買了一塊地，必須去看看。請你准我辭了。又有一個說，我買了五對牛，要去試一試。請你准我辭了。又有一個說，我才娶了妻，所以不能去。那僕人回來，把這事都告訴了主人。（天國的宴席早已準備好了，救恩是神的恩典，但猶太人表面接納耶穌，但到要付出代價的實際行動時，卻用許多藉口推辭邀請，這些客人不赴約已是不禮貌，他們所提出的理由都不成理由，顯然是輕視邀約的主人耶穌及不信祂帶來的救恩，侮辱主人及福音）家主就動怒，對僕人說，快出去到城裡大街小巷，領那貧窮的，殘廢的，瞎眼的，瘸腿的來（自認不配的猶太下等及邊緣人，如稅吏、娼妓等）。僕人說，主阿，你所吩咐的已經辦了，還有空座。」

「主人對僕人說，你出去到路上和籬笆那裡，勉強人進來（外邦人原本不是有優先的資格，而是主客猶太人棄絕救恩，而被有信心的外邦人補上），坐滿我的屋子。我告訴你們，先前所請的人，沒有一個得嘗我的筵席。（雖然以色列的主流人士拒絕了邀約，仍然不足以阻攔神的計畫，神邀請那些被猶太人看為不完全及不夠資格，但堅信主人〔因信〕而來赴宴〔稱義〕的基督徒，並把這大好的福音傳給外邦人，直到傳至地極為止）。」（路 14:15-24）相似比喻是「兇惡園戶」：神的國必從你們奪去。（太 21:33-46）

耶穌描述了許多，自認為已是上帝子民的那些人，總是會找到很多理由作為不能親近上帝，以及與上帝交流的藉口。這就如同在我們接觸信仰的過程中，也很容易自認為已進入教會、取得永生的資格，藉著過份重視事業、家庭、喜好或其他世界上的事，而忽視了永生心靈的栽培及淨化，以致失去了救恩。

反面人物：推辭筵席（救恩）者，被靈性成長阻力絆倒的基督徒。當今一些信徒的心態，自認為受了洗，也去教堂，就有了上天堂的資格。信耶穌是希望耶穌能為他施展神蹟或兌現所求所想，目的是利己，因此當神呼召他們做更深度的委身信仰時，這些人就像故事中被邀請赴宴的人，藉故推辭然後走掉了。在此也不妨反思一下，自己所處的教會內，類似心態的基督徒多嗎？

正面人物：趕赴筵席（救恩）者，有靈性成長操練原則的基督徒。因為當時的猶太人不信耶穌，主人的屋裡（天國）尚有空位，耶穌便接納外邦人來赴宴，也因為不斷有人拒絕赴宴，福音已經自耶路撒冷、猶太全地、撒瑪利亞，再傳遍了歐洲、美洲、亞洲。時至今日，仍有許多主流教會內的人拒絕赴宴，空出福音的位子，讓未得之民中的信徒補上，直到世界的末了。

【耶穌啟示】

(1) 人得救恩不在於外在條件（受洗、進教堂、參加活動），而在於把握神的呼召，要及時做出因信稱義的回應。

(2) 召的人多，選上的人少，贏在起點的人放棄，由贏在拐點的人頂上，走出全球福音的軌跡。

(3) 藉此反思：你赴了耶穌的筵席嗎？什麼是推辭的藉口？

■浪子的比喻：神愛失而復得的罪人，不喜悅自認已得著的義人

「耶穌又說，一個人（代表神）有兩個兒子（代表我們）。

小兒子對父親說，父親，請你把我應得的家業分給我（任意而為，要求分家的不孝兒）。他父親就把產業分給他們（代表神給人的自由意志）。過了不多幾日，小兒子就把他一切所有的，都收拾起來，往遠方去了（不滿足於家中舒適的現狀，內心有向外闖蕩的熱情）。在那裡任意放蕩，浪費貲財（照自己心意胡做非為，享受世界上的自由）。既耗盡了一切所有的，又遇著那地方大遭饑荒，就窮苦起來。於是去投靠那地方的一個人，那人打發他到田裡去放豬。他恨不得拿豬所吃的豆莢充饑。也沒有人給他。（罪有應得——不如豬——人生逆境——罰區）」

「他醒悟過來（靈裡覺醒，從表像進到內心異象的定義時刻），就說，我父親有多少的雇工，口糧有餘，我倒在這裡餓死嗎？我要起來，到我父親那裡去，向他說，父親，我得罪了天，又得罪了你（因信——得罪了天，也得罪了父親——認罪）。從今以後，我不配稱為你的兒子，把我當作一個雇工吧（稱義——願付自我降卑的代價——悔改）。於是起來往他父親那裡去。」

「相離還遠，他父親看見（一直等待神在靈裡的掛念），就動了慈心（神看得見人內心飢渴的靈魂以及可發展潛能的生命），跑去抱著他的頸項，連連與他親嘴。兒子說，父親，我得罪了天，又得罪了你，從今以後，我不配稱為你的兒子。父親卻吩咐僕人說，把那上好的袍子快拿出來給他穿（特殊榮耀）。把戒指戴在他指頭上（家族權勢）。把鞋穿在他腳上（赦免不止是停止責罰、原諒過犯，更是恢復兒子的名分）。把那肥牛犢牽來宰了，我們可以吃喝快樂。因為我這個兒子，是死而復活，失而又得的。他們就快樂起來。（耶穌到世界上來的目的，就是尋找和拯救失喪的靈魂。神赦免的恩典，超越了世人對情理法的觀念）」

「那時，大兒子正在田裡。他回來離家不遠，聽見作樂跳舞的聲音。便叫過一個僕人來，問是什麼事。僕人說，你兄弟來了。你父親，因為得他無災無病地回來，把肥牛犢宰了。」

「大兒子卻生氣（充滿怒氣），不肯進去（自以為是）。他父親就出來勸他。他對父親說，我服事你這多年，從來沒有違背過你的命。你並沒有給我一隻山羊羔，叫我和朋友，一同快樂（自我感覺優越，是孝順的兒子，反而是父親得罪了他）。但你（不認父——不配做父親）這個兒子（不認弟弟——看不起，所以不認是自己的同胞），和娼妓吞盡了你的產業（沒有愛，只有批判），他一來了，你倒為他宰了肥牛犢。」（大兒子雖一直表面與父親同在，內心卻不能體會父的心意，如同法利賽人及文士自負自義，不體會神愛罪人的心意；雖然自稱是神的孩子，卻遠離父，不了解神的恩典；他在父家工作的目的是為了獎賞，不是為了愛父親。）

「父親對他說，兒阿，你常和我同在，我一切所有的，都是你的。只是你這個兄弟是死而復活，失而又得的，所以我們理當歡喜快樂（一個離家出走的浪子，在內心經歷父親的愛後，回家成了真正體會到父親心意的兒子；一個從未離家自認是順服父親的，卻仍未體會到父親的心意，是否反倒成為心尚未歸家的浪子？）。」（路 15:11-32）相似比喻：迷羊及失

錢。（路 15:1-10）

耶穌講這比喻是因為：「眾稅吏和罪人，都挨近耶穌要聽他講道。法利賽人和文士，私下議論說，這個人接待罪人，又同他們吃飯。耶穌就用比喻……」（路 15:1-3）以說明天父是如何殷切的盼望浪子的回頭，並喜樂地恢復浪子兒子的地位。

正面人物：小兒子。代表「任意而為」而需要悔改的基督徒，象徵當時的稅吏和罪人，今日的「世俗」基督徒。如同先前所言，耶穌的比喻中，正向人物的人設，往往跟常人的認知很不一樣，甚至是相反。在這個故事中，小兒子代表在信仰中一度失喪的人，當這樣的人一旦選擇重新回頭（出於自由意志地選擇回歸信仰），內心反而更加堅信。從「信仰在心不是在於形」的角度，神看重的自然是失而復得的小兒子，對於小兒子的無條件接納，也再次彰顯出神對我們的恩典。

反面人物：大兒子。代表「自以為是」而需要悔改的基督徒，象徵當時的法利賽人和文士，今日的「律法」基督徒。如同一些自始至終都守在教堂內模範的信徒及神職人員，雖然從來沒有離開過，心卻未必真的信服於神，之所以沒有離開，可能只是出於習慣或安全感，抑或是家族的信仰傳承。

在此也反思一下，有些律法基督徒，信主多年肯禱告，肯讀經也肯服事神，但自以為是的言行會不會使其他基督徒跌倒而不自覺？

中心人物：父親。象徵天父及耶穌，鼓勵我們成為今日的「得勝」基督徒。要學習神接納並轉正牆外的「世俗」基督徒，以及認可並勸勉牆內的「律法」基督徒。

【耶穌啟示】

(1) 神雖然尊重我們自由意志的選擇，但當我們只重視自主權，而忽視上帝的約束權時，我們就成任意而為的浪子了。

(2) 我們愛神的信心是要經過惡劣環境考驗（試煉）的，所以神更喜愛失而復得的罪人。

(3) 能使我們信心成長的環境，往往不在較平穩的教堂，而在充滿競爭的職場。

■法利賽人與稅吏禱告比喻：神不聽驕傲人的禱告，神垂聽誠心悔改人的禱告

「耶穌向那些仗著自己是義人（守律法：行為稱義的宗教人士），藐視別人的（跟比自己差的人來比：驕傲），設一個比喻，說，有兩個人上殿裡去禱告。」

「一個是法利賽人，一個是稅吏。法利賽人站著（昂首挺立，問心無愧，坦然無懼），自言自語的禱告說（禱告動機不是與神親近，而是控告別人，推崇自己），神阿，我感謝你（正面：信有神，而且敬畏神，也嚴謹的遵守上帝的律法，分別為聖的好人；負面：我是如此的盡忠，你要感謝我），我不像別人，勒索，不義，姦淫，也不像這個稅吏（正面：不沾染這些惡習惡性，在行為上無懈可擊的正人君子；負面：傲氣十足，自以為義，藐視別人）。我一個禮拜禁食兩次，凡我所得的，都捐上十分之一。（正面：是個積極有為，敬虔上帝的人；負面：自我歌功頌德，充滿自我的傲氣，目中無神也無人。）」

「那稅吏（男當稅吏出賣國家；女作娼妓出賣身體，都是

當時人人所公認的壞人）遠遠地站著（負面：勒索、不義、姦淫、諸罪全犯；正面：自認有罪，不配進聖的殿去親近上帝），連舉目望天也不敢（因信：自認沒有活出應有神的樣式，而內心感受愧疚），只捶著胸（稱義：因內心罪惡感而表現出無限的哀傷痛悔的舉動）說，神啊，開恩可憐我這個罪人。（自認在神面前一無是處，只能竭誠求神赦罪的恩典，祈禱動機是恢復自己與神的關係，得著內心的平安，重新建立自己的信仰生活，只有認罪悔改，完全信靠神的救恩及贖罪。）」

「我告訴你們，這人回家去，比那人倒算為義（神悅納稅吏的禱告，不悅納法利賽人的禱告）了，因為凡自高的，必降為卑（神不赦免驕傲的人，在上帝眼中宣判定罪）；自卑的，必升為高（神必拯救謙卑的人，在上帝眼中宣判無罪）。」（路18:9-14）

這比喻提到兩個人都上聖殿禱告，一個是常人心目中最好的法利賽人；一個是常人心目中最壞的稅吏。這兩個人禱告的結果，卻是那個最壞的稅吏「倒算為義」，那個最好的法利賽人「無法算為義」！ 這個故事真是太震撼了！神看重的是人內心敬虔的信仰，而非表面形式上敬虔的宗教。

反面人物：法利賽人。並非所有的法利賽人都是自以為義的，耶穌也沒有否定這個法利賽人可取的優點，而他所以不能被算為義，乃是靈裡的驕傲，仗著自己是義人而藐視別人。

反思一下，你是否也曾在教會看見過類似心態和行徑的律法基督徒？

這樣的人在教會裡，表面上是最標準、最體面的信徒，內心卻有屬靈的驕傲，總是喜歡在有意無意間炫耀自己做了多少敬虔事（但生命上，卻非敬虔人），並以此批判他人。而且常自認已經做得夠多、夠好，理應得到神的讚許，卻因為內心真正在高舉的是自己，反而被神降為卑，與神與人隔絕。

正面人物：稅吏。並非所有的稅吏都是謙卑的，耶穌也沒有輕看這個稅吏所犯的諸罪，而他所以能倒算為義，是因為他具有一顆謙卑悔罪的心志與態度。

時至今日也是一樣。一個外表上不標準、也不體面的基督徒，因著內心的謙卑和自省，且默默地以真誠的心為教會及他人禱告，以及在暗中幫助有需要的人，這樣一個不起眼的榮神益人的基督徒，反而讓他被神高舉為義人。

【耶穌啟示】

(1) 驕傲的人：總是喜歡跟別人比，比自己差的就趾高氣揚，比自己好的就嫉恨在心，因此神與人都不接納。

(2) 謙卑的人：是從神的角度來感受到自己的不足及罪惡，因此敬畏神也與人合睦，人神都喜悅。

(3) 進入神國的原則：凡自高的，必降為卑；自卑的，必升為高。

(4) 你有一個活潑的禱告生活嗎？總是機械式的長篇大論，自說自話的對空氣說話？還是能聽懂神在你內心的聲音，做一個簡短有力的回應？

■按才授職的比喻：做忠心良善的僕人

「天國又好比一個人要往外國去（預告耶穌會暫時離開當

時的門徒，也包括今天的基督徒），就叫了僕人來，把他的家業（天國事業）交給他們。按著各人的才幹（先天：恩賜、能力），給他們銀子（後天：資源、機會）。一個給了五千，一個給了二千，一個給了一千（神主權「按才授職」的揀選，信徒要順服在不同的生活水平圈中做事業，傳福音）。就往外國去了（授完職後，就充分的「分工授權」）。那領五千的，隨即拿去做買賣（堅信主人的吩咐，所以勇於操作，有所作為——因信），另外賺了五千（追求卓越、發揮潛能、有成果——稱義）。那領二千的，也照樣另賺了二千。但那領一千的，去掘開地，把主人的銀子埋藏了（不順服主人的吩咐，也不相信主人會返回，留在舒適區中，無所作為，浪費了主人的恩賜）。

「過了許久，那些僕人的主人來了，和他們算帳（末日審判每個人在世上的作為）。那領五千銀子的，又帶著那另外的五千來，說，主阿，你交給我五千銀子，請看，我又賺了五千。主人說，好，你這又良善又忠心的僕人。你在不多的事上有忠心，我要把許多事派你管理。可以進來（未來的新天新地中，也要做管理的工作）享受你主人的快樂。那領二千的也來說，主阿，你交給我二千銀子，請看，我又賺了二千。主人說，好，你這又良善又忠心的僕人。你在不多的事上有忠心，我要把許多事派你管理。可以進來享受你主人的快樂。（完全相同的賞賜，神不看所賺銀子的多寡，而是在自己的崗位上，忠心良善的做工心態）

「那領一千的，也來說，主阿，我知道你是忍心（不問自己不忠心良善，反責怪主人沒有愛心；違背良心，導致褻瀆聖靈）的人，沒有種的地方要收割，沒有散的地方要聚斂。我就害怕，去把你的一千銀子埋藏在地裡。請看，你的原銀子在這裡。」

「主人回答說，你這又惡（不信任主人）又懶（不努力工作）的僕人，你既知道我沒有種的地方要收割，沒有散的地方要聚斂。就當把我的銀子放給兌換銀錢的人，到我來的時候，可以連本帶利收回。奪過他這一千來，給那有一萬的。因為凡有的，還要加給他，叫他有餘。沒有的，連他所有的，也要奪過來。（世上馬太經濟效應：多種加倍收，大者恆大；少種沒收成，小者歸零）把這無用的僕人，丟在外面黑暗裡。在那裡必要哀哭切齒了。」（太 25:14-30）相似比喻還有「十個童女」（太 25:1-13）和「十錠銀」（路 19:11-27）。

這是耶穌知道要與門徒分開之前，語重心長地告誡他們，要警醒地勤做主工，為末世做好準備；同時這也是一個有關上帝的兒女，當如何努力活出上帝所賜潛能的比喻。

表面上，耶穌在談的是錢，實際上在比喻的是，身在各世代為信徒的我們，有沒有在神委派給個人的禾場，教會或職場中，發揮出神賜的潛能，資源及機會，盡忠職守並有所作為的完成任務？

正面人物：賺了銀子忠心良善的僕人。才能是越用越多、越用越精，「因為凡有的，還要加給他，叫他有餘。沒有的，連他所有的，也要奪過來。」耶穌教導我們，當人具有某一種才能，並且用它，就越來越熟練，越好用，如果一個人有一種才能，卻不去用它，到了末了一定會失去它。

反面人物：埋了銀子又惡又懶的僕人。要懂得克服自己心理障礙，提醒信徒和教會，避免像故事中領一千銀子的僕人，因為怨天尤人；害怕失敗和懶惰的心態，直接就組織內捲或躺平，自以為在牆內守住財富（躲在舒適圈），實際卻辜負了神在牆外的託付。

【耶穌啟示】

(1) 耶穌特意用非常世俗的字眼家業、銀子、買賣、算帳等，再次提醒我們傳福音要用世界上的人聽得懂的語言，並且為神做工的地點是在世俗社會的每一個角落。

(2) 每個信徒在世上或天國事業的大小及性質是神主權決定的，我們在活出上帝所賜潛能的前提下，只管忠心良善地去經營神託管給我們的事業，把結果交給神。

(3) 耶穌要我們徹底打破聖俗二分的觀念，祂不但教我們在牆內的講道學、解經學、禱告學。同時，也在此教我們要按才授職，分工授權在牆外的管理學、領導學、經濟學等。

(4) 啟示我們將來在新天新地仍要做管理城池的工作（路19:11-27），而非傳統的教導，只做屬靈的敬拜和頌讚！

■綿羊與山羊的比喻：做樂意與人分享的敬虔人

「當人子在他榮耀裡同著眾天使降臨的時候（耶穌第二次降臨），要坐在他榮耀的寶座上。萬民都要聚集在他面前。他要把他們分別出來（末世審判），好像牧羊的分別綿羊、山羊一般。把綿羊安置在右邊，山羊在左邊（兩種結局）。」

「於是王要向那右邊的說，你們這蒙我父賜福的，可來承受那創世以來為你們所預備的國（進入天國）。因為我餓了，你們給我吃。渴了，你們給我喝。我作客旅，你們留我住。我赤身露體，你們給我穿。我病了，你們看顧我。我在監裡，你們來看我。（進入天國的標準：樂意與人分享、行出愛人、利他、稱義，源自內心因信愛神。）」

「義人就回答說，主阿，我們什麼時候見你餓了給你吃，渴了給你喝？什麼時候見你作客旅留你住，或是赤身露體給你穿？又什麼時候見你病了，或是在監裡，來看你呢（我生前不認識你，也不知道你是神，也沒有特別為你做過任何事）？王要回答說，我實在告訴你們，這些事你們既作在我這弟兄中一個最小的身上，就是作在我身上了。（因為你不為獎賞，沒有私意，單憑憐憫人的心去愛人，就等同是愛神：「憐憫貧窮的就是借給耶和華，他的善行耶和華必償還。」）

「王又要向那左邊的說，你們這被咒詛的人，離開我，進入那為魔鬼和他的使者所預備的永火裡去。因為我餓了，你們不給我吃。渴了，你們不給我喝。我作客旅，你們不留我住。我赤身露體，你們不給我穿。我病了，我在監裡，你們不來看顧我。」

「他們也要回答說，主阿，我們什麼時候見你餓了，或渴了，或作客旅，或赤身露體，或病了，或在監裡，不伺候你呢？（主啊，我們沒有看見你來了，我們若知道是你或你在那些地方，怎麼會不伺候你呢？）」

王要回答說，我實在告訴你們（為利己得獎賞而做，愛神是為了討好神、不愛人，因為得不到回報）：「我喜愛憐恤，不喜愛祭祀」（太 9:13），這些事你們既不作在我這弟兄中一個最小的身上，就是不作在我身上了（因不愛弱小需要幫助的人，等同不愛神）。這些人要往永刑裡去。那些義人要往永生裡去。」（太 25:31-46）

這是一個有關神在末世審判世人所定標準的比喻，其標準並非根據我們在世上擁有的知識、地位、權勢與財富，而是根據我們是否肯運用所擁有的一切去幫助那些有需要的人而決定的。

同樣是在講愛人與愛神的概念，耶穌在故事中講的這些愛人的方式，都是一般人輕易就做得到的，所以難的不是付出本身，而是有沒有那顆愛人如己的心——這即是神用來分別信徒照著各人所行的審判依據。（啟 20:12、22:12）

正面人物：綿羊型的人。受內心愛神愛人感動的驅使，而樂意與人分享自己所擁有的。

反面人物：山羊型的人。除非能得神或人獎賞外，不肯將自己所擁有的與人分享。

【耶穌啟示】

(1) 要有實際付出「因信神而愛人」的行動，不能坐而言，必須起而行。

(2) 先從做得到的事就開始操練，神的恩典是越用越多越用越精。

(3) 要以不求被讚賞的心去關愛有需要的人。

【反思與討論】

- 請寫出本單元的主題與重點是什麼？並分享本文讓你印象最深刻或最啟發的部分。
- 若要建立起從個人開始的國度教會，按照目前的條件，你覺得自己可以如何落實？
- 請具體寫下，在接下來一週你要如何實際付出因信神而愛人的行動？

2-4

差派聖靈：

耶穌成全人類活出豐盛的新生命

如同神在創造天地以後，繼而要人類來做治理及管理的工作，耶穌宣告將在地上建立教會後，也向門徒透露祂的離開，以及他們必須自行建造祂的教會，但會賜予從上而來的能力（聖靈保惠師）：「然而我將真情告訴你們。我去是與你們有益的。我若不去，保惠師就不到你們這裡來。我若去，就差他來。」（約 16:7）

耶穌復活後，開門徒們的心竅，並囑咐他們不要急著去建立教會，而是要等待上頭來聖靈充滿的能力：「於是耶穌開他們的心竅，使他們能明白聖經……我要將我父所應許的降在你們身上。你們要在城裡等候，直到你們領受從上頭來的能力。」（路 24:45-49）

〈使徒行傳〉記載到，耶穌復活四十天後被接升天：「說了這話，他們正看的時候，他就被取上升，有一朵雲彩把他接去，便看不見他了。」（徒 1:9）

耶穌升天十天後，門徒迫切禱告五旬節聖靈降臨：「五旬節到了，門徒都聚集在一處。忽然從天上有響聲下來，好像一陣大風吹過，充滿了他們所坐的屋子。又有舌頭如火焰顯現出來，分開落在他們各人頭上。他們就都被聖靈充滿，按著聖靈

所賜的口才，說起別國的話來。」（徒 2:1-4）

■「三位一體」的神：在「各時代」的主要位份顯現

上述這幾段經文說明了，在建造教會上，三位一體神的第三位（聖靈）扮演的角色，比前面兩位（聖父，聖子）更加重要。但無論是聖父、聖子還是聖靈，皆是出於「神」的一種位份顯現。

聖父在創造宇宙萬物之後，歷經了始祖犯罪、人類集體墮落、洪水之災，以及巴別塔事件，就決定選擇一個弱小的猶太民族來成為他們的神。猶太教之所以主張一神論，認為世上只有聖父耶和華，是因為在舊約時代，三位一體的神是以聖父位份顯現。

直到耶穌降世，基督信仰方歷經了聖子耶穌的福音時代，和今日教會的聖靈時代，基督徒才得以理解到，原來獨一真神會在不同時代，以不一樣的位份來顯明自己，藉此讓當代的人們以特別或獨特的角度認識祂。

透過圖 2-4-1 我們可以看到，在任何時代，任何種族的人都是藉著堅信耶穌基督，而認識並體會到聖父耶和華，並領受聖靈保惠師的恩膏和同在。

■活出「豐盛」的生命：「我喜愛憐恤，不喜愛祭祀」

「耶穌在屋裡坐席的時候，有好些稅吏和罪人來，與耶穌和他的門徒一同坐席。法利賽人看見，就對耶穌的門徒說：你們的先生為什麼和稅吏並罪人一同吃飯呢？耶穌聽見，就說：

圖2-4-1 神在各時代的主要位份顯現

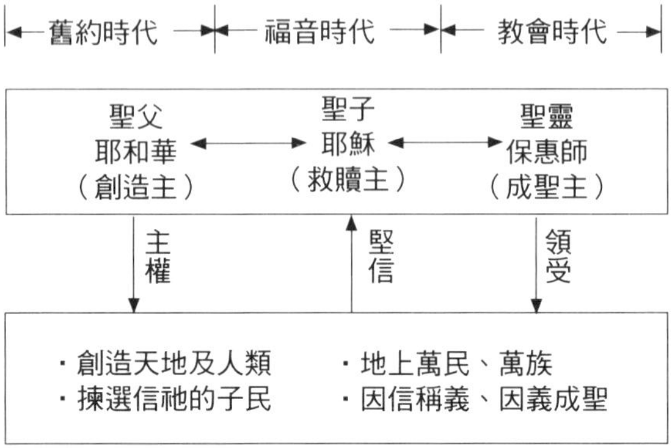

康健的人用不著醫生，有病的人才用得著。經上說『我喜愛憐恤，不喜愛祭祀。』這句話的意思，你們且去揣摩。我來本不是召義人，乃是召罪人。」（太 9:11-13）

當耶穌與稅吏和罪人一起吃飯，引起「宗教人士」抗議，認為耶穌與「罪人」在一起，對此，耶穌的回答是：「我喜愛憐恤、不喜愛祭祀」，這句話可以理解成「我喜愛發自內心的信仰、不喜愛表面的宗教」，因為表面的宗教是死的，發自內心的信仰是活的。

這也暗指了，發自內心的「憐恤」（信仰）的最大的阻攔可能就是表面行為的「祭祀」（宗教）。很諷刺吧！原來群體的「宗教」、「祭祀」的本意，是要堅定一個人「憐恤」與「信仰」的信念，沒想到人類更習慣操作表面的宗教，反而成了活出內心信仰的最大阻礙，這正是耶穌痛心之處。

耶穌說自己是為內心認罪而求憐憫的「罪人」而來，這也是在暗指行為自義的「宗教人士」以為自己是無罪的（自義），根本是一種自我膨脹的認知。

「那時，耶穌在安息日從麥地經過。他的門徒餓了，就掐起麥穗來吃。法利賽人看見，就對耶穌說：看哪，你的門徒做安息日不可做的事了！耶穌對他們說：經上記著大衛和跟從他的人飢餓之時所做的事，你們沒有唸過嗎？他怎麼進了神的殿，吃了陳設餅，這餅不是他和跟從他的人可以吃得，惟獨祭司才可以吃。再者，律法上所記的，當安息日，祭司在殿裡犯了安息日還是沒有罪，你們沒有唸過嗎？但我告訴你們：在這裡有一人比殿更大。我喜愛憐恤，不喜愛祭祀。你們若明白這話的意思，就不將無罪的當作有罪的了。因為人子是安息日的主。」（太 12:1-8）

耶穌的門徒在安息日，因肚子餓就掐起麥穗來吃，又引起「宗教人士」抗議，認為他們犯了「安息日」的律法。這時，耶穌又說了一次「我喜愛憐恤、不喜愛祭祀」，亦即，安息日不是讓人餓肚子，也就是信仰不會拋棄「憐憫」的。

「憐憫貧窮的就是借給耶和華，他的善行耶和華必償還」（箴 19:17）也說明了，為什麼世上總是有貧窮、弱勢、平庸的人存在？因為上帝給人機會去施捨、憐恤、幫助，而上帝也會祝福這些憐恤人的人（太 5:7），因為他們的善行可使神顯出祂的作為來（約 9:3）。

如同「宗教」會使「宗教人士」偏差，「聰明」會使「聰明的人」偏差、「知識」會使「知識份子」偏差，問題都是出在：「人」的心懷意念偏差了。因此，必須靠屬天聖靈的內駐在心，來做徹底不斷的從內到外生命的改變，方能活出豐盛的新生命。

「若有人在基督裡、他就是新造的人。舊事已過、都變成新的了」（林後 5:17）、「我來了，是要叫羊得生命，並且得的更豐盛」（約 10:10），當罪人藉著聖靈改變生命之後，就是在基督裡從舊人成為「新人」，並擁有「新生命」，繼而走出「偏差」所造成的困境！

▶耶穌比喻：用聖靈內駐的「堅信」來「顛覆」世界的排序

■葡萄園雇工比喻：在後的將要在前，在前的將要在後

「因為天國好像家主（代表神），清早（6 am）去雇人，進他的葡萄園（神的國度）作工。和工人講定（要有合同的保障）一天一錢銀子（一家人一天生活所需），就打發他們進葡萄園去。約在巳初（9 am）出去，看見市上還有閑站的人，就對他們說，你們也進葡萄園去，所當（要有口頭的應許）給的，我必給你們。他們也進去了。」

「約在午正（12 am）和申初（3 pm）又出去，也是這樣行。約在酉初（5 pm）出去，看見還有人站在那裡。就問他們說，你們為什麼整天在這裡閑站呢？他們說，因為沒有人

雇我們（渴望做工，但苦無機會）。他說，你們也進葡萄園去（沒有合同，也沒有應許，只為有工做，單單的信任家主，必不虧待。因信，義無反顧的進園做工——稱義）。」

「到了晚上（6 pm），園主對管事的說，叫工人都來，給他們工錢，從後來的起，到先來的為止。約在酉初雇的人來了，各人得了一錢銀子。及至那先雇的來了，他們以為必要多得。誰知也是各得一錢。」

「他們得了，就埋怨家主說，我們整天勞苦受熱，那後來的只做了一小時，你竟叫他們和我們一樣嗎？（世上價值觀：不同量的工不同酬）家主回答其中的一人說，朋友，我不虧負你。你與我講定的，不是一錢銀子嗎？拿你的走吧。我給那後來的和給你一樣，這是我願意的。我的東西難道不可隨我的意思用嗎？（天國價值觀：能進天國者，全因神主權的施恩，以及回應者內心的素質）因為我作好人，你就紅了眼嗎？這樣，那在後的將要在前，在前的將要在後了。」（太 20:1-16）

在神的計畫裡，救恩先給猶太人，後給外邦人；只是猶太人自認已是神的選民，拒絕耶穌所傳講的天國福音，結果使本在後的外邦人捷足先登了，但至終以色列全家都會得救。（羅 11:25-26）

● **第一批早上六點：相信級的信心。**雇人進葡萄園做工，「講定一天一錢銀子」，這一批工人與家主斤斤計較，必須要有合同（眼見為憑），顯示：

- 工作態度——確定有回報方肯做，不太信任神
- 工作目的——為我的國度，即「我先神後」

- **第二批早上九點、中午十二點、下午三點：信任級的信心。**對閑站的人說「你們也進葡萄園去，所當給的，我必給你們」，這一類工人必須要有答應（口說為憑）方工作，顯示：
  - 工作態度——對神半信半疑
  - 工作目的——有時為己有時為神，有時「我先神後」，有時「神先我後」
- **第三批下午五點：堅信級的信心。**沒有人雇用，當主人說「你們也進葡萄園去」，沒有合同也沒有答應報酬就願意去工作，顯示：
  - 工作態度——完全信任神、堅信
  - 工作目的——為神的國度，懷抱感恩，「神先我後」

「那在後的，將要在前；在前的，將要在後了」說明了，堅信可以顛覆世界上的人進天國的排序。

慣性思維：第一批進葡萄園的人代表猶太宗教領袖，是當時常人心目中最好、也最有資格進天國的人；第二批的人代表猶太一般民眾；第三批的人代表猶太邊緣人士及外邦信徒，是當時常人心目中最壞、也最沒有資格進天國的人。

逆向思維：到了晚上六點得賞賜的時候，大家（世界上各民族）拿到的工資都一樣（都會得到救恩），但有時間先後的次序（等到外邦人的數目添滿了，於是以色列全家都要得救），耶穌算錢的方法不是同工同酬，也不是按小時算的（世上價值觀）。在神國裡做工，看的不是為得獎賞而努力的埋頭苦幹，而是要堅信神不求獎賞的抬頭苦幹（天國價值觀）。也因此決定了救恩的順序，先是外邦人，最後是猶太人。

耶穌這比喻是用世上做工得酬，以啟示福音外傳先後次序的奧秘。我們若把「一錢銀子」屬世（一家人一天生活所需）的認知，提升到屬靈（一個人永世的救恩）的啟發，就可與保羅在以下經文所敘述的做無縫接軌：

「弟兄們，我不願意你們不知道這奧秘，恐怕你們自以為聰明。就是以色列人有幾分是硬心的，等到外邦人的數目添滿了。於是以色列全家都要得救，如經上所記，必有一位救主，從錫安出來，要消除雅各家的一切罪惡。」（羅 11:25-26）

在此也邀請大家反思一下，不論身在何處（職場、家庭、教會、社會），你事奉神是用哪一批工人的心態呢？我們共勉之！

■迷羊及失錢的比喻：神愛自認有罪的人，撇下自以為義的人

耶穌時代的猶太人自認為，耶和華是猶太人的獨一真神；摩西律法是猶太人獨有的。猶太人（亞伯拉罕的子孫）可以靠守律法、傳統、遺傳得神喜悅，得神祝福並得永生，亦即人可以自贖、靠守律法自義。

耶穌告訴他們：三位一體真神是全人類的神；律法的功用是刻在信神人的心裡的。世人都犯了罪，虧缺了神的榮耀；沒有義人，連一個都沒有；所以恩典必須從天上來，是神的恩典，因信耶穌基督而改變生命，與神和好（因信稱義）。

猶太宗教領袖認為，在生活中守住了摩西的律法，以及自

己擬訂出的「口傳律法」——傳統、誡命、典章、律例——必得永生。

耶穌糾正他們：律法只能叫人「知罪」，人要活出律法所帶出來神的「心意」——愛神、愛人（律法總綱）方能得救。祂來不是要廢去律法，而是成全律法讓信祂（愛神）的人超越律法得生。猶太宗教領袖深信，神喜愛「祭祀」、神召「義人」。

耶穌推翻他們：神不喜愛表面的「祭祀」，而喜愛內心自認有罪的人求神「憐恤」的心；神到世上不是召不認罪悔改的「義人」，而是召自認不配的「罪人」。敬拜神是在於心靈和誠實。

經過了以上這麼多次「宗教在形」與「信仰在心」的對決，底下這比喻的場景，是猶太宗教領袖認為耶穌與稅吏和罪人為友，必然不是什麼正經的人，也絕不可能是從神而來的。

耶穌知道他們心中的想法就借題發揮，用世俗的故事再次勸勉他們不要因自認是康健的人用不著醫生，有病的人方用得著，並且神赦罪的恩典，超越了世人對公義的觀念。

「眾稅吏和罪人（猶太人心目中，神恨惡的壞人）都挨近耶穌要聽他講道（因信——這些關鍵少數認知到自己得罪神，且渴望生命更新，但苦於不得其門而入。稱義——堅信耶穌是他們心中的彌賽亞能帶他們入門、把握時機）。法利賽人和文士私下議論說，這個人接待罪人，又同他們吃飯。（法利賽人和文士厭惡耶穌的言行處處與他們做對，鄙視祂與稅吏、罪人來往，又受到擁戴。他們認為神恨惡罪人，而耶穌常與罪人在一起，也希望藉此抓到耶穌犯罪的把柄。於是，耶穌用這比喻教導一個真理：神愛自認有罪的人，撇下自以為義的人）耶穌就用比喻，說：你們中間誰有一百隻羊，失去一隻（關鍵少數，心中自認犯罪而接近耶穌的稅吏和罪人），不把這九十九隻撇在曠野（你認為這些是養在曠野的好羊？還是自以為義的法利賽人和文士？），去找那失去的羊（有病的人方用得著醫生）直到找著呢？找著了（神能滿足人心靈的渴慕），就歡歡喜喜地扛在肩上（失而復得的喜悅），回到家裡。就請朋友鄰舍來，對他們說，我失去的羊已經找著了，你們和我一同歡喜吧！我告訴你們，一個罪人（自認有罪，而尋求救恩的）悔改，在天上也要這樣為他歡喜，較比為九十九個不用悔改的義人（自以為義，而拒絕救恩的），歡喜更大。」（路 15:1-10）

慣性思維：九十九隻在羊圈（堂會）裡的是神所喜悅的，神去找在外面那一隻不聽話、不好的羊，將其找回，使其成為好羊（基督徒），這就是傳福音。很多人在讀這段經文，也常會以為那一隻羊是不討神喜悅的。

逆向思維：但實際上剛好相反，在這比喻中，讓耶穌願意撇下九十九隻不用悔改的義人羊（當時的法利賽人和文士、今日的律法基督徒，他們內心不尋求神），而特意去尋找的那一隻特別渴望與神和解的罪人羊（當時關鍵少數的稅吏和罪人、今日關鍵少數真正尋求重生的基督徒），因為那一隻羊才是真的信神的。反思一下，你贊同哪一種思維呢？

■不義管家的比喻：要靈巧像蛇和馴良像鴿子，成為雙職的管家

耶穌差派十二門徒出去傳道做工時，囑咐他們：「我差你們去，如同羊進入狼群。所以你們要靈巧像蛇，馴良像鴿子。」（太 10:16）我們生活的世界是伏在惡者的權下被撒但掌控的邪惡勢力，他們是狼群。我們是上帝的羊，身在如此險惡的環境中，不但不能被吞吃掉，還要去做撥亂反正的「轉化及救贖」的使命，就要同時掌握兩大原則：

馴良像鴿（做人原則）：順從聖靈的指引活出純良信實、利他犧牲、勇氣正直、謙卑聖潔、受人敬重、無可指責，因信帶出國度使命。

靈巧像蛇（做事原則）：面對狼群的攻擊做到籌劃未來、積極創造、機智計謀、靈活變通、有膽有識、把握時機，稱義活出職場命定。

接下來，我就運用上述的兩個原則，來分析這個較具有爭議性「不義的管家」的比喻。

「耶穌又對門徒說：有一個財主（預表神）的管家（我們是神在世上的管家）。別人向他主人告他浪費主人的財物（某些世俗基督徒，用不正當的方法行事）。主人叫他來，對他說：我聽見你這事怎麼樣呢？把你所經管的交代明白。因你不能再作我的管家。那管家心裡說：主人辭我，不用我再作管家，我將來作什麼？鋤地呢？無力；討飯呢？怕羞。（管家對主人不忠，被辭後積極地自我評估將來的情勢——靈巧像蛇）我知道怎麼行，好叫人在我不作管家之後，接我到他們家裡去。於是把欠他主人債的，一個一個地叫了來，問頭一個說：

你欠我主人多少？他說：一百簍油。管家說：拿你的賬快坐下，寫五十。又問一個說：你欠多少？他說：一百石麥子。管家說：拿你的賬，寫八十。（只有靈巧像蛇，但不馴良如鴿，不知悔改）主人就誇獎這不義的管家作事聰明（在世上做工，神也看重有靈巧像蛇心態的基督徒）。因為今世之子（世人及某些世俗基督徒），在世事之上（為己爭奪名利），較比光明之子（某些牆內專注的律法基督徒，只有馴良如鴿），更加聰明（靈巧像蛇）。我又告訴你們，要藉著那不義的錢財，結交朋友。到了錢財無用的時候，他們可以接你們到永存的帳幕裡去。（耶穌鼓勵我們在世上傳道工作中，要把握世上每一個考驗的機會，並要把握世上每一種資源，要以馴良像鴿子與靈巧像蛇的心態，突破困境，在通過神的考驗中，為永生打算）人在最小的事上忠心，在大事上也忠心。在最小的事上不義，在大事上也不義（不論做大小的事工都要靈巧像蛇與馴良像鴿子的做，成為忠心良善的雙職管家）。」（路 16:1-10）

慣性思維：神只認可光明之子在牆內馴良像鴿子的生命，不要我們學今世之子在牆外靈巧像蛇的生活。

逆向思維：耶穌除了對光明之子（律法基督徒）和今世之子（世俗基督徒）各打五十大板，也提醒「光明之子」要學習今世之子，在世上靈巧像蛇的命定，「今世之子」則要學習光明之子，在國度中馴良像鴿的使命——但必須生命的馴良帶領生活的靈巧，成為雙職的基督徒，如此，才能進到撒但（狼群）的地盤中，去做撥亂反正的「轉化及救贖」使命。

■財主與拉撒路：好命或壞命都可以顯出神的作為來

猶太人自古以來，對個人在今生與來世命運的因果關係，深受〈申命記〉28 章中的兩大原則影響：從因得果。

(1) **順命得福**：遵從神命令的（因），就會得到祝福（果）

(2) **逆命受詛**：悖逆神命令的（因），就會遭到咒詛（果）

至於什麼是遵從神的命令？真正蒙神喜悅的是：「你要盡心、盡性、盡力、盡意，愛主你的神；又要愛鄰舍如同自己。」（申 6:4-5、路 10:27）

但是到了耶穌時代的猶太人，尤其是宗教領袖，他們表面上虔誠的事奉神，但內心是貪財並追求權勢的（太 23:13-26），為了貪不義之財能夠合理化，他們就故意從世俗的角度曲解神的應許，從果推因。

(1) **得福順命**：在世上越成功富有（果），是得到神越多的祝福（因）

(2) **受詛逆命**：在世上越落迫貧窮（果），是遭到神越多的咒詛（因）

所以當時的猶太人認為，財富、地位、健康是神對守律法者的祝福（順命得福），因而不擇手段地貪愛錢財、追權勢；而且看不起窮人、邊緣人、有殘疾的人及外邦人，認定他們是得罪神的人（逆命受詛）。

想一想，時至今日，是否仍有相當多的基督徒抱持相同的想法，過於推崇所謂的「成功神學」呢？

針對猶太人的盲點，卻被耶穌直潑冷水，告訴他們說，若用不正當方法得來的財富、地位，皆與神的祝福無關；人處在困苦、殘疾中，有可能與犯罪有關，但也有可能無關（活在有罪的世界中，自然產生的），但可以肯定的是，人人都需要神赦罪的恩典。

為了糾正他們這種假冒為善的行徑，耶穌還講了以下的比喻：

「有一個財主穿著紫色袍和細麻布衣服，天天奢華宴樂（看似今生風光，順命得福的人）。又有一個討飯的，名叫拉撒路，渾身生瘡，被人放在財主門口，要得財主桌子上掉下來的零碎充飢（看似今生慘淡，逆命受詛的人）；並且狗來舔他的瘡。後來那討飯的死了，被天使帶去放在亞伯拉罕的懷裡（永世在天國。並非在世上貧窮受苦，而是雖然貧窮，因信仍對上帝有信心，稱義因而能信靠神的供應，安貧樂道，不偷、不搶、不怨天尤人。在今生活出順命的人生，因而在來世得福）。財主也死了，並且埋葬了。他在陰間（猶太人泛指人死後靈魂的暫存區，並認為陰間分為樂園和煉獄兩部分）受苦（並非在世上有錢享樂，而是雖然有錢，卻罔顧討飯的所需。不愛人源自內心不愛神、不信神。在今生活出逆命的人生，因而在來世受詛），舉目遠遠地望見亞伯拉罕，又望見拉撒路在他懷裡，就喊著說：我祖亞伯拉罕哪，可憐我吧！打發拉撒路來（仍驕傲指使人），用指頭尖蘸點水，涼涼我的舌頭；因為我在這火燄裡，極其痛苦。」（人都有一死，但死亡不是最後的結局，死後兩人在截然不同的地方，一個在天堂樂園亞伯拉罕所在之地、一個在地獄類似欣嫩子谷的煉獄）亞伯拉罕說：兒啊，你該回想你生前享過福，拉撒路也受過苦；如今他在這裡得安慰，你倒受痛苦。不但這樣，並且在你我之間，有深淵限定，以致人要從這邊過到你們那邊是不能的；要從那邊過到我們這邊也是不能的。」（死後去處是看生前是因不信神，所以不憐憫人，還是因信神，安貧樂道，信靠神的供應）財主說：我祖啊！既是這樣，求你打發拉撒路到我父家去（強辯是神沒有預先告知的錯）；因為我還有五個弟兄，他可以對他們作見證，免得他們也來到這痛苦的地方。亞伯拉罕說：他們有摩西和先知的話可以聽從。他說：我祖亞伯拉罕哪，不是的（仍死不悔改，自負自義），若有一個從死裡復活的，到他們那裡去的，他們必要悔改。亞伯拉罕說：若不聽從摩西和先知的話，就是有一個從死裡復活的，他們也是不聽勸。」（路 16:19-31）

財主受咒詛，因為悖逆神的命令，自認為在世上得福是順命的原因。摩西和先知的話，就是順命得福、逆命受詛，本就足以引導人真心悔改，若是消滅聖靈的提醒，縱使有再驚人的神蹟出現，甚至耶穌復活，也不會使人悔改，轉而信靠主。

慣性思維：好命的財主在今生富足享樂，壞命的拉撒路卻貧窮受苦；上帝是公平的，所以，在來世財主在陰間受痛苦，拉撒路在亞伯拉罕的懷裡享福。但我們知道不是所有在世上的富人都下地獄，也不是所有在世上的窮人都上天堂，而是有更深一層的審判標準。

逆向思維：耶穌有次與門徒遇到一個天生瞎眼的人（壞命），門徒問耶穌說：「拉比，這人生來是瞎眼的，是誰犯了罪？是這人呢（在母腹中犯的罪）？是他父母呢（報應在後代）？耶穌回答說，也不是這人犯了罪，也不是他父母犯了罪，是要在他身上顯出神的作為來（有些苦難與罪無關，在一個有罪的世上，逃不掉人生的苦難。有時，不好的事發生在好人身上，並不代表這人做錯了什麼，同樣的，好的事發生在壞人身上，也並不代表這人做對了什麼；但是，一個人如何面對及處理幸運或苦難的見證，卻可彰顯出神的榮耀）。」（約 9:1-3）

「是要在他身上顯出神的作為來」：如何在好命（不驕傲）或壞命（不氣餒）中讓神得榮耀呢？在今日的世界中有一半的人是生活在文明世界中，另有一半的人是生活在不文明世界中。不文明世界的定義是，難以維持一個人最基本生存條件的需求，如飲食、衣物、住所、教育等。

也就是說，每有一個在文明社會中能予取予求富足好命的人，就有另外一個跟我們一模一樣，有抱負又肯上進的人，卻活在貧窮壞命的不文明社會中，無奈地無聲無息、日復一日。

所以，若我們能拉高視野來體會神的心意，在世界上的任何生活環境中有「富足好命的人」，也有「貧窮壞命的人」，所有這些都是神的兒女。我們永遠不夠格去爭取，也不知道神將你我安排在其中一組人當中的原因為何？

有了這更寬廣的領悟，若你是被分在富足的人中（像是比喻中的財主），是否應該在慶幸中感恩神（愛神）的揀選，而願意將神給你的（資源、才幹、時間），無私地分享給需要的人（愛人）以顯出神的作為來呢？

而若你是被分在貧窮的人中（像是比喻中的拉撒路），是否因能完全信靠神的供應，在感恩神（愛神）的供給中，守住安貧樂道，不偷、不搶、不怨天尤人（愛人）地度日，以顯出神的作為來——如同聖經中生來是瞎眼的人一樣，最後因信耶穌為神做了美好的見證。

上述的慣性思維及逆向思維，你贊同哪一個？

■青年的富人：你缺少最重要的一件，因財產是主人而拒絕生命重生

「耶穌出來行路的時候，有一個人跑來，跪在他面前問他說：良善的夫子，我當作什麼事，才可以承受永生（聽了耶穌的道，觸動了他的內心，對自己能否有永生不踏實，想要改變）？耶穌對他說：你為什麼稱我是良善的。除了神一位之外，再沒有良善的。誡命你是曉得的，不可殺人，不可姦淫，不可偷盜，不可作假見證，不可虧負人，當孝敬父母。他對耶穌說：夫子，這一切我從小都遵守了（嚴守律法的宗教的優等生）。耶穌看著他，就愛他，對他說：你還缺少一件（最重要的一件）。去變賣你所有的，分給窮人，就必有財寶在天上。你還要來跟從我（去偶像，跟從主得更豐盛的生命）。他聽見這話，臉上就變了色（天人交戰中，屈服於人的思維，拒絕生命的改變），憂憂愁愁地走了（明知內心不平安，強壓靈裡的呼喚）。因為他的產業很多（財產是主人）。耶穌周圍一看，對門徒說：有錢財的人進神的國是何等的難哪。門徒希奇他的話（與當時猶太思維相反——有錢財的人是受神祝福的）。耶穌又對他們說：小子，倚靠錢財的人（財產是主人）進神的國，是何等的難哪。駱駝穿過針的眼，比財主進神的國，還容

易呢。門徒就分外希奇，對他說：這樣誰能得救呢？（好人中的好人，連這麼優秀的模範青年都不能得永生，那我們如何得救）耶穌看著他們，說：在人是不能，在神卻不然。因為神凡事都能。（救恩完全是神的作為以及人的因信稱義，別無他法，任何人若嘗試靠自己的努力或成功進天國，都是徒然）彼得就對他說：看哪，我們已經撇下所有的跟從你了（已做了自我犧牲，但帶出自我的驕傲和自滿）。耶穌說：我實在告訴你們，人為我和福音，撇下房屋，或是弟兄，姐妹，父母，兒女，田地（不是要信徒都丟棄這些，而是當這些成為跟從主的攔阻時）。沒有不在今世得百倍的（神不會從基督徒身上拿去一件東西，而不用另外全新和榮耀的方式加倍的償還），就是房屋，弟兄，姐妹，母親，兒女，田地，並且要受逼迫（門徒的生活中摻合著應許和逼迫，福份和苦難）。在來世必得永生（的應許）。然而有許多在前的將要在後（青年的富人——宗教優等生，倒成為信仰劣等生），在後的將要在前（稅吏該撒——宗教劣等生，倒成為信仰優等生）。」（可10:17-31）

慣性思維：為了全然跟隨耶穌和傳福音，信徒應撇下世上一切牽掛，單單事奉主並只仰望神的供應，而且只做屬靈的事工，是神所喜悅的；所以，傳道人越貧窮越屬靈。

逆向思維：神在世上的不同經濟圈中，呼召各行各業的信徒在自己所在的經濟圈及行業中，為神做雙職事奉的見證，以執行轉化與救贖的使命，所以，每一個信徒都應該是雙職（屬靈的國度使命＋屬世的社會職份）的傳道人。但任何時候，我們屬世的妥協或屬靈的驕傲，成為跟從主的攔阻時，我們就要勇敢的撇下這些偶像，在破碎自我中重新得力，繼續跟隨主！

■稅吏撒該：你就有這最寶貴的一件，因為我是財產的主人

「耶穌進了耶利哥，正經過的時候，有一個人名叫撒該，作稅吏長（常人眼中壞人中的壞人），是個財主。他要看看耶穌是怎樣的人（經不起內心生命改變的衝動，並信耶穌能幫助他——因信）。只因人多，他的身量又矮，所以不得看見。就跑到前頭，爬上桑樹（信念指引而做出了非常態的舉動——稱義），要看耶穌，因為耶穌必從那裡經過。耶穌到了那裡，抬頭一看看（神看得見人靈裡的渴慕），對他說：撒該，快下來，今天我必住在你家裡。他就急忙下來，歡歡喜喜地接待耶穌（把握時機，勇往前行）。」

「眾人看見，都私下議論說：他竟到罪人家裡去住宿。撒該站著，對主說：主啊，我把所有的一半給窮人。我若訛詐了誰，就還他四倍（主動活出了刻在石頭上律法的精義）。耶穌說：今天救恩到了這家，因為他也是亞伯拉罕的子孫。人子來，為要尋找拯救失喪的人（在後的要在前）。」（路 19:1-10）

慣性思維：撒該運氣真好，明明是個壞人，恰巧就遇到了耶穌，以致生命翻轉，怎麼我就沒這運氣？

逆向思維：耶穌是刻意去找撒該的，就像祂定意去尋找每一個門徒；每一個稅吏和罪人、撒瑪利亞婦女、患血漏婦人；每一個瞎子、瘸子、長大痲瘋的，以及每一個外邦人——他們都擁有一個神看重的共同點，他們是那隻失去而在找神的羊，

也唯有神能體會到人內心飢渴的靈魂，以及未來有發展潛能的生命。

藉此我們不妨也反思一下，自身的生命翻轉是靠偶然的運氣？還是因為有直接連結到天父的心意？

財主有兩種解釋，一種是把財產當成主人（失去救恩），像青年的富人；一種是，把自己當成財產的主人（得到救恩），像是稅吏撒該。

很多基督徒常會搞混，以為有錢人都進不了天國；實際上是不論貧富，只要把財當作是主的人，都進不了天國，因為任何阻止一個人跟隨神及福音的，就是「偶像」；無論這個偶像是財產或兄弟姊妹等等，皆適用這樣的定義。

為了讓信徒們更加明白箇中的道理，神用「青年的富人」和「稅吏撒該」這兩人來做對比（見下表），他們的相同點都是產業很多。

天國的價值觀		
	青年的富人	稅吏撒該
相同點	產業很多	是個財主
不同點	正派經營，人品好	巧取豪奪，不義之財
人的觀點	模範青年、受人尊重	罪人、受人唾棄
遇見耶穌	不信耶穌，自以為義，以財為主	認罪悔改，因信稱義，活出律法
主的觀點	駱駝穿過針的眼，比財主進神的國，還容易呢？	今天救恩到了這家

前者是正派經營且受人尊重，後者靠巧取豪奪得到不義之財，因而被人看不起。但遇到關鍵時刻，前者為了保住錢財的偶像，不信耶穌、走掉了，因此失去永生；後者卻因堅信耶穌，選擇放棄錢財的偶像，也願意行出內心的律法，而得永生。

這再次說明了，「信」能夠超越世界上的所有東西！

【反思與討論】

- 請寫出本單元的主題與重點是什麼？並分享本文讓你印象最深刻或最啟發的部分。
- 請就耶穌的六個比喻——用聖靈內駐的堅信來顛覆世界的排序——找出其中一個例證，寫出你如何將慣性思維轉化為逆向思維？
- 請就「天國價值觀」表格中，青年富人和稅吏撒該的對比，寫出你自己在信仰上對金錢價值觀的反思？

Part 3

【世代交替】

基督教會如何走出困境：

新酒必須裝在新皮袋裡

一場新冠疫情，徹底顛覆了我們的工作和生活，當中也包含了教會生活；爾今，即使疫情的暴風圈已經遠離，傳統教會所遭遇的困境仍舊沒有改變。

針對疫情之前，教會牆內思維帶出的故步自封及傳統宣教觀念，所引發的停滯不前，我們不得不進一步反思：

(1) 面對當今那些攸關社會、政治、經濟和道德混亂等問題的肆虐，教會的影響力在哪裡？

(2) 面對當代的年輕人不再踏進教會，聚會人數難以增長，教會如何突破？

(3) 如何有效地向未得之民（UUPG, unengaged unreached people group）傳福音？

進入後疫情時代，上述的困境非但沒有得到解決，在世界情勢的巨變中，教會及宣教反而面臨更為嚴峻的考驗：

(4) 科技與新媒體的興起，遠距線上聚會的時代，肢體互動愈發減少，教會及企業要如何適應這改變？

(5) 真理相對化與權威弱化是這世界的趨勢，也影響了教會及企業，教會的牧者／長老及企業主，該如何面對這個情勢？

(6) 如何興起挑旺教會及企業，關注並吸引年輕人？

■「初代」教會 VS「當代」教會

藉著比較「初代教會」如何能將福音傳遍各地，而「當代教會」卻面臨停滯甚至萎縮的現象，或許可以讓我們從中找到學習的典範！

從形式上來說：初代教會沒有宏偉建築物、沒有宗教自由、沒有神學院和服事場所，只有希伯來文的舊約聖經，還有耶穌的教導和使徒的教訓；當代教會不再有政府逼迫，卻普遍追求要建堂，有整全的神學及聖經的裝備。

初代教會是所有的門徒都自願參與服事；當代教會卻要求設置全職同工及專業傳道人，大多數門徒是旁觀者。

初代教會是在公眾場所中，一種隨時、隨地的動態全民信仰運動；當代教會則是在定點、定時，由牆內少數人主導的靜態宗教活動。

初代教會是世俗的組織當中，加入天國的核心價值；當代教會卻築起一道有形或無形的牆，成為守在牆內的神聖宗教組織。

從理念上來說：初代教會追求的是擴張性，強調對外進攻；當代教會則屬內斂性，要求謹守牆內的禮儀和傳統。

初代教會是轉化及救贖勝過陰間的權柄，也就是轉化了社會的文化及制度；當代教會卻是屈服於陰間的權柄，並且節節敗退。

初代教會宣揚的是在神國度中的神國福音；當代教會卻侷限在各自宗派強調的真理，以及為各自教會拓殖的福音行動。初代教會是在地上活出天國；當代教會仍在等待天國的降臨。

從服事上來說：初代教會的職場宣教就在職場裡面運作，

是 24/7 全民的運動；當代教會即使願意做一些職場事工，做的也還是在教會牆內為主，傳統僵化的職場事工及特會，而不是我所說「新酒裝在新皮袋」的職場事工。

初代教會時期的亞居拉、百基拉夫婦，既是企業主也是傳道人，保羅也織帳蓬也宣教，他們都是雙職事奉的職場牧者；當代教會的全職人員主要是單職事奉，且認為教會內的服事才是真正在事奉神。

簡單來說就是，當今教會已經將原本單純、自然、簡單、易懂的福音，轉變成一套專屬學院派的複雜、專業、深奧的神學理論，漸漸失去當年耶穌所示範的那一份傳福音的初心。

耶穌是職場宣教的鼻祖，祂從來沒有對當時的人們說：「你們到會堂，我再治癒你們！」相反地，祂永遠是主動走到工作場所裡面去幫助人，甚至還親自跟稅吏、妓女，以及社會底層和邊緣人直接接觸，適時提供必要的幫助。

套句現代人常說的話，耶穌傳福音的方式很「接地氣」，所以可以在打漁的地方呼召漁夫，在稅關機構呼召稅吏。

翻開新約，當中提及耶穌所處的 132 處公共場所中，就有 122 個是工作場所；耶穌講述的 52 個寓言中，就有 45 個是與工作相關；〈使徒行傳〉裡記載的 40 個神跡，也有 39 個發生在工作場所中。

所以，我們應該效法耶穌在職場做宣教的精神，在接受裝備後，走出四面牆的教會到職場中去做職場宣教，並影響牆外的世界。而具體該朝哪些面向去推動呢？我列出了四大面向，相關內涵也會在接下來的文中做說明。

(1) **基督「教會」定義的修正**：從「牆內群聚」的「地方堂會」，到建立「牆外全地」的「國度教會」。

(2) **整全基督「福音」的實踐**：從「恩典福音」的宗教「跟隨者」，到「因義成聖」的信仰「得勝者」。

(3) **教會「管理」體制的健全**：從牆內「教牧」團隊的「管理」，到牆外「使徒」團隊的「領導」。

(4) **「全時間」事奉神的導正**：從只有「神職專業」的「全職」事奉，到「職場使徒」的「雙職」事奉。

3-1

基督教會定義的修正：
從牆內群聚地方堂會，到牆外全地國度教會

▶教會定義的「迷失」

牆內群聚的地方堂會是目前的主流，雖說，有一些是同時具備牆外國度胸懷的教會，但多數人一聽到「教會」，通常還是會聯想到一個建築物，裡頭坐著一群會眾及一位站在台上講道的牧者。

包含正在看這本書的你，可能從來都沒聽過也更沒有想過，每個基督徒就應該是一個教會不可或缺的肢體。比方說，當你在工作平台真實活出了因信稱義的信仰，用正面的見證，讓影響所及的人群，感受到與你內心的神同在，並以此生命影響生命，這難到就不是一個國度教會真實影響力的展現？

(1) **牆內群聚，只傳福音**：然而，主流神學理論對教會的解釋，通常只強調「會眾聚集」這個層面的意義，進而有意或無意地將聚集的「地點」、「時間」及帶領聚會的「神職人員」分別為聖，與世俗的社會運作分開，才會造成人們對教會的認識過於狹隘。

這種以牆內會眾聚集專注的教會，我稱之為「地方堂會」。當教會的定義被主流神學理論框在「地方堂會」的形式

裡，首要出現的限制就是——只會向內專注在拯救靈魂的福音使命上！

但我們必須了解，並不是「聚集」才使我們成為教會，也並不是只有邀請人進到定點、定時的地方堂會中，方能完成傳揚福音的使命。

況且，若真要講求傳福音的果效，我們該做的反而是裝備並差派每一個基督徒進入社會，藉由隨時、隨地活出神的形像及樣式，同時達到「轉化社會」並「拯救靈魂」的目的。

我知道談到這裡，分歧點出現了！

當我們說教會肩負著拯救靈魂的使命，相信沒有任何神職人員和教會反對，因為合乎聖經教導。但一說到轉化社會的使命，很多人就未必認同。

傳統的地方堂會普遍認為，轉化社會並不是教會的責任，他們受的神學教導是——這世界會越來越糟，而當世界越糟，基督再來的日子就越近。當那天到來，乖乖守在牆內教會（地方堂會）的信徒都會被提升天，不進教會的人們，則會經歷七年的大災難，最後就是主榮耀的顯現！

因而，在主耶穌再來之前，地方堂會自認最大的任務，就是要廣傳福音、盡力拯救靈魂，好叫他們也能一同被提升天，為此目的，便要加快傳福音的腳步，藉此拯救靈魂、造就門徒、倍增教會。

(2) 狹隘天國，唯我獨尊：傳統的地方堂會不去轉化社會，除了狹隘的「教會觀」之外，也受到了唯我獨尊的「天國觀」影響。

長久以來他們都主張，教會的四面牆圍起來的範圍，才是天國（聖），教會牆外的社會，則是受撒但掌控的世俗世界（俗）。所以，地方堂會對於末世論的教導，基本上是屬於前千禧年主義的論點，也就是前文提到的：(A) 在末世大災難來臨前，在教會內的信徒會被提上天，留下的人在地上遭難。他們還認為：(B) 當主耶穌再來，神的國才會降臨。意即，他們並未被呼召要嘗試在地上迎接或是建立神的國度，神自會按祂的時候來成就這事。

這兩種主觀的觀念，在當今的信徒中非常普遍，反思一下，原先的你是否也這樣以為呢？

我的觀察是，直到今日，仍有許多信徒及牧者的觀念很傳統，極力主張真正的事奉，必須以聚會的會眾為基礎，並將「地方堂會」視為唯一的教會形式代表，進而否定國度教會的存在。

尤有甚者，還會教導會眾說，所謂的「屬靈恩賜」只有在地方堂會中，才得以被聖靈賜下來供人們使用。整個堂會的運作，也只遵循一陳不變的價值規範、行為準則、禮儀規範、傳統文化、規則級別；堂會內的宗教活動不斷，看似活躍，實則與社會脫軌。

更令人憂心的是，此一聖俗論已明顯扭曲了基本認知。

(3) 聖俗二分，社會脫節：雖然現代有些教會已經開始覺醒並努力中，但那些以傳福音為宗旨的傳統教會認為，職場是屬肉體的，與屬世的事物有太多糾葛，因此與工作有關的商業、企業、金錢，都非基督教可影響的範圍，既然基督教的事工在這些領域中被視為不可能，便將工作拒於教會之外。

由此便不難理解，何以傳統地方堂會式的教會組織，常有意無意地把世界視為仇敵，但這種心態必須付出的代價是：一旦教會與世界對立，等同在打一場必然失敗的戰爭！

耶穌要我們奪回世界的統治權，在〈約翰福音〉17 章 14-15 節中提醒我們，雖然靈命不屬這世界，但得勝的地點不要離開世界。原因是，撒但一直在利用世界和世界上的事試探並攻擊我們（〈約翰一書〉2 章 15-17 節），面對這場屬靈的爭戰，我們要成為得勝者，若不戰自敗撤出世界，撒但就會在世界增強牠的掌控權，直至整個被奪去。

但放眼當今，在教會與世界對抗的思潮下，仍有許多教會陷入牆內的內捲狀態，逐漸從社會退到堂會，卻還自以為聖（圖 3-1-1）。

圖左（牆內）的地方堂會，將教會定義為聚集的會眾及地點，強調只有進到教堂內遵循一陳不變的規章、律例、儀式、傳統、級別及各種活動的參與者，方能得救，也認為只有在堂會內全時間事奉的神職人員，才是討神喜悅。

他們將聚集的「地點」、「活動」及「神職人員」分別為聖，與世俗的社會分開，讓聖俗之間隔著一堵厚牆，被分隔為不能互通的兩個世界。在他們眼中，**圖右（牆外）**是神不同在、也不喜悅的世俗社會，因此眾多牆內基督徒不知如何在工作中活出信仰，而成為「世俗基督徒」。

此一自以為義的思維及作法，不僅很像耶穌時代的法利賽人及文士，也等同是落入「撒但為迷惑宗教狂熱份子」所設下

圖3-1-1 牆內群聚地方堂會聖俗二分，與社會脫節

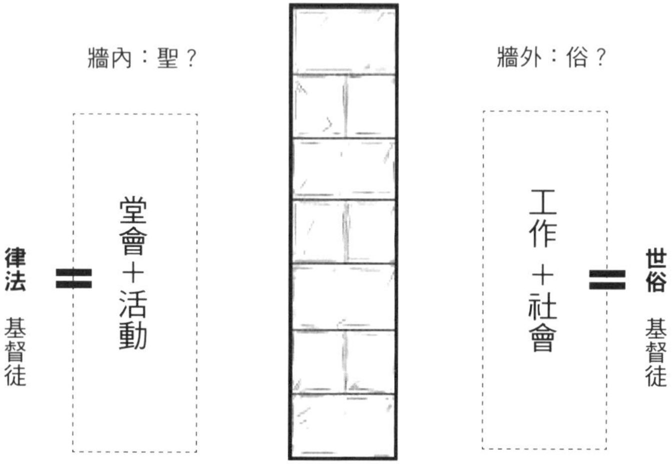

的計謀。

再者，當地方堂會劃地為界，將聖俗二分時，撒但便可順勢將世界擄去，並策動世界上的人利用各種方式逼迫教會，並將教會內的信徒定義為「律法基督徒」，避之唯恐不及。

而這種聖俗二分的觀念，最初的起源，是因為歐美的神學觀深受希臘二元（聖俗）論的影響。

哲學家柏拉圖曾經嘗試以人本的思維，將宇宙各事物分成兩個相互對立、不可相容的兩個層次——高層次，是由永恆的觀念所形成，他稱這個層次為形式（form）；低層次，則是暫時性、具體性的事物，他稱這個層次為物質（matter）。

在柏拉圖的定義裡，工作是在低的物質層次（俗），與高的屬靈層次是對立的（聖），進而影響了日後的神學觀點。

(4) 拆毀圍牆，回歸真理：我們應效法保羅在〈以弗所書〉2 章 14 節的勸勉：「因祂使我們和睦，（原文作因祂是我們的和睦）將兩下合而為一，拆毀了中間隔斷的牆。」雖然文中是指在基督裡，要拆毀猶太人及外邦人中間宗教的牆，也啟示今日的我們，要拆毀地方堂會與社會中間的圍牆，從牆內勇敢的進入社會中去建立國度教會。

地方堂會好比一個個未去外殼的雞蛋被放進一個大碗中的麵粉（社會）中，每一個雞蛋都獨立操作各自為政，不但沒有融入麵粉中，各自之間也不相容，以至與社會脫節。國度教會是把每一個雞蛋的外殼先打碎，攪拌均勻後再倒入麵粉中，再攪拌（融入社會）然後將其烘焙成可口的蛋糕（影響並轉化社會中完成福音的使命）。

原本初代教會是散佈性的、是融入社會的、團隊和個人多樣組合的國度教會，但是後來的教會樹立宗派將外殼裝上，成為當代的地方堂會。

▶牆外全地的「國度教會」

耶穌在福音書裡形容的天國，並不是一種飄在天上、虛無飄渺的存在，而是真真實實地存在地上。每個信祂的子民無論身在何處，都要在世俗世界當中，活出天國般的生命（太 6:10；路 17:21），使整個世界重新回到正軌。

(1) 超越聖俗，將俗轉聖：這正是「教會」存在的意義，以及本文接下來想要進一步探討的定義。

中文的教會（church）這個字，是耶穌在用希臘文說的 ekklesia 翻譯而來的（太 16:18）。這個字的原意是：「在世俗的公共場所中，召出來轉化及救贖社會的群體或會眾——從世界中分別出來的神的子民。」神的子民不論人數多寡、不論在任何時候、不論身在何處，他們活出內心信仰所影響之範圍，即是教會。其中包括普世國度的教會（太 16:18）；以及地方堂會的教會（太 18:17）。

正因如此，耶穌傳道的地點，通常不是在看似「聖」的聖殿及會堂，反而是走進人們的世俗生活場景，並且在人們的工作場所中去幫助他們。

在福音書中的任何場景，耶穌不論是遇到不信祂的一般猶太民眾、宗教領袖，或是信祂的門徒、邊緣人及外邦人，耶穌都在與他們互動的當下，做了「轉化及救贖」的工作——耶穌藉著呼召出來跟隨祂的會眾及其影響到的範圍，在各地建立了無數個沒有「邊界」的「無牆」教會。

耶穌的腳蹤就是國度教會的腳蹤，所以當祂在〈馬太福音〉16 章提出 Ekklesia（教會）的觀念，是門徒所熟悉的，因為他們過去都親身經歷在其中。

耶穌在離開門徒之前，也教導並提醒門徒，在祂離開後，要照著耶穌的生命及言行，到各處去建立教會，藉此做轉化及救贖的工作，使教會成為「宣導耶穌的媒介」。

(2) 地上天國，向外拓展：基於上述，教會應兼具耶穌面對反對者的強勢激進性（公義），以及面對信靠者的和平冷靜性（慈愛）；耶穌所設立的教會也是具有向外擴張性的，祂用鹽、水、光這些會向外擴散的物質來比喻天國。

若這些要素被人為的因素困住或控制就不能發揮功效——盛在瓶中的鹽是無用的、一池死水只會腐朽、被阻擋的光就成了黑暗。

這也解釋了，何以耶穌在地上服事的時代裡，以色列人有三個熟悉的主要組織：聖殿、會堂及 ekklesia（它是一個輔助政府，具有管治功能的市民集會組織），耶穌卻刻意不把教會建立在前面兩個宗教組織上。

耶穌把教會建立在 ekklesia 此一在公眾世俗組織中被呼召出來跟隨祂的會眾，卻仍把聖殿中「神同在的駐留」，以及會堂裡「聖經的中心地位」和「團契相交」等重要屬靈元素，充分彰顯在其中。藉此將聖殿和會堂在建築物內運作的靜態組織，轉化為動態群體影響力的運動 – 將天國擴張的本質（光鹽），注入到世俗（世界）的組織中。

這即是「在地上活出天國！」

也正因為耶穌是把教會建立在，一個已存在且具向外擴張及包容性的社交平台（ekklesia），同時融入人們所處的世俗日常生 中，而非切割；耶穌亦沒有將跟隨者的聚會中央化、神職化、也沒有要求他們只在建築物內聚集——難怪五旬節後僅數星期，「把他們的道理充滿了耶路撒冷」（徒 5:28）。

教會真正的內涵是關乎「人」，而非「建築物」；教會是一個由人組成，隨時隨地在各地運作能帶來轉化的有機體，而非定點定時靜止的宗教組織；它的目標是轉化社會及拯救靈魂，而不是被作為人們上天堂的中轉站。

當有基督徒在任何時間、任何地點，活出了神的形像與樣式，其影響所及的範圍就是神統治的國，神的國藉著社會的轉化以及靈魂的拯救而顯現，這就是主耶穌所說的：「神的國就在你們心裡」（路 17:21）；以及「神是個靈所以拜他的，必須用心靈和誠實拜他」（約 4:24），所以每個真正的信徒應該是「移動的聖殿」，人在哪裡就影響周邊的人，福音也因此傳開。

(3) 轉化及救贖，勝過撒但的權柄：「我要把我的教會建造在這磐石上，陰間的權柄，不能勝過他。」（太 16:18）

耶穌把教會帶來的時候，曾經明確地斷言，惡者所掌握的世界不可能勝過他。但如今，撒但的徒眾顯然深深地籠牢著我們的城市和世界，也肆虐在我們工作、生活及政府各處。難道教會不也是如此嗎？否則為什麼信徒們也覺得教會正在節節敗退？

我們所處的社會和社區若要顯出神國的特徵，就要勝過撒但已建好在職場的權柄，所以要從地方堂會中走進職場去做職場宣教。

神定意要使神國的價值、祝福和豐盛，都臨到社會的各個角落；主耶穌在世時，執行主要任務的地點也不在會堂，而是在人們工作生活的社會裡。難怪主耶穌兩次教門徒要如此禱告：「願你的國降臨，願你的旨意行在地上，如同行在天上」（太 6:10；路 11:2），按著神的旨意，人類社會最佳的光景，顯然是由祂在天上直接管理，因此這也是我們活在地上的模式，意即要在地上活出天國。但當今社會顯然沒有辦法提供這樣的生活品質，所以我們不能只叫人們進入堂會，而是要在全地建立國度教會，以幫助社會提升到神的標準。

我們總結上述的論點，那就是教會的主要使命，不只是把人帶進地方堂會做「靈魂的救贖」，更重要的是，要呼召門徒去擴張神的國度做「社會的轉化」。回到起初神按著祂的形像和樣式造人的目的，要人生養眾多、遍滿地面、治理管理神所造的世界。（創 1:26-27）

(4) 國度教會，職場宣教：為了實際落實這兩大使命，我們必須進一步認識到，新約提到的兩種教會形式。第一種，是指每週因主日而聚集的地方堂會眾信徒；另一種則是在社會全地（家庭、職場、社區）國度教會的眾信徒。不論是那種形式的教會，其主導都應回歸初代教會的「使徒團隊」——聖徒各盡其職（弗 4:11-12）。

神的子民們，大部分時間都是身處在以社會為主的國度教會，只是每週固定前往地方堂會一起聚會一、兩次。也因為大家同是屬神的子民，彼此應該和諧共處和相互勉勵，而不是彼此競爭或敵對。更何況，只有職場及互聯網能把不同社會平台串聯起來，進而把天國帶到所有地方去，再把原本世俗的社會轉化成神聖的天國，因此在社會全地的神國子民們，更應該同心成為神國的精兵。

至於我們如何從專注牆內的地方堂會，到推動牆外的國度教會？圖 3-1-2 說明如下。

圖右代表，如何將工作轉化成志業：信徒在世上的工作，不論是身在職場中的工作者、家庭主婦、教會牧者、求學中的學生等，只要工作的態度是為神而做，工作的方法與神同工，

圖3-1-2 牆外全地國度教會：超越聖俗，轉化社會

而且活出聖經原則，他們的工作就是全時間事奉神的志業，是聖的也是討神喜悅的。

圖左代表如何將社會轉化為國度：信徒志業所影響到的範圍就是國度教會，也就是如何將原本是世俗的社會，一部分、一部分藉著身在各行各業各地的信徒的志業，而轉化為聖的國度過程。

圖中的「雙職事奉」是連結個人志業與國度使命的橋樑，所以每個信徒在世上有雙重的身份：(A) 個人志業帶出的世上「職份」，以及與其匹配的 (B) 國度使命所連結的天上「位份」，這是一體的兩面、相輔相成。

在本文中提到的雙職事奉，其內涵就是一種「超越聖俗」的整合境界，也就是個人得以將內心的信仰（國度使命），活在生活中的方方面面實踐，像是職場、家庭、教會、社會（世上命定）。只不過在此之前，個人必須先分別釐清，何為自己在世上的命定？以及何為自己在國度的使命？

我的第一本書《贏在扭轉力》，內容是教導信徒如何用「對」的方式將工作做「好」，談的就是個人在世上的命定；第二本書《第一與唯一》，內容是引導信徒如何先選擇生命的「唯一」，再依此活出專屬自己生活的「第一」，教的就是如何找到國度的使命。在後續的章節中，我也會對於相關議題有所著墨。

【反思與討論】

- ▶ 請寫出本單元的主題與重點是什麼？並分享本文讓你印象最深刻或最啟發的部分。
- ▶ 你要如何從牆內群聚的地方堂會走到牆外全地的國度教會？
- ▶ 什麼是雙職事奉？你要如何將你信仰的國度使命，應用在你生活的世上職份中？

3-2 整全基督福音的實踐：從恩典福音的宗教跟隨者，到基督福音的信仰得勝者

上一篇文章講完關於教會定義的偏差，這一篇則是要探討信徒個人對信仰定義的偏差。

▶教會大離開潮

近期，在美國有一本書引起了大家的討論和關注！書名叫做《*The Great Dechurching*》，我將其翻譯為「教會大離開潮」，作者是兩位牧者及一位數據調研專家共同撰寫而成。

書中開宗明義用數據道出了一個事實：那就是在過去二十五年中，有高達四千萬（高於臺灣總人口）的美國成年人不再去教會了。這對北美教會界而言，無疑是在忽視明顯症狀數十年後的一次健康總體檢，而且數字已經亮起了紅燈。

作者進一步說明，不再去教會的那些成年人，並非起因於一件大事故，也不只是侷限在某些地區，而是遍佈在各宗派、各年齡、各種族、各地域的男性女性，都紛紛離開了教會。

深究其原因，新冠疫情的封鎖令僅是一個加速器，並非主因，即使是疫情過後的當今，這趨勢仍在擴大加速中。

調查顯示，以上的族群不去教會原因的比例各自不同，但

不外是：(A) 不方便；(B) 搬家；(C) 不再被愛了；(D) 不再信了；(E) 不再適合了；(F) 受傷了；(G) 有其他更優先的事，等等。

原因看似五花八門，卻指出了共同現象，那就是在外部社經環境的巨變下，造成人們生活型態改變，繼而影響了「習慣」去教會的常規，最後就乾脆放棄。在此同時，值得注意的數據是，那些離開教會的北美基督徒中，有 95% 從未與他人傳過福音。

這種在信仰裡從未真正扎根的情況，讓我想起耶穌說的「撒種比喻」（太 13:20-22）中，兩個接受了種（神的道）卻沒能結實（生命改變）的心田：世界上靠憑眼見（體）、靠感覺（魂）的 **(A) 相信**：落在土淺石頭地上，被日頭曬乾；**(B) 信任**：落在荊棘裡，被荊棘擠住，所以結不了果實。

這也好比耶穌時代的一般猶太人，只希望以膚淺、為己的表面回應耶穌（宗教在形），所以當耶穌要求他們深入內心、為神捨己、以背十字架的心態跟隨耶穌（信仰在心）時，他們就抱怨說：「這話甚難，誰能聽呢？」（約 6:60）、「從此他門徒中多有退去的，不再和他同行。」（約 6:66）

由此可見，無論初代或現代，有許多只追求恩典福音的宗教「跟隨者」，然而真正的堅信者，必然也是一位基督福音信仰的「得勝者」。如何從跟隨者生命改變到得勝者？正是我們接下來要探討的重點！

▶恩典福音的宗教跟隨者

恩典福音的宗教跟隨者跟基督福音的信仰得勝者，兩者具體差異如下：

恩典福音的宗教跟隨者	基督福音的信仰得勝者
膚淺的回應耶穌	深入內心的回應耶穌
宗教在於形	信仰在於心
以「己」為中心	以「神」為中心
宣導耶穌是：天性隨和、脾氣溫柔	宣導耶穌是：強悍有力、充滿挑戰
可以照我們的方式來信祂：安慰者／療傷者／撫慰者／愛與赦免／無與倫比／解決問題的	必須捨己且背十字架跟隨祂：命令信徒接受生動的門徒訓練／踏入刺激的冒險／對人們的要求斬釘截鐵
神是「小聽差」：信徒一心要主成就自己希望做的事，擁戴耶穌為猶太人的「王」	神是「發號施令者」：對我們的內心深處的渴望說話，催促接受挑戰，支取從未想像過的能力，成就從未經歷夢想
我的國、我的義：為了「自己」的好處，生命內捲	神的國、神的義：離開矛盾困境，進入果斷，生命提升
軟弱的基督徒	剛強的基督徒

在進一步闡述恩典福音的宗教跟隨者之前，邀請大家回憶一下，當初信主的過程是什麼？下面這一段情節，不少去過教會的人一定不陌生！

(1) 恩典福音（廉價救恩）：當一個人想要改變生活軌道時，通常會被教導去上教堂，聚會幾次之後，碰上牧師做呼召，當下受到感動及激勵而舉手站起來，便被告知已接受主的救恩，接著進入教會洗禮的儀式流程，成了名義上的「基督徒」，內心卻從未深入了解救恩的真諦。

再者，當今許多教會，尤其是牆內專注、只傳福音的教會，普遍教導信徒現在是恩典教會時代，只要進到教會就可以單靠神白白賜予的恩典得救。

這一類「恩典福音型」的教會，倡導「一次得救、永遠得救」的信息，讓許多初信者感覺良好，以為受洗就是取得對永生的保障，不用再懷疑得救與否；對牧者來說，也更容易號召牆外人進到教會，有利於教會的人數增長，這其實是在教導沒有十字架的福音，那是誤解恩典福音，需要宣講全備的恩典福音。

這種恩典氾濫的現象，也在一些大型教會中出現。

(2) 耶穌愛你（因愛稱義）：某些教會為了吸引更多人加入，往往會刻意規避人的罪以及神審判罪人的公義面，片面關注在神的憐恤面，強調：「耶穌愛你，耶穌永遠愛你，即使不好或犯罪，神仍愛你」。這種高舉「無條件的神愛」，加上教會不能定人的罪（只有神能定人的罪），讓「因愛稱義」的福音，非常吸引身處高壓且缺愛的現代人。

我並不是否定神所具備恩典及憐憫的那一面，只是想藉此提醒大家，若是只強調恩典而不講認罪悔改、只訴求愛而忽略真理原則，最終反而會使救恩流於廉價化。

廉價式救恩實際的體現就變成，牧者告訴信徒：「你需要做的就是相信耶穌，受洗後，你的罪就被赦免了、重生得救了。」此番論調讓信徒誤解，只要接受了基督，過去就被寬恕，可以繼續做原來的自己，因此在接受救恩前和救恩後沒有什麼分別。

信徒把每星期的去教堂及聽講道，視為一次心靈洗滌、一次獲得寬恕的機會、一個激勵的充電。聚會結束後，帶著感覺良好的心情離開，覺得已經履行了每周的「基督徒義務」，除此已沒有其他事需要做，便順理成章回到原有的生活軌道。

(3) **宗教活動（世俗基督徒）**：無怪乎，很多人在接受基督前和接受基督後，完全是個相同的人，沒有任何的改變。換言之，他們以一種面貌進入教堂，再以同樣的面貌離開，年復一年。

更令人憂心的是，此一恩典福音或因愛稱義的地方堂會，在人們內心追求信仰的過程中，創造了一個新的偶像。

他們將皈依者轉化為宗教活動的參與者，徒具宗教儀式，而不是心靈與誠實的敬拜；他們真正在意的是牆內的教堂大小、聚會人數多少、奉獻多寡、受洗人數多少，而不是幫助信徒去執行轉化社會及靈魂得救的使命；他們把教堂變成社區活動中心，但人們並沒有真正從內在被改變而成為新造的人。

(4) **牆內製造偶像**：這種牆內恩典福音堂會的運作模式以及其跟隨者，其實是落入撒但所設計的圈套中而不自覺。

撒但自神創世造人開始就一直迷惑人，不讓人藉著個人內心的信仰直接與神互動。牠總是希望在人與神之間製造出一個媒介（偶像崇拜，服從誡命或宗教活動），以阻止人在因信稱義的過程中，尋回原本神賜的形像與樣式。

所以，在當今許多基督教會的圍牆內，信徒若不加以明辨，很容易陷入對基督信仰的誤解，繼而共構出信仰假象——有一群人，自以為是追隨聖經中亞伯拉罕、以撒、雅各的神，但實際上就像是在啟示錄七個教會中，有些信奉撒但教義的人（啟 2:13,24、3:9）。有一條路，人以為正，至終成為死亡的路（箴 14:12、16:25）。

可悲的是，這些自認是基督徒的人群，從一開始就擁有了錯誤的思想，擁抱的是殘缺的信仰，只知隨著這個世界所推廣的，他們的信仰從開始就偏離成了宗教。恩典福音（牆內堂會）的示意圖 3-2-1 說明如下。

圖3-2-1 恩典福音（牆內堂會）——宗教跟隨者

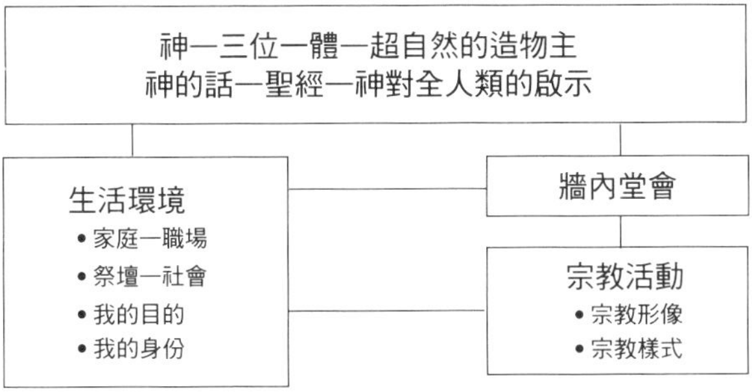

圖的上半部代表神及神話語的聖經：自神創世造人以來都沒有變。神造每個人都具有獨一的形像及樣式，並賜給每個人尋求神的信仰之心。

當一個人試圖改變他們生活的軌道時，其實是他內心的信念在尋找神，尋求生命的更新。這時就該教導並幫助他可以直接跟神產生連結，因為神也渴望與尋求祂的人建立直接及個人的關係，所以信仰不但是群體化，也應該是個人化的。

但通常這個人就被告知必須去教堂，而且去的是一個恩典福音的牆內堂會而不自覺的話，就會出現**圖的右下角**情況：個人信仰被牆內堂會的偶像取代，個人也融入牆內堂會的宗教活動中，神看不見個人了。回歸到**圖的左下角**：生活環境也因為生命沒有任何改變，仍以自我的人生目的及老我的身份，在世上隨波逐流。

活在宗教組織內的信徒，不論是在堂會做偶像崇拜、在聖殿裡守猶太律法、或在教堂內熱情的辦各種活動，都缺乏了最重要的信仰內涵。撒但最喜歡的正是信眾這樣的無知，只要人們沒有意識到自己是殘缺恩典福音的宗教跟隨者，撒但就能控制著大多數的人，將他們繼續與至高者永遠隔離。

人們缺乏的信仰內涵如下：

(1) 個人與神要建立直接的親密關係。

(2) 在與神的關係中，認知自己犯的罪，並且真正持續不斷地認罪悔改中生命改變。

絕大多數世上的宗教都將以上兩點，置於教義與教導之外。所以鼓勵信徒要勇敢地從恩典福音的宗教跟隨者，蛻變成基督福音的信仰得勝者，方能活出真正的救恩。

▶基督福音帶出個人因義成聖的得勝者

一、個人與神要建立直接的親密關係，而不是只追求形式上的教會生活，這一點耶穌早在聖經當中就有教導。

- **耶穌傳永生之道給撒瑪利亞婦女：**「婦人說：先生，請把這水賜給我，叫我不渴……（耶穌知道她內心渴望脫困）婦人說：先生，我看出你是先知。我們的祖宗在這山上禮拜，你們倒說，應當禮拜的地方是在耶路撒冷。耶穌說：婦人，你當信我。時候將到，你們拜父，也不在這山上，也不在耶路撒冷（神不在你們山上的寺廟裡，也不在猶太人的聖殿中——宗教在形）……神是個靈，所以拜他的必須用心靈和誠實拜他。」（約 4:15-24）

耶穌啟示我們：神與每個追求祂的人內心同在（信仰在心），個人與神要建立直接的親密關係，不需要一個地點的媒介。

- **耶穌的死：**「忽然殿裡的幔子，從上到下裂為兩半。地也震動。磐石也崩裂。」（太 27:51）耶穌啟示我們：不是只有大祭司能進到聖殿中的至聖所與神同在，而是每個信徒可以直接與神建立親密的關係。

二、當有罪的人，真正在與神建立直接的關係中（經歷神），在這關係中，因為神聖潔的光照，讓人承受不住，便會自然的認知自己犯的罪，而持續不斷地認罪悔改。

- **以賽亞奉差遣：**「彼此呼喊說，聖哉，聖哉，聖哉，萬軍之耶和華。他的榮光充滿全地。因呼喊者的聲音，門檻的根基震動，殿充滿了煙雲。那時我說，禍哉，我滅亡了。因為我是嘴唇不潔的人，又住在嘴唇不潔的民中。又因我眼見大君王萬軍之耶和華。」（賽 6:3-5）以賽亞承受不住神的榮光，必須認罪悔改。

• **耶穌召首批門徒：**「西門彼得看見，就俯伏在耶穌膝前，說，主阿，離開我，我是個罪人。」（路 5:8）彼得遵從耶穌的命令看見祂的大能，立即自認是罪人。

(1) 基督福音——持續生命改變：悔改是指，從罪中轉身並遠離罪惡，委身於生命的修正，以改變自己的生命。悔改意味著對自己的錯誤、不潔淨的思想及行為，感到真誠的懊悔或懺悔，繼而付諸於有效的改善行動。

這種想要改變的心，不能只針對生活中一、兩個主要的罪過，做膚淺、暫時的悔改，此並非真正的懺悔，因為沒有從內在除舊而成為一個新造的人；當我們悔改時，不僅是在背離過去的罪過，更是在背離為之而活的錯誤人生追求。

所以，在此要特別澄清的是，當一個人來到彌賽亞耶穌面前，訴求不應該是「希望祂進入我們的世界，來幫助我們獲取自己想要的一切」，這是一種利用；我們接受基督是因為渴望遠離世界的思維及影響，不再為獲得這個世界而活，而是想過著事奉那至高者的生活，以便將祂的國度建立在世界上。

後者，才是作為信徒的使命及真實的身份，因此我們必須完全悔改，不是只選擇性的改掉某些壞習慣，而是要做到生命的全面翻新，如此方能藉由成為一個新造的人，恢復到最初被造的形像及樣式。

與其過著自私為己的生活，以及用世俗的價值來看世界，一個信徒該致力的是提升眼界高度，也就是透過創造者的視野看世界，如此就能看懂世界上的事何以會如此那般的發生，進而超越事件的表象，直指本質。

但我也知道，我們被召喚在一個反抗真神的世界中，既要擔任基督的使者，也是彌賽亞的代表，著實不易。但千萬別忘了，我們不是孤軍奮戰，而是與超越世上所有能力的「聖靈」同工。

(2) 耶穌中保——持續因信稱義：而這也再次凸顯出了，信徒必須直接與耶穌建立關係的重要性，且不斷真誠地認罪悔改。與神的連結管道暢通，方能支持從神而來的「超能力」。

我們得救的第一步，非藉著信靠耶穌不可，這個議題的中心點，需要先論及罪的問題。我們必須了解，人類因為始祖的犯罪，從此有了罪性，導致無法直接跟沒有罪的神接觸。

人的本質是抵擋神的，因為我們都是與神隔絕的，而遠離神就是罪的根源。從這個角度來看，人在完美的造物主面前是不完美且骯髒汙穢，行事也是完全按照自身利益及喜好而行，因此得救之前，我們都是在罪惡之中，沒有半點清新的氣息，更沒有永生的盼望。

這就是為什麼，聖經羅馬書上寫說，「沒有義人，連一個也沒有……世人都犯了罪，虧缺了神的榮耀。」（羅 3:10-23）

歷世歷代以來，不曉得有多少人想用自己的方法來解脫罪的問題，卻都沒有成效。而神從天上來到人間，正是為了把永恆生命帶給世人。耶穌捨棄了生命來拯救我們並賜下新生命，使我們成為聖父的兒女——這就是福音的大好消息！

所以，耶穌基督的重要性，就在於解決全人類罪的問題。耶穌基督是聖靈感孕、道成肉身，所以是百分之百的人，也是百分之百的神，祂來到世界，最後是被釘在十字架上，藉著祂是百分之百人性的死來替人贖罪，而祂的復活則是代表祂百分之百的神性。

人因為罪與神隔絕，唯一能夠與神和好的途徑，就是藉著堅信耶穌基督，所以耶穌說：「我就是道路、真理、生命，若不藉著我，沒有人能到父那裡去。」(約 14:6)

罪人藉著信靠耶穌基督得救身份改變的過程，就叫「因信稱義」。

「彼得說：你們個人要悔改，奉耶穌基督的名受洗，叫你們的罪得赦，就必領受所賜的聖靈。」(使 2:38)

「保羅說：約翰所行的是悔改的洗，告訴百姓，當信那在他以後要來的，就是耶穌。他們聽見這話，就奉主耶穌的名受洗。保羅按手在他們頭上，聖靈便降在他們身上。」(使 19:6)

「因信稱義」有四扇門：第一扇門是認罪悔改；第二扇門是信靠耶穌；第三扇門是接受洗禮；第四扇門是領受聖靈。

為什麼要**認罪悔改**呢？因為我們都有罪；我們悔改的對象是誰呢？悔改的對像是聖父。我們人都是有罪的，承受不了聖父的榮光，唯有藉由**信靠耶穌**基督是救主之後，祂流出來的寶血就遮蓋了罪，聖父才能夠原諒我們。

那什麼叫做**接受洗禮**？並不只是一個人浸在水裡面的一個儀式。受洗真正的涵義，是潔淨內在的一個過程，也就是心裡因相信神而完成潔淨手續，然後才能**領受聖靈**到內心來做因義成聖的工作。

這四扇門，在我們心靈與神的互動中同時完成，其中包含了經歷救恩的行動跟過程，所以叫「因信稱義」。

▶救恩的關鍵：從因信稱義到因義成聖

接下來就來介紹引入聖靈到我們的內心，兩個重要觀念及其步驟：

(1) 因信稱義，是神的恩典：因著信靠耶穌基督來到神面前，成為「得救者」；藉著經歷神而領受聖靈。

(2) 因義成聖，是基督徒的責任：因著聖靈帶領與神同行，成為「得勝者」；藉著持續經歷因信稱義而完成使命。

信徒因信稱義而得了一個新生命以後，在恩典之下，難道就可以繼續跟以前一樣犯罪嗎？聖經的回答簡單又堅定，「斷乎不可！」

「我們在恩典之下，不在律法之下，就可以犯罪嗎？斷乎不可。」（羅 6:15）所以信徒因信稱義以後，就要藉著聖靈的帶領，走上因義成聖的道路。

什麼是「**因義成聖**」？就是為了我們的信仰願意付代價，因而不斷改變生命的一個過程，也因此得以遠離犯罪、活出神的恩典。

「因義成聖」的經文，在新約有類似的或有這樣涵意的經文如下：

「求你用真理使他們成聖。你的道就是真理……我為他們的緣故，自己分別為聖，叫他們也因真理成聖。」（約 17:17-19）

「我因你們肉體的軟弱，就照人的常話對你們說，你們從前怎樣將肢體獻給不潔不法作奴僕，以至於不法。現今也要照樣將肢體獻給義作奴僕，以至於成聖。」（羅 6:19）

「你們中間也有人從前是這樣。但如今你們奉主耶穌基督的名，並藉著我們神的靈，已經洗淨，成聖稱義了。」（林前 6:11）

圖 3-2-2 中一個很重要的差異是，**圖中左半段的「因信稱義」**，是信徒由不信神到信神的一個出自於神作為的過程；**右半段的「因義成聖」**，則是回歸到信徒本身的責任，也就是上

圖3-2-2 因義成聖：持續因信稱義，不斷改變的生命

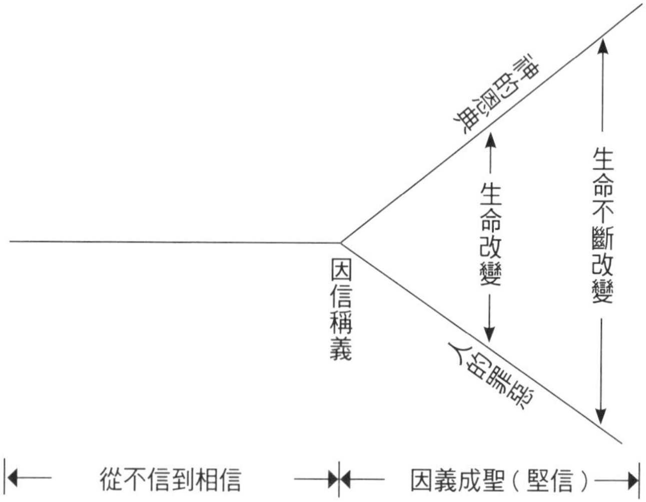

述所強調的，信徒是要付代價的，因義成聖是一生的過程，在其中要守住兩個原則：「清潔的級別」和「不進則退」。

(3) **清潔的級別**：世界上清潔的級別標準大致為二，乾淨或不乾淨，但聖經的舊約和新約皆提到，人的心靈清潔卻有三個持續進階的過程：「汙穢（罪惡敗壞）、潔淨（世俗良善）、聖潔（神聖敬虔）」。而我們之所以要聖潔，是因為神是聖潔的。

當一個人因信稱義了，會從汙穢晉級到潔淨。在我的觀念裡，悔改並非一生只有一次，而是在做了基督徒以後，因為經常認知到自己仍在犯罪，所以願意時時回到神面前認罪悔改。也就是說，第一次認罪悔改指的，是神把我們原有從亞當遺傳的「罪性」都一筆勾消。但成為基督徒之後，原有的「罪行」（舊有的惡習），還是得藉由一次次的悔改禱告，來得到神能力，幫助我們脫離「惡習」。

站在神的角度，祂不只希望我們止於潔淨，更期盼看到基督徒臻於聖潔這個最高級別，只不過人不可能跟神一樣到達至善，邁向聖潔其實是一個持續不斷的提升過程，而且不進則退。無論是在舊約或新約時代，成聖道路都是一個不斷向上提升的過程，必須慎防墮落回罪惡污穢當中。

聖潔不是一個名詞，而是促使基督徒道德向上的動力，我們積極邁向成聖的道路，並不是為了證明個人的信仰造就有多高，而是有鑑於當前物質世界和道德水準的日趨腐敗，身為基督徒的我們若是不如此行，恐怕不知不覺中就會被世界牽著走，甚至轉而敗壞。

(4) 不進則退：自始祖犯罪後，世界也因人犯罪而敗壞（創 3:18），世上所有事物除非有外力的介入，都有自然退化的傾向。隨著時間的過去，會從有次序變成沒有次序，這不進則退的原則也包括了我們心靈的狀況，所以我們在成聖的過程中，要靠著聖靈向上推動的外力。我想強調的一個重要觀念仍是：「人的心靈也是會越來越腐敗，所以需要聖靈的外力介入才能成聖。」

藉由圖 3-2-2 的呈現便可以知道，一個靈命不斷上升的信徒，並非對自己生命狀況感覺良好，反而是在聖靈光照下越來越看清楚自己內心的犯罪感，所以越來越需要神赦罪的恩典，如此方能產生源源不斷生命改變的動力。就如保羅在〈羅馬書〉7 章中所敘述與罪掙扎的經歷：

> 「因為我所作的，我自己不明白。我所願意的，我並不作。我所恨惡的，我倒去作……故此，我所願意的善，我反不作。我所不願意的惡，我倒去作……我真是苦阿，誰能救我脫離這取死的身體呢？感謝神，靠著我們的主耶穌基督就能脫離了。這樣看來，我以內心順服神的律。我肉體卻順服罪的律了。」（羅 7:19-25）

因義成聖的得勝者，是在基督裡得以自由的！至於為什麼聖經對因義成聖這麼看重呢？

原因是，很多自認為信了神的基督徒，實際上並不願意付代價，只想跟耶穌維持泛泛之交，猶如半調子的信徒。這些人以為，只要信奉某些真理和選擇性的遵行耶穌命令，加上開口閉口都是屬靈的術語，就可以得永生。

如圖 3-2-3 所示，這些不願付代價的基督徒，在圖左的第一類，我稱之為「世俗的基督徒」。世俗基督徒不願意去做因義成聖、為信仰付代價，在他們的信仰中除了信基督之外，還保留既有世俗的思想行為，本質上就像本文一開始提到的：恩典福音的宗教「跟隨者」。

圖3-2-3 因義成聖而成為得勝的基督徒

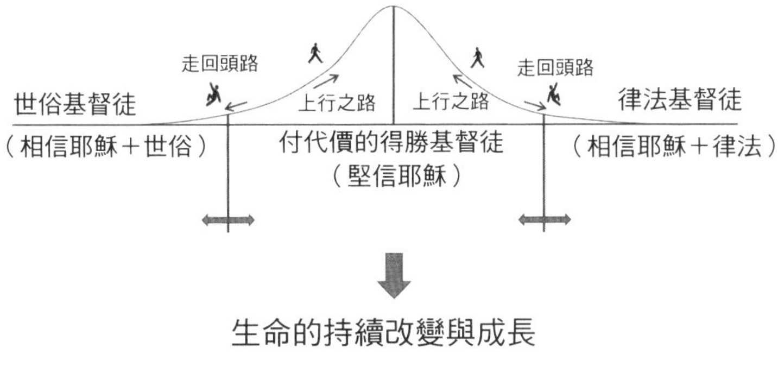

圖右的第二類，我稱之為「律法基督徒」。他們雖然在宗教上努力付代價，但唯獨不願意獻出自己的心。這類信徒把基督信仰視為宗教律法，很會做敬虔事，內心卻不是敬虔人，在他們的信仰中，除了信基督，還包含要遵從律法規條。

以新約裡的尼哥底母為例。他是猶太教的一個老師，也是一個律法師和領袖，如同當今許多信徒一樣過著合乎聖經教導的生活，他們禱告、敬拜、查經、教主日學，也奉獻、聚會、禁食，幾乎做到了所有基督徒該做的事情，卻不曉得到頭來可能完全與耶穌無關，因為生命並沒有改變。

並未活出真正成聖的生活，所以尼哥底母外表看起來一切都很好，內心卻不踏實；儘管按照律法而行，還是沒有屬靈的生命，因而在夜裡來見耶穌時問說，他要怎麼做，才能夠得到永生呢（約 3:1-3）？

因此理想上，一個剛到教會信主的人，應該被告知這是永生神在他的內心動工的開始，慢慢從「因信稱義」到「因義成聖」，藉由生命的不斷改變，學習活出神最初造他的形像與樣式。如此一來，方能在信仰中走向上行之路，攀向越來越難的高度，透過堅信耶穌，做一個不斷得勝的基督徒！

為了達到這樣的願景，教會最需要做的就是，幫助信徒學會在祈禱中，直接與這位三位一體、超自然造物主的神做深度的交流；同時也要開始有系統的研讀神話語的聖經，這是神對全人類的啟示。

有關神、個人及教會之間，相互的作用及關係如圖 3-2-4。圖的上半部上行字：三位一體的神伸手施行拯救：神賜信仰。因為人是有靈的活人（創 2:7），所以人有靈命的需求（或能力）。當人在地上看得見的生活中被困，或因看不見的內心渴望而不得其解時，就會切換思路，從看不見天上的靈命世界中求援，過程中有兩個截然不同的路徑：

一、人要宗教：自古以來，不信神的人，有千百種自己解決靈命需求的方法，但又千篇一律以「利己」為出發，主導出以偶像崇拜為依歸的宗教形式，差別只在於，不同的時代背

圖3-2-4 基督福音—國度教會—信仰得勝者

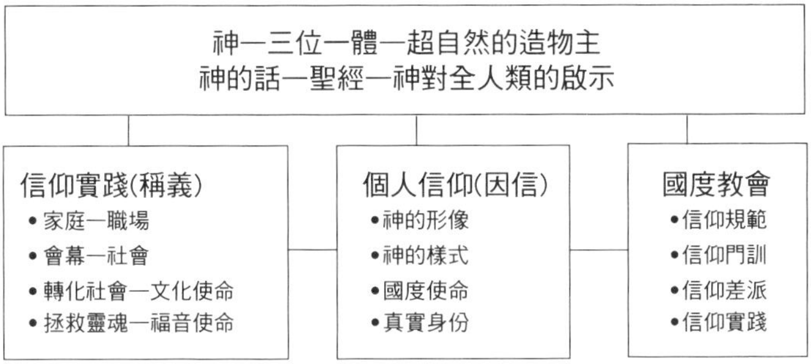

景、不同的種族文化之下，產出的偶像不同，例如新約時代的猶太教，就是宗教在「形」一例。

二、神及整本聖經都一致的啟示——因信稱義：是神拯救並幫助那些個人願意與祂同在。圖的上半部下行字：聖經—神的話語：鼓勵大家要讀聖經，不是被動地跟著教會的讀經形式走一遍，而是要深思對個人的啟示是什麼，進而在生活中應用所讀。每天不一定要花很多的時間，但要持之以恆，以達到加乘的效果。

我之所以作此呼籲，是因為發現很多人讀過神的話，卻沒有任何改變，關鍵就是沒有將所讀、所思，轉化為信仰的實踐，應用到生活各面向。而人們之所以沒有如此做，一方面是不注重牆外信仰的實踐，另一方面是因為個人不情願在做出實質改變中付代價。

因此勉勵信徒們，不要只做神話語的讀者或聽者，而是要做實踐者；因為祇有在信仰實踐的過程中，你才能體悟到神造你個人的國度使命，以及真實的身份。

圖 3-2-4 的下半部中框：個人信仰（因信）：

這是指個人與神的關係，跟組織群體的宗教及宗教活動無關。這是個人和創造者的直接連結，因此要專注與祂建立親密關係，從而始終保持對祂的信靠。

從框框裡面的文字可以看見，神有一項特別的任務交給你，對你有特別的旨意，這就是祂造你的目的。在神的永世計畫中，在一個特定的時段、一個特定的地點，神要呼召你去做一件事與祂國度有關特定的事，你是最適合的人選，一生都是為此獨一的使命在做準備而活在世上。信仰的內涵並非千篇一律，也不是每個人都一樣且扮演著同樣角色。

所以，在對的時間、對的地點，神在你的內心動工時，你就要勇敢的正面回應，祂就會在你內心啟示正確的步驟，引導你如何付諸行動。如此，便可慢慢認知到自身的國度使命以及真實的身份，並且一步步邁向為祂事奉的人生。

圖 3-2-4 的下半部左框：信仰實踐（稱義）：

個人信仰：因信，是個人對超自然求告對象（神）的信念或信心；也就是信耶和華伸手施行拯救。真正的信仰必然帶出落實的行動，實踐地點就是在信徒生活的各方面，像是家庭、職場、祭壇、社會……。

信仰實踐：稱義，必須在與神同工同行中，順服神的旨意並遵照神的方法去行，因而潛能被激發，以超越世上情、理、法限制的能力走出困境，投入戰場與仇敵爭戰，在地上打勝了一場屬靈的爭戰。在執行轉化社會的文化使命及拯救靈魂的福音使命中，把撒但從亞當所竊取的治理權柄奪回來（太 12:29；可 3:27）。

如此的信念及行動，我稱之為信仰。信仰是關乎群體，也是個人的，而實踐信仰身份改變的過程稱為因信稱義——活出因信稱義的信徒是先求神的國及神的義，一切以神的旨意為優先。人有信仰在於神賜聖靈的「恩典」。

▶國度教會，對信徒個人信仰的規範、門訓、差派及實踐

每個信徒都應隸屬一個有國度胸懷的教會，並在其中按照神給的恩賜忠心，良善的事奉：「為要成全聖徒，各盡其職，建立基督的身體……百節各按各職，照著各體的功用，彼此相助，便叫身體漸漸增長。」（弗 4:12-15）在教會中信徒有雙向的功能——積極事奉付出，也在其中得到造就。

信仰規範：耶穌之所以在地上建立教會，是藉著群體聚集來加強信徒個人信仰的使命化，以及將個人的信仰具體化、集體信仰的規範化——崇拜、團契、教導、活動、特會、管理、領導等等，以裝備信徒將生命全然獻給神的過程中，去完成在世界上的使命。

信仰門訓：提升每位基督徒，使其按照個人異象及恩賜，做雙職事奉（聖俗合一：信仰＋職場）的重點栽培，裝備他們成為門徒的實操訓練過程。

信仰差派：門訓結業後就要勇於差派出使徒團隊、教牧團

隊、企業宣教士、營商宣教士，自本地開始，再到近地、遠地做近文化以及跨文化宣教，藉此完成「轉化及救贖」的使命，以奪回世界的管理權，「在安提阿的教會中，有幾位先知和教師，就是巴拿巴，和稱呼尼結的西面，古利奈人路求，與分封之王希律同養的馬念，並掃羅。他們事奉主，禁食的時候，聖靈說，要為我分派巴拿巴和掃羅，去作我召他們所作的工。於是禁食禱告，按手在他們頭上，就打發他們去了。」（徒 13:1-3）效法安提阿教會：關心國度、差派至好、向外拓展。

信仰實踐：鼓勵並跟進每個信徒，不論身在家庭、職場、教堂及社會中，都要隨時隨地活出內心的信仰，在地上活出天國的見證者。

綜而言之，當今教會應當教導信徒的，是一個整全的基督福音，讓信徒明白到，我們信神是為了完成祂在我們身上的旨意，藉此成為一個信仰的得勝者，而不是成為一個宗教的跟隨者。

【反思與討論】

- 請寫出本單元的主題與重點是什麼？並分享本文讓你印象最深刻或最啟發的部分。
- 你從信主受洗後，每天花在讀經禱告有多少時間？接受過那些信仰的進深課程？
- 請列出如何從「因信稱義」，進深到「因義成聖」，成為信仰得勝者的具體作法？

3-3 教會管理體制的健全：從教牧團隊的牆內管理，到使徒團隊的牆外領導

前兩篇文章（3-1、3-2）講到了為了要打造出一個新皮袋，除了教會的定義、福音的定義要修正以外，還有教會管理的制度也要健全。

我會這麼說的原因是，過去的傳統神學院和聖經學校大多只專注培養出牆內的牧師和教師，不夠全面性培育牆外的職場使徒和先知，加上對於「全職事奉」的定義過於狹隘，僅限於神職人員，因此限制了新皮袋使徒團隊的建立。

▶教會的管理體制及領導次序

一位知名的美國神學家公開坦承，當今仍有多數教會並不了解，教會領導階層「使徒團隊」的五重職務。原因是，這些牧師在受教於神學院時，老師告訴他們的觀念是，今日教會仍然需要傳福音的牧師和教師，至於使徒和先知，早在第一世紀後就中止了，也就是當今已經不需要這樣的職務了。

在這樣的教導之下，教會長期以來並沒有按聖經的指示來建立管理體系。目前以傳福音的牧師和教師主導的教會，並不承認及認可在職場使徒和先知在教會中的領導地位，進而導致

教會在領導能力方面的缺失，陷入管理的內捲混亂中，日趨舉步維艱。

反觀初代教會，雖然面臨內憂（資源不足）外患（羅馬逼迫），但在承認使徒和先知恩賜及權柄是教會根基，並接受他們的領導下，反而得以前撲後繼、不斷向外轉化社會及拯救靈魂中擴張境界。短短幾十年間，福音便遍傳猶太全地、撒瑪利亞、亞細亞，再到歐洲各地。可惜的是，這個合乎聖經教導的教會管理架構，因為宗教制度化而逐漸被忽略。

在此，且讓我們藉著初代教會先驅保羅在書信中對當時教會的教導，協助今日的我們學習如何優化並健全教會的管理及領導體制。

(1) 神賜個人恩賜，裝備聖徒：「我們各人蒙恩，都是照基督所量給各人的恩賜。所以經上說，他升上高天的時候，擄掠了仇敵，將各樣的恩賜賞給人。」（弗 4:7-8）

保羅引導我們，在耶穌升天的那日，為了幫助門徒以及今日的我們打贏這場屬靈的爭戰，耶穌做了兩件事：(A) 擄掠了仇敵撒但，給予致命的攻擊，以自己身體的復活，打破了牠以死亡轄制人的權柄。(B) 將各樣的恩賜賞給並裝備願意跟隨祂的信徒。而且還藉著使徒保羅，　示了祂所定的教會管理體制及教會的根基。

「他所賜的有使徒，有先知。有傳福音的。有牧師和教師。為要成全聖徒，各盡其職，建立基督的身體……連於元首基督。全身都靠他聯絡得合式，百節各按各職，照著各體的功

用，彼此相助，便叫身體漸漸增長，在愛中建立自己。」（弗4:11-16）

(2) **按才授職，分工授權**：保羅也指出，耶穌又告訴這些得著恩賜的信徒，要以各自領受的恩賜在教會中從事兩個不同層面，卻又是互補且必要的事工：

領導層面：由有使徒、先知恩賜的主導；對外拓展，具備轉化所必備的處應變、定方向的能力。

管理層面：由有牧師、教師恩賜的主導；對內牧養，具備培訓所需要的帶對人、做對事的能力。

譬如，初代教會彼得、約翰，他們既是使徒（領導者）也

	管理者—執行力	領導者—影響力
主要專注	管理任務	管理改變
如何取勝	除本能、專業知識及經驗外： (1) 如何帶好人→激勵人——魅力 (2) 如何做對事→執行力——動力 (3) 如何得信任→感召力——德力	除本能、專業知識及經驗外： (1) 如何定方向→區分力——眼力 (2) 如何處應變→膽識力——魄力 (3) 如何守原則→誠信力——德力
可能行業	各行業中有各級經理人恩賜者： 經理、總監、副總裁、營運長、傳福音的牧師、教師	各領域中有領袖恩賜者： 總經理、總裁、執行長、董事長、企業家、創業者、使徒（君王）、先知（先見）
在球隊中	場內的隊長	場外的教練

是牧者、長老（管理者）（彼前 5:1；約貳 :1）；巴拿巴、保羅既是先知（領導者）也是教師（管理者）（徒 13:1）。

另外，無論是舊約的摩西、撒母耳、大衛等人，到新約耶穌的典範，我們也看到，有許多神的僕人同時具備君王、先知（領導者）和祭司、教師（管理者）的職份——這也是聖經神學要我們學習效法的重點。

無論是管理者或領導者，能力和責任都是神給的，不可也無須強求。而教會領袖最主要的責任就是成全聖徒，幫助各自具備領導者和管理者恩賜的基督徒們能夠各盡其職，並得以在建立基督的身體中，完成耶穌託付給我們的兩大使命！

保羅強調，猶太人及外邦人都是教會的肢體，以及使徒和先知的領袖地位，「因為我們兩下藉著他被一個聖靈所感得以進到父面前。這樣，你們不再作外人，和客旅，是與聖徒同國，是神家裡的人了。並且被建造在使徒和先知的根基上，有基督耶穌自己為房角石。」（弗 2:18-20）

講完了屬靈恩賜後，保羅認為建立一個合神心意的管理體制是必要的。根據以上經文，耶穌在升天，賜予信徒恩賜，並差派聖靈之後，就把建造教會的任務交給了使徒和先知所領導的團隊。

耶穌仍然與我們同在，祂永遠是教會的房角石。房角石使得使徒和先知所領導團隊的根基穩固。

「你們就是基督的身子，並且各自作肢體。神在教會所設立的，第一是使徒。第二是先知，第三是教師。其次是行異能的。再次是得恩賜醫病的。幫助人的。治理事的。說方言的。豈都是使徒嗎？豈都是先知嗎？豈都是教師嗎？豈都是行異能的嗎？」（林前 12:27-29）

(3) **使徒團隊，各盡其職**：如果對教會中屬靈的領導次序有所疑問，只要查考林前 12 章就可以明白了！在這一章中，使徒的恩賜雖然與其他的屬靈恩賜並列，但在 28 節特別明確了領導的次序——此乃不是按著級別，而是按著屬神的次序。

由此可知，教會若不承認使徒和先知的領導地位，就無法期待所行的一切符合神起初設計的智慧。

圖 3-3-1 這張象限圖非常重要！我在教管理課程的時候，

圖3-3-1 從神賜個性發現個人的職份和位份

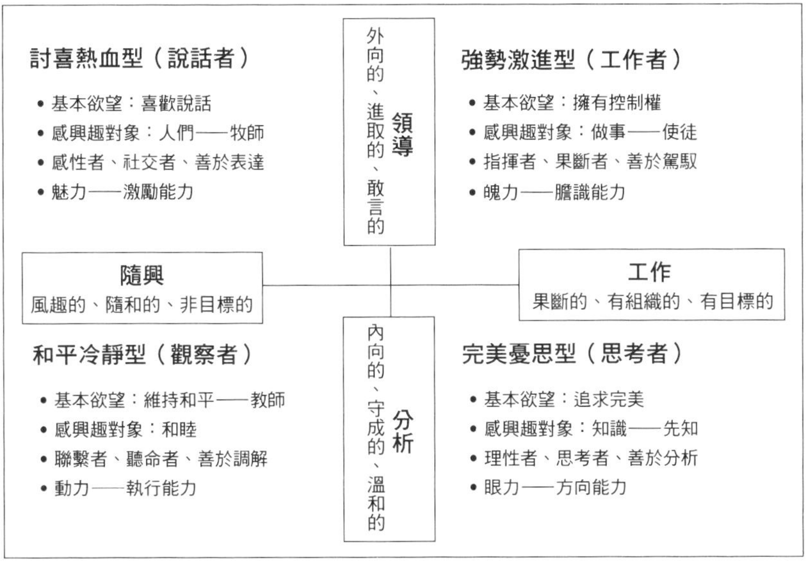

經常使用這張圖來做個人的特質說明，非常的實用。這張分為四個象限，說明了一個人做哪類的工作會更有熱情。

上左的討喜熱血型是對人有興趣，在世上是做銷售或服務的人，在教會的話則是適合做牧師；右下的完美優思型喜歡知識、做研發，所以通常會當老師、教授，在教會則是一位教主日學老師。

右上的強勢激進型是對事有興趣，這個人喜歡向外做拓展，渴望擁有控制權；左下的和平冷靜型，擅長做守成的工作，以和睦為主。

一般來說，我們大多是四個類型的綜合體，但以強度的排序來說，還是會有一或兩個特質比較佔主導位置。

每個信徒都應該同時有使徒、先知跟祭司的身份，但又因神給的個性不同而會做不同的工作。而無論是做事或屬靈服事，我們都要先知道自身的熱情所在。

「討喜熱血型 + 強勢激進型」，他就變成是一個領導的人，在世上適合作行銷或是服務行業的總經理、CEO；在屬靈層面，這一類人就是使徒的職份，假使一個主任牧師有這樣的特質，也可以變成屬靈使徒。

「討喜熱血型 + 和平冷靜型」，他就變成是一個銷售人員，最多做到銷售經理；對於牧師來說，可能他就適合作牧養工作，但做不了主任牧師。

「完美優思型 + 強勢激進型」，他就變成一個高科技的或者是製造業的 CEO；在屬靈層面變成是使徒及先知，因為有思考的能力又有魄力和膽識。想想過去神使用的先知，哪一個沒有魄力？他們都是寧可冒著被國王殺的風險仍要講出真話。

「完美優思型 + 和平冷靜型」，他就變成一個工程師或者軟體開發師，最多做到一位部門小經理，或是一個安於在學校教書的教授；在教會裡，他可能是一個很好的主日學老師，但不會變成先知，因為沒有膽識的能力。

四大象限的上方，討喜熱血型跟強勢激進型，兩者共同點是偏外向的、激勵的、重拓展的，所以適合擔當領導的職份；反之，象限下方的和平冷靜型跟完美憂思型，則是偏內向的、溫和的，但也是善研發的，雖然很會分析事情卻不敢做決定。

以左右兩邊的來區分，左邊的討喜熱血型跟和平冷靜型，都是對人比較有興趣，做事情的方式也比較隨興而非目標導向；右邊的強勢激進型跟完美優思型，則是對做事比較有興趣、態度果斷並且目標導向。

從這四張表可以看出，每一種個性特質都各有優缺點。

(1) **討喜熱血型**的人（感性），在與人的互動中產生能量及滿足，善於擔任第一線與客戶接觸的工作，對人很有熱情，比較能夠鼓舞和振奮別人，所以魅力十足；缺點就是比較重感覺，很容易分心、缺乏注意力及執行力。

(2) **強勢激進型**的人（強勢），在接受挑戰中激發能量及滿足，天生喜歡當領導，善於給出明確方向和指令，特別能做危機處理的工作，而且通常決定都是對的，也因此建立起個人的權威和說服力；但一體兩面，缺點就是容易驕傲、沒有同情心，有時還會過度公義。

很多的優秀企業家之所以成功，通常是因為具有強勢激進的特質，但在屬靈層面來說，若要成為被神使用的職場使徒，還要對人有興趣，補強同理心這一塊，方能用生命影響生命。

(3) **完美優思型**的人（知性），善於思考和分析，在滿足好奇心中激發能量，是個有眼力的人，所以追求無形的願景和價值，適合當科學家、工程師、研發、會計、教授。缺點是因為太過重視細節，常常會挑剔自己跟別人，加上缺乏自信心，所以容易罹患憂鬱症。

從屬靈層面來說，此一特質的人假使又具備強勢激進特質，一些弱點被補齊，那就真的可以成為一名先知；如若不然，當教主日學老師會很適合。

(4) **和平冷靜型**的人（和諧），尋求安逸及跟隨既有的是主要的需求，個性比較不求出頭，加上對人有興趣，所以適合做他人背後的支持者，個性上也比較安於現狀、守成。缺點就是優柔寡斷、散漫、缺乏進取心。此外，越是和平冷靜型的人就越慈愛，但過頭了就變成婦人之仁。以不同的人格特質而言來說，強勢激進型的人是「馬性基督徒」，和平冷靜型的人就是「羊性基督徒」。

▶初代教會的領袖

利用這四大特質，我們來簡單解析一下聖經人物保羅、彼得和約翰，幫助大家更加認識他們。

第一位保羅，他一定不是和平冷靜型的人，因為他勇於爭戰，但他對知識著迷，所以才能夠把耶穌講的道，這麼有條理

圖3-3-2 討喜熱血型：對人有興趣／魅力

職　場	
天生角色	有創意的人
適合工作	多樣性、能夠與人互動、富有創意空間的工作
工作才能	外向的天性 1. 善於擔任第一線與顧客接觸的工作 2. 負責製造熱情和興奮氣氛 3. 能鼓舞和振奮他人
工作性向	可成為任何團隊的資產，但易分心忘東忘西
表達風格	是相當幽默的
缺　　點	重感覺、容易分心、缺專注力、執行力弱
領導模式	
個　　人	魅力——激勵能力
企　　業	人脈領導力——牧師（祭司）

圖3-3-3 強勢激進型：對事有興趣／魄力

職　場	
天生角色	領導者
適合工作	當酋長，天生有坐上領導位置的傾向，總是在找下一個挑戰
工作才能	激勵別人行動 1. 掌控工作計畫、維持生產力 2. 有驚人能力很快權衡當前情況發出明確指令 3. 可解決當下問題，並讓組員看清有利團隊之處
工作性向	在處理危機上有獨特天分，當機立斷有所作為且通常是正確的
表達風格	天生的言行舉止就滿有權威和說服力
缺　　點	易驕傲、缺同情心
領導模式	
個　　人	魄力——膽識能力
企　　業	應變領導力——使徒（君王）

圖3-3-4 完美優思型：對知識著迷／眼力

職　場	
天生角色	善於思考和分析的人
適合工作	理性思考以及有條理計畫
工作才能	長遠理性思維：對所做的事有夢想，非常強調無形的願景或價值，適合做科學家、策略者、工程師、研發、會計或教授的工作
工作性向	對別人過度挑剔，要求每件事做到盡善盡美
表達風格	很精確、很坦誠、因為想把事情做對
缺　　點	重細節、令人遙不可及、缺自信心
領導模式	
個　　人	眼力——方向能力
企　　業	策略領導力——先知（先見）

圖3-3-5 和平冷靜型：萬事和諧先／動力

職　場	
天生角色	做別人的支持者
適合工作	調解者
工作才能	有鎮定的天性 1. 很容易找到中道 2. 在混亂中保持平靜 3. 對負面的情境不致有過度激動的反應
工作性向	不遵守紀律和優柔寡斷的表現
表達風格	開朗而可信，語調一貫而穩重
缺　　點	太過低調、較散漫、缺進取心
領導模式	
個　　人	動力——執行能力
企　　業	執行領導力——教師

地變成神學給我們讀；同時他也是強勢激進的，最明顯的例子就是，信主前迫害基督徒不手軟，信主後則是再難的事情也去做。

此外，他還具備討喜熱血型的特質，因為能夠感召路加、西拉以及帶出提摩太、提多跟他到各教會去傳福音，所以可說是三種特質的綜合體。

第二位彼得，雖然看起來沒有對知識非常著迷，是個直來直去的人，講的也是簡單的道，卻很擅長與人互動，所以是討喜熱血型，另外因為強勢激進型的個性，他成了最敢問耶穌問題的門徒，所以才會在聖經裡看起來像是被耶穌罵最多的大弟子。耶穌升天後，更勇於創建耶路撒冷教會及遠赴羅馬宣教。

第三位約翰，他是完美優思及和平冷靜的綜合體，約翰很有知識且善於思考，所以才能陸續寫了〈約翰福音〉、〈啟示錄〉、〈約翰一書、二書、三書〉，但大家有沒有注意到，福音書裡面雖然有他強悍的一面的記載，但卻較少提到約翰，我想多少也是因為他低調的個性，也就是說他是一個隱身幕後的「暗的使徒」。

由此可見，特質無高低好壞之分，關鍵還是在於，如何把各種特質搭配得恰到好處或截長補短，使其發揮最好的綜效。

所謂的按才授職、分工授權，就是能夠依據神所造我們的先天氣質，來選擇合適的工作，即使是在教會服事，這也是一個很重要的參考。對於教會牧長或是公司的企業家來說，更是一個很重要的用人參考指標。

至於為什麼我們需要先知和使徒來做帶領？為什麼教會

管理制度要健全？原因就是唯有訓練出更多使徒和先知，才有基督精兵可以到教會外面做多元性的宣教事工，幫助教會把福音從牆內傳到牆外、從有牆到無牆。

疫情之前，我在做的職場宣教也是定點定時的，每年固定跑幾個國家及城市，體力上頗為負擔，在第三本書《雙職事奉》中，不斷疾呼眾教會要從牆內走到牆外、從有牆轉成無牆。沒想到幾個月後，因應疫情的隔離政策，我開始實際地親身展示如何從牆內走到牆外、從有牆轉成無牆，也就是直接透過線上講座的方式來進行教學及事奉。

在神的計畫當中，福音的傳揚則分為兩條觀點路線，一是牆內專注的「地方堂會觀」，一是牆外專注的「國度教會觀」。

■地方教會觀：牆內的基督徒領袖，教牧團隊的管理

- 可能偶爾出外宣教，但本質上，以專注於當地教會牆內的事工，或進行單一教會的服事。
- 祭司及牧師職份的呼召，用魅力帶對人、用動力做對事。
- 管理型的適合做守成的職份，在信徒中屬於主體。

■國度教會觀：牆外的基督徒領袖，使徒團隊的領導

- 向牆外拓展新事工、在職場及社區建立基督的肢體以影響社會，或進行跨教會、機構、地域及跨文化的服事。
- 使徒及先知職份的呼召，用眼力鎖定方向、用魄力應變。
- 領導型的人物，適合做拓展的事工，在信徒中屬少數。

若再以「羊」和「馬」的動物特性來比喻人的個性（非屬

性），以上兩條觀點路線所適合的人選，就昭然若揭了。

如圖 3-3-6 所示，「馬性基督徒」的個性則較為強勢激進、願意接受挑戰，有較強的主導意識，並且具備獨當一面的開創及拓展能力，就算沒有擔任什麼教會領袖職務，通常也會在教會外的社區或職場扮演著舉足輕重的角色，因此適合國度教會的領導事奉。

圖3-3-6 職場宣教：從牆內延伸到牆外

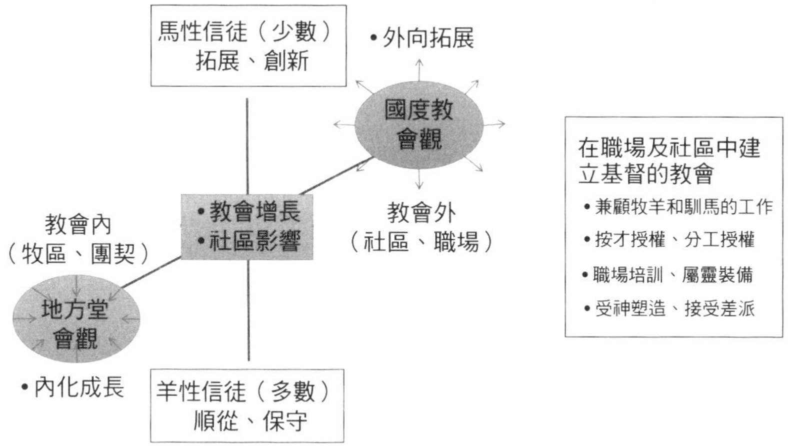

相較之下，「羊性基督徒」的個性偏向和平冷靜、看重歸屬感及守成，所以注重群體意識，並參與在其中受益，聽話也比較順從教會牧者的教導，是教會的忠心會友，因此比較適合地方堂會裡的服事，甚或在當中作為管理者。

具備國度觀的牆外基督徒領袖，相較於教會觀的牆內基督徒領袖，通常更具備君王職份的呼召，並且適合投入拓展型的事工。但無論是前者還是後者，謙卑、誠信的德力及犧牲、順服的靈力，都是一個最基本的必備條件。

同時我也認同，馬性基督徒確實不好管。他們勇於爭戰、喜歡領先推動一些事情，也很有自己的主見，他們是意見領袖（opinion leader），至於如何將這些原本是「敗事殺手」轉化為「成事幫手」，請參考我寫的第一本書《贏在扭轉力》魅力篇之六。

但在尚未被馴服為駿馬之前，常令牧者和會友們感到頭痛。再加上，他們作為職場領袖，常依靠自身能力和經驗多過於依賴神，對付他們的自我中心和驕傲，最好時機就是當他們面臨重大生命或工作挫敗時。

牧者可以藉機轉化這些不怕爭戰、原本靠力大跟腿快的馬性基督徒，成為敬畏神和盼望祂慈愛的人（詩 147:10-11）。意思就是說，牧養馬性基督徒最好的時候，是在他走到盡頭、需要全然依靠神的時候。

以彼得為例，如果不是三次不認主之後，又看到耶穌被釘十字架，心裡感到極度愧疚，他也不會謙卑回轉向神；保羅亦然，神為什麼要他三天看不見？目的就是要讓他發現靠自己已經沒辦法了，他才會心甘情願順服於神。

彼得和保羅的例子也證明了，這些具有國度觀的馬性基督徒，只要經過神的親自教導，並且經歷過一番屬靈歷練，他們向外推展福音的潛力非常驚人，所以，〈使徒行傳〉就是他們兩位馬性基督徒的「行」傳。

我無意比較「具教會觀的羊性基督徒」和「具國度觀的馬性基督徒」，兩者之間的優異，因為在神永世計畫中，他們都同樣重要；我也不鼓勵信徒們憑自己的喜好來做選擇，因為每個人都是出於神的獨特創造。神所喜悅的，是勇於順應秉性、還原本質地活出自己「唯一」命定的信徒。

另外，特別要提醒當今教會牧長們的就是，教會的長期發展及持續增長不能只靠「羊性基督徒」，與其害怕「馬性基督徒」的挑戰威脅、一心期許他們變成教會裡的乖乖牌，不如以耶穌為榜樣，學習是良善的牧羊人之外，還要成為一位優良的馴馬師。

「人的盡頭」對牧者來說就是一個好時機，要抓住這個時候帶領馬性基督徒進行生命轉化，讓神親自塑造他們成聖，但在教導的過程中，避免用指責或貶低的方式，以免適得其反，激發馬性基督徒的反抗心理。

藉著雙職事奉的培訓，當「馬性觀基督徒」從教會的搗亂者，在靈命上一步步被提升為教會牆外事工的好幫手，教會內又有一群「羊性基督徒」在牆內穩定固守，內外並重之下，教會必能得到大幅度增長。

我想再一次強調的是，聖經告訴我們，神賜信徒有祭司做牧養、先知做教導、君王做管理的職份及恩賜，所以一個健全及能夠不斷成長的教會或機構，應該是由這三種職份所組成的，並且門徒們各盡其職，建立基督的身體—教會。

但實際上我們卻看到，有些神學院及教會因為太過專注祭司的呼召，而忽略了君王職份人才的培訓，以至於「具國度觀的馬性基督徒」感覺自己被拒於教會的主流事工之外，以致反而為撒但所用。

我也實際看到，有些教會和福音機構高舉「聖俗論」，將教會以外的職場歸在俗的一方，以至於那些在職場表現傑出，甚至位居領導地位的馬性基督徒，反而不受到教會牧者的重視。

殊不知，若是教會認為工作的目的，主要是在追求世界上的成功，因此屬於世俗，那麼反而會讓世界上的人，將教會看作是一種宗教律法的表徵，而更加不願踏入。

其實教會牧者只要協助駿馬「行公義、好憐憫、存謙卑的心與神同行」，看見，他當前的職場影響力不單只是個人成就的舞臺，更是為神發展事工的重要據點，那麼在神的掌權之下，這些駿馬便能成為職場上的牧者或傳道人，讓教會的影響到從牆內的教會延伸到牆外的社會！

【反思與討論】

- 請寫出本單元的主題與重點是什麼？並分享本文讓你印象最深刻或最啟發的部分。
- 你所處的教會是神職專業的牆內管理？還是使徒團隊的牆外領導？讀完本文後的領受是？
- 你自認是偏向羊性的基督徒，還是馬性的基督徒？為什麼？試分享之。

3-4 全時間事奉神的導正：
從只有牧者的全職事奉，到職場使徒的雙職事奉

本文最重要的一個思辨就是要帶領大家釐清，何謂「全時間事奉」（全職事奉神）的真正內涵？

如上一篇文章所提，在當前的傳統教會系統中，只把在教會內的神職相關人員視為是在全時間事奉神，也就是在做全職事奉。但實際上，個人只要在自己的工作崗位上認定是為神而做、活出了神的形像（不欺騙、不自私、不驕傲）及樣式（有所作為），並積極見證了神的同在，藉此轉化環境及傳揚福音，亦是符合全職事奉的本質，所以在所有社會及家庭中正當的職位都可以榮耀神。所以，在此希望對「單職事奉」與「雙職事奉」的含義做些敘述。

單職＝ 1 ＝全時間在教會＝全職事奉神

雙職＝ 2 ＝工作＋教會＝全職事奉神

工作的正確定義應該是，任何人在人生任何時段及生活中主軸在做的事，就可以稱之為工作，那是人們一醒來就想到的事，但不一定與賴以維生的職場工作有關。

在此定義下，但凡職場的工作、教會的牧會、學生的學習、家庭主婦的持家、照顧嬰兒的母親、退休後的義工或教會的事奉等等，這些都是有意義的工作，所以，一個無所事事的

人，是可憐也可悲的，完全虛度了神給予的珍貴人生。

每位基督徒都應該將個人內心對神的信仰，轉化為國度使命——看不見的國度位份，並將其活出在生活的各方面（工作、家庭、教堂、社會）——看得見的世上職份，所以我把這類的「雙職事奉」稱之為全職事奉。

每位真正的基督徒也應該是宣教士，神的「大誡命」及耶穌的「大使命」是所有神的子民（基督徒）都要遵守去執行的，不是只針對牧者和宣教士的特殊呼召。而且，傳福音不應該是如此「專業」，且「目標導向」，傳福音無非是每個基督徒，不論身在何處，內心生命的自然流露，因而激發了他人內心對神的渴望，讓他人感受到你有的自己沒有，進而因為羨慕而自願跟隨你所信靠的神。所以，最好傳福音的方式是，自己不知道正在傳福音，但對方卻主動接收。

耶穌道成肉身在世上傳道的短短幾年中，也親身示範了，信仰不會跟著地點而改變，所以耶穌才跟撒瑪利亞婦人說，神是靈，要用心靈和誠實來拜祂。換句話說，只要活出心靈誠實的信仰，無論任何時候、任何場所（合法場所）、做任何事（神喜悅的事），你都是在敬拜神，所以不要急著去做傳音的敬虔事，要先將自己成為活出福音的敬虔人。

既然如此，那為什麼在工作場所中的職場不能是在全職事奉？為什麼非要在耶路撒冷的聖殿或是撒瑪利亞山上的廟會中，必須遵循一定的儀文，傳統才叫做是敬拜神？

我們都以為神只待在聖殿裡，卻忽略了神是與我們的內在同在，任何只要活出信仰的時候，神便與我們同在，所以每位基督徒都應該是移動的聖殿！

可惜的是，目前大部分的教會及基督徒仍深受何謂「全時間事奉」（全職事奉）及什麼是「宣教士」的真正內涵所誤導。

在某次分享主日信息前，我問台下聽眾 (A) 自認為是基督徒的舉手，超過九成的人都舉手。當我再問 (B) 自認是全職事奉的繼續把手舉著，只剩寥寥幾人舉手。最後 (C) 再問自認是宣教士的，一樣繼續把手舉著，這時居然沒人舉手了！

因此接下來，我們就進一步深入探討，是什麼造成會眾對「全職事奉」及「宣教士」，抱持著如此狹隘的定義？以及又是什麼原因，使得這兩個名詞顯得如此「高大上」，甚至遙不可及？

▶地方堂會的隱形屬靈規則和級別

似乎只要一旦進入到地方堂會，我們就會被灌輸一個標準化的神國價值觀——放下世俗的工作，成為「全時間事奉神」的神職人員，才是基督徒的生命「頭等計畫」。

然而，透過聖經典範人物的生命軌跡可以看到，神對你我的生命都有一個美好計畫（神國位份 + 工作職份），這個計畫因著神量給個人的不同而有差異。因此地方堂會這樣的教導，跟神在聖經中傳遞的事實，著實有所牴觸。

(1) 牆內神職，狹隘全職事奉觀：攔阻我們明白「工作就是事奉」的主要原因之一，就是傳統的地方堂會長久以來一直高唱的「全時間事奉」的觀念。

這觀念主張，為了討神的喜悅，任何信徒最終的目標就是：成為一位全時間的牧師、宣教士、佈道家、聖經學校教師、帶領敬拜的領袖，或其他「比工作更屬靈」的事奉。

因此，一個信徒若每週必須在社會上為謀生而工作四十小時，就會被視為生命是活在神為他所定的「次等」計畫中。我曾經耳聞有牧師會公開宣揚「萬般皆下品，唯有牧師高」，令人難以置信！

這些牧師的狹隘神國觀又是從何而來？想當然耳，就是從當初訓練他們的傳統神學院和聖經學校而來。

目前，以神學教育為主的神學院，和以訓練神職人員為主的聖經學校，基本上都是為了裝備在教堂內全職的弟兄姊妹，以便日後能進入地方堂會事奉。所以這些機構常會自豪地宣揚，它們存在的目的，是為了幫助學生進入神為他們所定的「頭等」計畫中，亦即全時間或正式被按立的事奉中。

(2) 牆內頭等計畫，狹隘神國觀：當這樣的狹隘神國觀被落實到地方堂會，結果就是「隱形」屬靈的規則和級別的建立，這對在職場工作的使徒和門徒們的殺傷力很大，因為在國度教會的事奉裡，是沒有階級高低之分的。

許多地方堂會領袖，因蒙召成為專職事奉者，為了興起人來跟隨他們服事眾教會和會友，好叫同工和會友也領受同樣呼召，他們常會把宣教士或牧師的專職事奉，擺在屬靈位階的最高階；在講壇信息時也只談論在教會內服事的經歷，並細數神國戰績，說自己帶出多少位的傳道人、牧師，非常引以自豪。

有時，牧者還會進一步邀請那些覺得有聽見神呼召，要他們在教會內做全時間事奉的人走上講台，接受牧者及眾人的禱告，再次公開暗示著，只有在地方堂會內的神職人員，才能服事神且值得受尊榮似的。

「在地方堂會裡才算服事神」——正是這樣的觀點，一刀劃開神職人員和門徒們的區別，甚至在地方堂會裡形成一種屬靈階級，有門徒們公開表示神職人員不友善，而且跟他們的距離很遠。

有兩個隱形的階級，錯誤地描述神的計畫，而仇敵也利用這兩個階級在基督的教會裡製造混亂及破壞。這兩個階級就是「專職或全時間事奉的神職人員」和「非專職或非全時間事奉的門徒們」。

當我們的思想觀念被上述的屬靈階級制度所影響，也就是居然神國中也有「二等或三等公民」的概念，這將對許多在地方堂會的牆外，在生命中經歷神呼召的基督徒，造成相當大的困擾及傷害。

我們必須正視到的一點是，許多職場的基督徒雖然都隸屬一個地方堂會，他們全時間事奉神的感動，卻是在地方堂會之外的國度教會中。

據我的觀察，這些人渴望在社區或職場作光作鹽，卻經常陷入挫折、無力感，懷疑自己在屬靈上的軟弱無力；也有些人在過去歲月中，一直努力想要作光作鹽，卻在教會內找不到適當的途徑，到頭來卻發現什麼事也沒發生……

究竟是什麼攔阻了他們？其實這與管理的權柄有關！

撒但擁有一個強奪的管理權，藉此控制社會，於此同時，在地方堂會的狹隘牆內思維主導下，認為主的門徒在牆外職場不應該有管理權柄，縱然有職場使徒呼召的，又未能被堂會牧者認可在神的國度教會建立次序，以至於管理權柄就更加緊握在撒但手中。

(3) **宗派林立自立門戶，狹隘神學觀**：至於為什麼職場使徒未能在神的國度教會建立次序，原因是全世界有四千多個教會的宗派都是高舉自己的神學觀，而某一堂會的使徒只代表自己的宗派，其他宗派的信徒不見得願意跟隨。

舉例來說，敬拜該怎麼敬拜，聖經該如何傳講，每個宗派常常都是我對你錯，堅持固守在各自的意識型態裡。而這不就是在耶穌時代，法利賽人和文士在做的宗教在形的事情嗎？

想一想，人們所訂出來的規條，有比摩西律法更具代表性嗎？宗派教導的觀念有比聖經更有權威性嗎？況且從神國度的高度來看，跟隨者把當時神揀選的屬靈復興領袖推崇成宗派主，自立門戶各為宗派，亦是不榮耀神的。

其實只要願意放下各自的本位主義，宗派之間採取合作態度，主的門徒便能在職場發揮更大的影響力！

若能照此方式行，各種有特色的職場使徒們所建立的國度教會，在社會裡同工，也能保有秩序，並融入社會以產生影響力。但很遺憾地，我們看到當今教會反而是拚命地在築起一層一層的外殼，尤有甚者，還懲罰基督徒說，不來堂會實體聚會的人，名字就會被從教會的名冊上剔除，實在令人難以苟同。

(4) **破除聖俗成見，建立使徒團隊**：「耶穌又大聲喊叫，氣就斷了。忽然，殿裡的幔子從上到下裂為兩半，地也震動，磐

石也崩裂。」（馬太 27:50-51）

耶穌死之前，聖殿的幔子會一分為二，就是在表明說，信徒可以個人直接跟神有交通，已經不再需要經過一個聖殿（教堂）的媒介。

此外，許多牧師在接受神學院訓練，通過正規考試並蒙召牧養教會之後，因為自認為身份特殊，通常也很難認同在教會積極服事的弟兄姐妹（可能是一位企業家或從事其他職業的工作者）可作為他們在信仰上的屬靈夥伴。

這些牧師的基本心態是，只有牆內的地方堂會才是真正的教會，只有傳統牧者是真正事奉神的，這種聖俗之分的偏見，造成很多教會馬性基督徒的受傷。

我已經不只一次聽到，一些企業界的會友或導師班成員感慨，他們在神國裡唯一的用途就是錢財供應，這使他們感到挫折及屈辱，並且缺乏成就感。

也就是說，長久以來，許多地方堂會牧者對在職場服事的弟兄姐妹（特別是事業有成的公司領袖）的期待，一直是只要他們在教會事務上，做大筆的金錢奉獻，但在教會其他面向的推動，就將他們排除在外，甚至帶有些許的防備。

其實，他們還有更多的事可做，他們也確實渴望能做更多的事、發揮更大的影響力，而不是被定位在只做金錢奉獻。

牧者若能將他們視為信仰上虔誠的夥伴，並在靈裡牧養他們，就會體認到按著神在許多事上的旨意，尤其在轉化社會的事工上，職場領袖所扮演的國度使徒角色，遠比在牆內地方堂會的使徒更具影響力。

在我目前帶領的導師班裡，就有一些正面的成功案例！導師班有多位都是非常成功的企業家，他們在尚未學習到雙職事奉觀念的時候，確實認為自己在教會是二等公民，不太敢表達意見，也覺得自己不夠屬靈，更不知道要如何來事奉神。

在接受雙職事奉的概念，以及一段時間的屬靈操練之後，他們不僅得以在牆外找到事奉神的核心事工，還因為在社會所建立影響力，協助牆內的牧師一起推動牆外事工，藉此將福音從牆內傳到牆外。

▶門徒去做職場使徒，可發揮轉化社會的影響力

雖然有越來越多牧者認可，神把使徒、先知的恩賜已賜給現今的教會，但絕大多數仍認為他們應該出自教會專業的神職人員。

(1) 職場使徒——雙職事奉的宣教士：以我所看到的美國坊間來說，已有近百本有關使徒職務主題的著作，幾乎清一色出自傳統地方堂會及宣教機構的牧者，書中仍從狹隘的「地方堂會」角度來探討使徒職務，甚少看到從寬廣職場的「國度教會」角度來探討。

曾經在分享雙職事奉的信息後，有些年輕牧者會前來告訴我，當他們有感動想要全心事奉神時，去問過幾位牧者時均被告知，想要全職事奉神，只有「先去神學院進修，再到地方堂會中委身」的這一條官方路徑。

直到聽到我的分享，並且更寬廣詮釋對全職事奉的定義

時，他們才知道原來透過「雙職事奉」形式來全職事奉神，方是他們真正的熱情及呼召所在，如今想起當年那麼認真聽信牧者的建議，真是後悔不已啊！

由此可見，就傳統地方堂會當前的趨勢來看，除非我們堅信「職場就是禾場；工作就是事奉主」，神的國度教會中有職場使徒及先知的職份，並以聖經的教導來建立教會管理體制及管理次序，否則將會繼續把教會最珍貴的人才及資源，拱手讓給撒但使用，以致於教會在面對世界，原本該是攻勢，現卻淪為守勢且在不斷挨打中，形同打一場贏不了的戰爭。

(2) 職場使徒——身在職場：時至今日，仍有不少傳統牆內專注的牧者，不相信或帶著懷疑的心態，來挑戰神會差派某些使徒及先知，進入職場的國度教會事奉。針對這一類的傳統牧者，我想邀請你們一起來反思下列這三個為什麼：

(A) 為什麼初代教會能有保羅，他又是傳道人也是織帳篷工人的雙職宣教士？

(B) 為什麼歐洲第一個信主的婦人呂底亞，她是賣紫布的營商使徒？

(C) 為什麼百基拉和亞居拉，他們是又辦企業也是牧養人的職場牧者？

難道他們在織帳篷、賣紫布、辦企業的時候就不事奉神了？他們都是雙職事奉的典範，他們就是職場使徒。那到底什麼是職場使徒？他們又必須具備那些特質呢？

職場的國度教會使徒，是指職場中的基督徒領袖，因領受神的恩賜、教導、使命和差遣，而將自己在職場的工作當作是為神而做，並在工作的各方面活出了神的形像與樣式。

與此同時，按著聖靈對眾教會所說的，在他被神指定的事工範圍中，擁有權柄建立教會基本的管理架構，並據此建立國度教會的次序，藉此促進教會的成熟與茁壯。

在這樣的概念之下，工作即是事奉，因為每位主的門徒都應該是「全時間事奉神」的職場使徒—雙職事奉的宣教士。

(3) 職場宣教——轉化社會：在公共領域服事的經驗，讓我們得以發掘那些在傳統地方堂會稱為「平信徒」身上的恩膏，進而開闢轉化職場的重要道路。而且這些被稱為平信徒，其實是主的門徒，也是神呼召去開拓職場的「職場使徒」，他們的使命就是讓職場成為敬拜神和服事人的地方。

只可惜，許多教會牧者都把職場事工視為另外一個教會活動，也就是教會額外的一個聚會而已——此一奠基於教會牆內的職場事工形式，與我長年來所倡導的牆外「職場宣教」，兩者是截然不同，因為職場宣教的唯一場景只會是在職場，主事者也只能是職場使徒，而非地方堂會牧者。

而作為「職場宣教」的使徒或主的門徒，必須具備一些共同的特質，例如正直、謙卑、聖潔、受人敬重、無可指責；也必須達到〈提摩太前書〉3:1-7 節所列的標準，以及〈哥林多前書〉12:28 所說的恩賜。

職場使徒和其他教會領導者的區別是，他們從神領受的權柄，在職場上更勝於其他人所擁有的。職場使徒在他們的使命範圍內，擁有建立神的國度教會基本管理架構的權柄；他們在職場上的事奉領域包括：家庭、企業、教育、藝術、媒體和政府等。

所以再次強調，他們都是在做雙職事奉，而雙職事奉也是一種全時間事奉神的全職事奉。

一旦在國度教會中，有人以職場使徒的身份獲得認同，他們將成為建立職場國度教會使徒團隊的人，此將直接挑戰撒但對世界的管理權柄，這下子牠可就有麻煩了！

因此我們不妨試著從神的心意來揣摩一下：神會比較認同僅有少數神職專業者，在各堂會中做全職事奉祂？還是更希望祂的所有門徒都能在社會國度中，以雙職事奉的身份成為國度的得勝者？

▶教會及神學院要教導並實踐「雙職事奉」

耶穌對教會的期許是：「轉化社會並拯救靈魂的群體」。至於要如何在地上活出天國？其中沒有提到一定要有建築物、沒有眾多人訂下的律法及宗教儀式。

今日，教會若想協助主的門徒邁向 21 世紀「職場宣教—雙職事奉」的呼召，必須要同時做到：

——鞏固牆內門徒的靈命培養及裝備。

——差派使徒拓展牆外神的國度教會，成為轉化世界的社會群體。

我知道接下來的這些提問，很挑戰到當今的教會組織及其主事者，但還是要鼓勵大家反思，目前所帶領或是自身所處的教會，採取的是什麼樣的立場？

教會是宣導將耶穌供養在教會的牆內？還是鼓勵並裝備門徒將耶穌的救恩帶出牆內、走到牆外，且積極在職場及社區中建立基督的肢體，就像初代教會一樣，讓每個小組就是一個牆外的國度教會，化整為零，不斷地倍增下去，藉此轉化社會中傳福音？

問得更直接一點：教會是不斷在牆內舉辦活動（Moment）？還是到牆外去形成運動（Movement）？

這些問題的答案背後，帶出了教會本身的定位是「地方堂會觀」，還是也同時具備普世性的「國度教會觀」？

(1) 教會的雙職事奉：地方堂會觀 + 神的國度觀。一個推動雙職事奉教會的牧者，應該關心並教導神的兒女在工作上治理管理的能力，兼具裝備門徒及差派使徒的職責。當一個牧者能將牆內看得見的掌控力，擴散到牆外看不見的影響力，也就是每個門徒在國度裡面都有事工在職場推動，以支持教會的整體福音事工持續運作。（見圖 3-4-1）

所以，教會應該要有「雙職事奉」的概念。除了關注教會牆內的聚會人數、會堂大小、奉獻多寡、受洗人數之外；更要培養適用的人才拓展牆外，進行跨教會、跨地域、跨文化等普世宣教事工，以影響社會，並將福音傳回耶路撒冷。

一個雙職事奉的教會只有在外的小組，無須執著於一定要植堂（擁有建築物）。同理，教會本身「差派」出去的宣教士，必然遠超過「支持」的宣教士。

圖3-4-1 教會的雙職事奉：地方堂會觀＋普世國度觀

地方堂會觀：牆內	神的國度觀：牆外
福音使命	文化使命
牆內活動	牆外運動
祭司專注	使徒先知
馴良鴿子	靈巧像蛇
善牧羊人	好馴馬師
堂的大小	社會影響
聚會人數	群體興盛
奉獻多寡	未得之民

雙職事奉在教會及宣教層面的典範，就屬安提阿教會，以及任何從牆內走到牆外以普世宣教為主軸，而持續成長、興旺的教會。

(2) 神學教育的雙職事奉：神國使命 + 職場命定。身為各教會神職人員的培養殿堂，我認為神學院也應該有雙職事奉擴張神國度的異象，除了培養出傳統祭司及教師職份的教牧團隊之外，還要能裝備職場使徒、君王及先知的使徒團隊，也就是帶使命的企業家，商人，以及專業人士成為職場牧者。（見圖3-4-2）

藉由神學院的裝備，協助他們可以一職專注於「牆內的靈命造就及牧養」，另一職專注於「牆外的小組建造及拓展」。換句話說，神學教育應兼顧地方堂會觀，以及神的國度教會觀，方可稱為之周全。

圖3-4-2 神學教育的雙職事奉：神國使命＋職場命定

屬靈層面：馴良像鴿	屬世層面：靈巧像蛇
神的旨意	人的靈巧
神的介入	人的回應
人的禱告	人的行動
人的信心	人的膽識
人的順服	人的努力
聖經神學	世上領導
聖經教義	世上管理
國度使命——生命	世上命定——職場

說到這裡，邀請大家想想看，我們是在牆內活出聖經的真理比較容易，還是在牆外呢？在安穩少變化的教會活出信仰比較容易，還是在變化莫測、競爭激烈的職場呢？

答案昭然若揭，當然是在牆內的教會！這也就是為什麼，何以時代在變、科技在更新，許多教會牧者還是選擇固守牆內的人數增長，甚至抗拒走到牆外……這些行為態度從某種角度來說，其實就是寧可守在舒適區，規避去做比較困難的事情。

再者，一個很重要的事實是，越是難活出聖經真理的牆外，反而越是傳福音的好地方。文明世界的職場，就是職場宣教最好的禾場，只要能勇於克服實踐雙職事奉的挑戰，相信福音就不難傳了！

此宣教模式的一百八十度翻轉，進一步帶出下列反思：

(1) 我們為什麼要把一個應該是全天候，也就是 24/7 的全民福音運動，只侷限在每星期在堂會服事時段裡？

(2) 我們為什麼要把一個原為職場而設，目標是為了轉化城市及國家的運動，侷限在四道牆裡，而不是直搗職場平台？

(3) 我們為什麼要把所謂的全職服事，僅限於受過專業訓練的「神學專家們」，卻沒有邀請眾聖徒都參與聖工，擴大他們在職場的影響力？

(4) 我們為什麼不裝備每位聖徒成為流動的聖殿，讓他們熱愛週間的日子猶如熱愛主日一樣，進而成為一個走動的信仰活見證？

【反思與討論】

- ▶ 請寫出本單元的主題與重點是什麼？並分享本文讓你印象最深刻或最啟發的部分。
- ▶ 主耶穌的大使命是去使萬民作主的門徒，你要如何回應 21 世紀職場宣教 - 雙職事奉的呼召？
- ▶ 針對作者提出有別於傳統的創新職場宣教模式，在操練門徒被差派要馴良像鴿、靈巧像蛇的功課上，你的體會和作法是？

Part 4

【職場使徒】要嘛是宣教士，要嘛是做宣教的事

耶穌說的「大使命」，不是只給牧師和宣教士，而是給每一個門徒的！

在分享自己是如何走上職場宣教的使命之前，先跟大家談談職場宣教的定義和內涵，也分享個人在這方面的一些經驗，以及「命定」對我的意義是什麼？

▶為什麼要走不同於傳統的事奉之路？

事奉神是走一條隨大流，做「錦上添花」尋常事的路？還是隨內心，走一條顛覆人為的傳統，效法耶穌，做「雪中送炭」不尋常事之路？神要我們去走一條大家都認可的尋常路？還是要我們去走一條讓你內心心動的不尋常之路？

在過往那段創業的困難裡，我開始回想自己的人生，並重新研讀聖經以做為印證，然後在神帶領走出困境之後，從連貫整全的角度觀之，我才慢慢看懂很多以前從未思考過、但神已經默默在預備的事情：

(1) 為什麼職場資歷那麼完整？我沒有最顯著的名校學歷，碩士畢業後是從初級工程師做起，一步一腳印地往上攀升。我做過工程師六年、經理人十年、總經理和總裁十二年、創業十二年，期間同時擁有美國經驗和中國經驗，後來往回看才發現，原來我的人生是有一個運行軌跡。

一路來，似乎都有神在用一隻看不見的手在推著我往前走，以便讓我在活出職場宣教的命定時刻，可以服事「每個職場階層」有需要的華人工作者，幫助他們將信仰及使命結合在生活各層面，成為一位雙職宣教士。

為什麼我特別強調「每個職場階層」？原因是從技術基層升遷到管理階層，乃至於創業的綜合經驗，讓我得以知悉且同理從底層到高層的工作者，他們各自在經歷的難處；再者，若非有這些親身經歷和肯定作為說服，也不會有人願意聽取我的專業建議。所以才說，一切似乎都早已在神的預備當中。

(2) 為什麼取得那麼多創新肯定？我的職涯之所以能有些科技成果，也有些業界榮譽和商業成就（見圖 1），不是單靠我自己就可以做得到，乃是神為了國度事工所做的預備。

正因為有這些成就，才讓我有機會接觸到「傳統宣教上，最難接觸到的一批高成就人士」，這些人當中，有各行各業的

圖1 職場成就——多方面的創新

I.科技成果	II.業界榮譽
◆ 9項全球專利 ◆ 超過30篇論文發表 ◆ 最佳產品設計獎 (Electronics, 1982) ◆ 最佳論文獎 (IEEE,1986)	◆ i-RAM之父 (Intel-Andrew Grove, 1983) ◆ 傑出校友獎 (新竹交通大學, 1990) ◆ 手機中文化之父—太極 (Motorola, 2001) ◆ Linux—智能手機之父 (Linux Device, 2004)
III.商業成就 ◆ FSRAM全球總經理：三年內全球市占率第六到第一 ◆ 亞洲通訊業務總裁：創立亞洲手機第一品牌，業績20倍 ◆ 董事長兼首席執行官 (E28 Limited)—網路公司併購	

企業家、創業者和跟高階經理人。我的使命就是，教導並鼓勵這些有影響力的人士，如何透過「雙職宣教」,「職場宣教」,「企業宣教」,「營商宣教」以及「跨文化宣教」的方式，去完成他們在神國度中的職場宣教使命。

(3) **為什麼職場操練有那麼多融合？**譬如說，我有技術與管理的融合；高科技和網路的融合；東、西方文化的融合；大、小企業的融合；美國、中國管理經驗的融合；成功、失敗經驗的融合。這些在過往四十年職涯中，神呼召我走過的融合歷程，後來也慢慢累積成為我執行命定中，必備的核心專長。

基於上述的三個看見，以及十年來的具體實踐，神給我的啟示是，看待聖經的教導，不能只守在教會牆內本位，更要從牆外「信仰實踐的禾場」的現實運作來整全。(圖 2)

圖2 生涯操練的融合，練就核心專長

從專業者到管理者	→	技術及管理的融合
從電腦到資訊界	→	高科技及網路融合
牆內活動	→	牆外運動
從東方社會到西方社會再回到東方	→	東西方文化融合
從跨國大企業到國內創業	→	大企業及小企業融合
從美國公司到國內公司	→	美國經驗與中國經驗的融合
從成功到失敗再到成功	→	成功與失敗的融合
從科技企業到諮詢企業	→	企業與宣教的融合

更重要的是，神永遠不會浪費我們過去的累積，只要遵著神的旨意一步一步地去實踐，祂給我們的恩賜、經歷和資源都將被好好利用；換句話說，當神呼召一位職場工作者要全時間事奉，並不代表那人要將職場經驗歸零，然後拋下一切轉去就讀神學院。別忘了，聖經記載著許多在神國度中，以君王管理及先知教導的職份被呼召的聖徒，所以在職場（禾場）做雙職事奉，早有先例。

很多牧者或是早年的神學家，對於呼召的認識仍停留在狹隘定義，認為全職服事只能在地方堂會內，而且一定要接受過神學院的正規訓練。實際上，還有一種廣義呼召是做「國度教會」的事工，服事範圍是跨教會、跨地域、跨文化。這就好比我們從聖經中看到，保羅沒有留在耶路撒冷教會，也沒有留在安提阿的教會；彼得雖然創立了耶路撒冷的教會，後來也因為見到異象而去做國度的事。

聖經雖有一貫的神學信息（如：因信稱義），但也同時是由幾千個小故事所組成，當中有講到工作的、有講到關係的……觸及層面非常廣，假如我們硬把工作抽掉，就會失真。

但在此同時，我也可以理解這並非是神學家們故意要忽略，他們長年甚至可能此生都是在歐洲修道院裡修道，或是在美國神學院任教，所謂的君王、先知這些雙職事奉的典範和作法，應當是完全在他們的經驗之外，自然就無法往這部分去推動。

正因為神安排我走的是雙職事奉的道路，加上完整且豐富的歷練，所以我對職場宣教特別有所啟發。為了讓大家理解這不是出於憑空想像，我也從聖經當中，整理出三大重點內涵來對應個人的呼召歷程，而且發現沒有任何一點是必須鎖定在一間建築物內（教堂）才能發生。

「我們原是祂的工作，在基督耶穌裡造成的，為要叫我們行善，就是神所預備叫我們行的。」（弗 2:10）

第一個重點是，人生目的在我們出生前就定下來了。經文提到「就是神所預備叫我們行的」就是指，當人的靈被神創造出來時，人生目標就已經定下來了，意思就是說，早在我們的肉身經過父母出生到世界上，神已經幫我們把人生計畫做好了，這就是我所指的：「人的命定是什麼？命裡註定就是指由神來定的！」

第二個重點是，關於如何找到人生目的。經文提到「在基督耶穌裡造成的」，既然是神所定的，所以我們到世界上做什麼，都必須從跟神的互動中來得知。

第三個重點是，人生目的與神的關係。我們的人生目的不是孤立的，也不是為自己的，而是融合在神所定的永恆計畫裡，是神偉大旨意的一部分，此即是經文提到：「我們原是祂的工作……為要叫我們行善」。

▶如何走這條不尋常的事奉之路？

事奉神是走一條傳統穩健、循規蹈矩一般的路？還是隨內心的信仰，走一條非傳統又曲折，做「又新又難」之路？

神要我們去走一條你早已熟門熟路的一般路？還是要我們去走一開闢新局的非凡之路？

很顯然地，一個人想要得知命定的人生目的，就要與神連結，方能明白神的旨意。但神也給人自由意志，所以神的旨意又分為命定的旨意和希望的旨意：

(1) 神預定的旨意——神的主權性

- 必然會發生、無條件、無法改變，而且必帶有目的、神命令的旨意。
- 難以預料、無可避免、更重要的是帶有超自然、超理性的神秘色彩。
- 如：出埃及、過紅海、耶穌受難、耶穌再來。

(2) 神希望的旨意——人的使命性

- 不是無可避免的、可發生也可不發生，但不影響神命定的旨意。
- 我們可選擇不做，也不帶有神秘性、人自由意志的選擇。
- 我們可藉著信心從聖經及禱告中找到旨意。
- 神愛我們且要拯救，所以讓我們去找到祂的旨意。

▶神為我量身訂製的正版人生

接下來就透過圖 3 進一步談談，神是如何「雙職事奉拓荒者」來造我。

(1) 靈命方面：關於我的真我設定。神造我的目的，是在人生下半場做職場宣教推動者的世上使命，以及雙職事奉拓荒

圖3 神為我量身訂製的正版人生

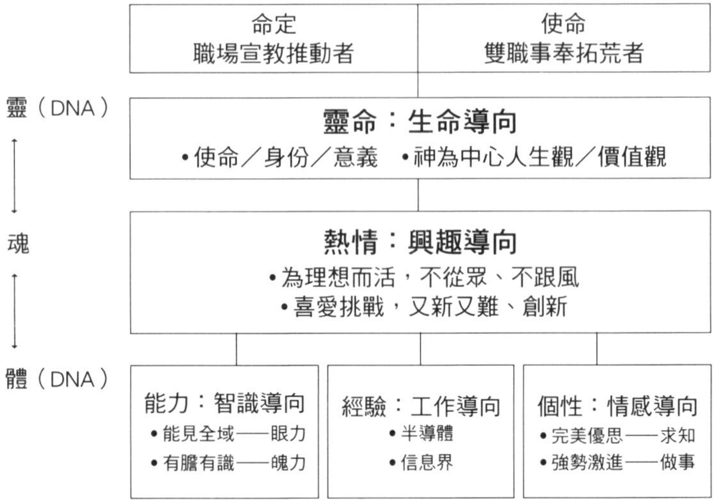

者的國度使命，但是在還沒有經歷神之前，我自認為的人生意義是追求世界上的成功，而神也藉由此一認知，帶領我完成階段性的任務。

(2) **熱情方面：為了做職場宣教的命定，神給我的熱情是勇敢為理想而活。**不從眾，也不喜歡走俗套、跟風，我總是有自己的看見及想法，面對抉擇時，傾向聽內心的聲音；在工作上喜愛挑戰，願意去做最新或最難的事，勇於創新，不怕站在風口浪尖。

(3) **能力方面：為了做雙職事奉的使命，神給我一個能見全域及探索未來方向的能力。**這即是我在《贏在扭轉力》書中所說的定方向的「眼力」。我總是能在關鍵時刻，領悟到他人沒看到的突破點，並從中找到創新契機；神也給我一個不滿足於現狀、喜歡尋求突破的膽識能力，即所謂的「魄力」。在這兩個能力配對後，神就造就出我的獨特個性。

(4) **個性方面：神造我的個性是一個強勢激進跟完美優思的綜合體。**「強勢激進」讓我對於做事有興趣、勇於接受挑戰，善於建立團隊跟事業；「完美優思」讓我對學習及求知很著迷，具有很大的好奇心，也善於思考和教導。

(5) **經驗方面：神把我放在資訊社會爆發的時代。**我在美國的半導體，跟中國的通訊及互聯網高科技領域工作，也藉由我的創業過程，靈裡面得到操練，以預備我去做職場宣教的使命。

圖 4 是我的雙職事奉軌跡。雖然神早已設定好我的人生目的，也為此量身訂製了上述條件，但透過「尋求神的旨意來領悟人生目的」，這個過程並非一蹴可及，而是在歷經一次次生命和工作拐點的交織後，不斷校正回歸到神的旨意，進而活出世上職位（職場宣教推動者）和國度位份（雙職事奉拓荒者）。

我領受到人生的目的，是在國度中去做職場宣教的命定，以及宣導雙職事奉的異象。而我之所以會依據神的呼召積極完成這些事工，是因為看見當今教會及宣教機構的困境，源自於有部分的信徒及教會牧者，極力主張「聖俗二分」的聖俗論，把工作、金錢等議題都視為是俗的。

這些人認為，既然聖、俗之間有一道深淵且本質衝突，那就該一律將俗的事物拒於教會之外，也因此常透過講道教導信徒不可貪戀世界上的工作，並且要多委身在教會的神聖事工，

圖4 雙職事奉的人生軌跡

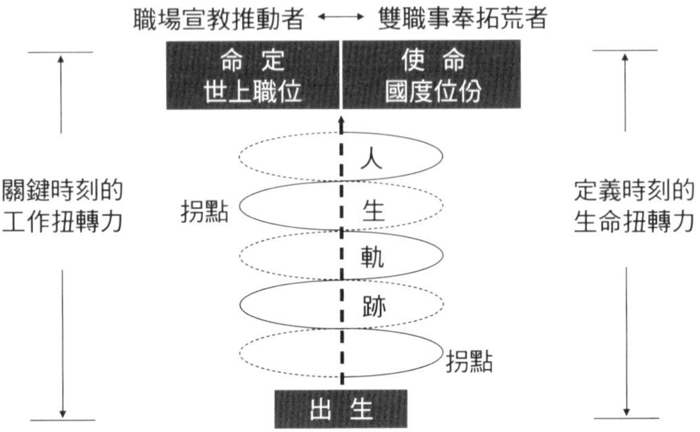

方能真正討神喜悅、被神紀念，以至建立起狹隘的地方堂會觀（參考圖 3-1-1）。

在過去一些傳統的神學概念上，把世俗（屬世）和神聖（屬靈）分開，讓一切更簡單明瞭。如此二分法只適用在靈界，實際上，在世界聖與俗是同時並存的，而且都屬於神。

我們作主的門徒如何在這兩個層面自由地穿梭？需要有智慧！那就是活出耶穌的勸勉「馴良像鴿子但靈巧像蛇」的智慧，也就是無論面對任何景況，要內心馴良像鴿子（屬靈），但在行動中要靈巧像蛇（屬世），這亦是職場宣教的重要內涵。

什麼叫職場宣教呢？職場宣教就是在信仰的國度和職場的世界中間，建立一座雙職事奉的橋樑（參考圖 3-1-2）。

雙職事奉是宣導信仰與工作合一的理念，重點是在工作志業上要找到命定，同時在信仰國度中要活出使命，兩種身份是一體的兩面、相輔相成，如此才能用「聖」的方法，將看似「俗」的工作做「好」做「對」。

職場即禾場、工作即事奉、生活即信仰。職場宣教，旨在宣導並教導信徒如何在工作中活出信仰，神給我的呼召就是要致力在工作與信仰之間，建立一座示範性的橋樑，為此我先後寫了《贏在扭轉力》、《第一與唯一》、《雙職事奉》及《看不見的更關鍵》四本書，出版後又以書為本，製作了職場宣教的課程教材。

為什麼我有感動要製作成教材？原因是：(A) 教會或神學院的職場教材缺乏實際工作的案例及經驗；(B) 商學院或 EMBA 的課程看不到信仰帶出來生命及愛。

前述提到的三本書及課程就是職場宣教的客製化教材，可以拿來用在職場宣教的教導及職場的門徒訓練。如果想在聖俗兩極之間走出一條全新的「合一」道路，那就需要使用專為職場人士客製的新教材。

除此之外，我也仿效耶穌的「職場宣教模式」，在投入職場宣教這十年間，慢慢建立起一套國度教會的跨國運作系統。若以三年為一個里程碑，各階段的發展重點如下：

(1) 職場宣教（2014-2016）：職場即禾場，使命策略化與企業化

(2) 雙職事奉（2017-2019）：雙職即全職，使命傳承化與成全化

(3) 國度教會（2020-2022）：扭轉力「300 勇士」，使命網

路化與全球化

(4) 福音西進（2023-）：華人要接棒，使命賦能化、地極化、科技化

4-1

職場宣教（2014-2016）：

職場即禾場，使命策略化與企業化

先來說說，耶穌在祂的時代，是如何落實傳福音及做門徒訓練的？耶穌所遇到的每一個人，做的每一件事，說的每一句話，行的每一個神蹟，都是偶然發生的？還是耶穌內心是有譜的？

▶耶穌傳福音及做門徒訓練

對聖經有一定認識的人就知道，耶穌從來不是把人帶到會堂中再治癒他們，也不是要把人帶進會堂後才讓他們得到拯救；相反地，祂一直關注著人們生活的地方和工作的場所，也走出會堂親自跟稅吏、妓女，和社會底層、邊緣人直接交往接觸。

「耶穌吩咐完了十二個門徒，就離開那裡，往各城去傳道，教訓人。約翰在監裡聽見基督所作的事，就打發兩個門徒去，問他說：那將要來的是你嗎？還是我們等候別人呢？耶穌回答說：你們去，把所聽見，所看見的事告訴約翰。就是瞎子看見，瘸子行走，長大痲瘋的潔淨，聾子聽見，死人復活，窮人有福音傳給他們。凡不因我跌倒的就有福了！」（太 11:1-6）

在耶穌時代，那些在身體方面有困難的人，如同當今在工作或精神上感到痛苦的人。在上述這段經文中，耶穌提及的幾個醫治對象，對應到當今人們的狀態，其隱喻如下：

- **瞎子看見**：幫助信徒在工作及人生的迷茫中看到未來。
- **瘸子行走**：使工作中跌倒的信徒，再次站起來。
- **痲瘋的潔淨**：協助被邊緣化、被放棄的信徒重新得力。
- **聾子聽見**：讓在工作上固執己見的信徒，謙卑「受教」。
- **死人復活**：藉著一對一的輔導，用生命「改變」生命。
- **窮人有福音**：以工作為切入點向未信者傳福音。

從中我也整理出了，耶穌從事傳福音及做門徒訓練是「策略導向」的（圖 4-1-1），一來是，幫助讀者們理解耶穌是如何有系統性地做宣教，包含門徒訓練；二來是，方便對應後續會講到的，我如何以耶穌為榜樣來做職場宣教。

(1)**【分享】群眾**：耶穌向五千人傳講真理的福音，吸引了很多群眾，但群眾的本質就是能使人迷失在其中，不能將異象的落實等同於跟隨群眾的多寡。

(2)**【教導】旁觀**：耶穌對小部分人教導神的原則，帶來了人改變的起點，但知識型的教導產生了許多旁觀者，只參與其中而不願意付代價。

(3)**【訓練】門徒**：耶穌服事群眾的目的，是要從其中呼召出「關鍵少數」的人出來，因認同耶穌而肯付代價。耶穌差派七十個門徒出去行道，帶出「實際行動」。

(4)**【裝備】使徒**：耶穌設立十二個門徒鍛練他們成為使

圖4-1-1 耶穌如何傳福音及做門徒訓練

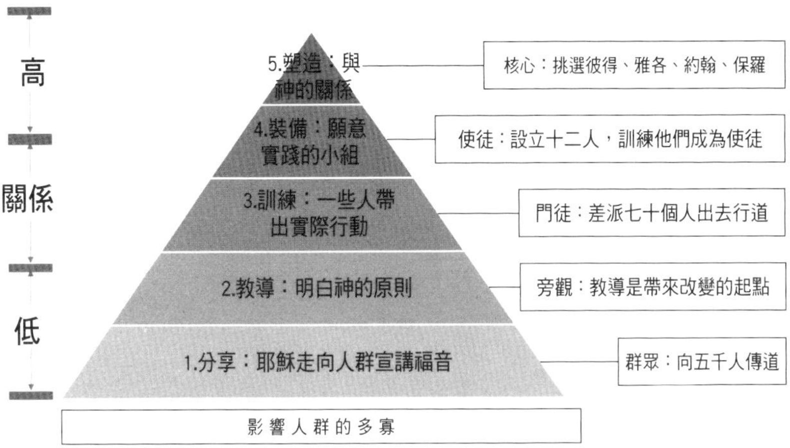

徒，並把祂絕大部分的時間及事工都放在他們身上。門徒訓練基本上是個傳承的過程，若非十二使徒，耶穌的教義、工作、使命可能在被釘十字架後，自此從人間消失。

(5)【**塑造**】**核心**：耶穌再從十二使徒中挑選了，以彼得、雅各、約翰的核心小組，在山上變像及客西馬尼等特殊時刻帶著他們，以祂的生命注入到他們的生命裡，以繼續祂的工作，耶穌也如此親自呼召了保羅為外邦使徒。

▶我的職場宣教起點：使命策略化及企業化

我們應該效法耶穌職場宣教的精神，在接受裝備後，走出四面牆的教會去職場宣教並影響外邦世界。至於我的職場宣教又是如何開始的呢？

我還在上海創業的時候，認識了泰然牧師和美珍師母，當時美珍師母在一家知名半導體企業擔任人資部門主管，邀請我去替他們的公司高層做管理及領導的培訓。

上課的內容，就是我在摩托羅拉擔任亞太區總裁時，就已經設計用來幫內部員工培訓的職場教材。也因為神透過接著來的職場講座，教會營會一次次被邀請的機會，讓我初步意識到自己在職場宣教的負擔。但真正投入到這一塊則是在 2014 年，我從職場退休之後。

長年累積的管理及領導經驗，從事職場宣教事工之初，我就知道不能單單只是憑感動，更要走向「策略化和企業化」，這條路才能走得長久且有果效。

而所謂的策略化和企業化，就是要透過不斷的做實務的實驗，逐漸走向專注，不能一直想要撒大網。至於我是如何將其策略化和企業化，以及採取什麼樣的策略思維？從圖 4-1-2 便可一覽無遺。

當初我是選擇六個策略性的地點，**三個在亞洲**（我熟悉的城市），就是上海、臺灣和北京；**三個在北美**，我選擇的是東岸的波士頓、南邊的休士頓，以及西岸的洛杉磯。

為什麼說是策略性的城市？因為這些地點有比較多的「有影響力的基督徒」，這些人就是所謂的各行各業企業家、創業者及高階經理。

基於這樣的策略性思維，即使很多地方的機構邀請我去開辦課程，我還是固定每年只去這六個地方，而且每年固定

圖4-1-2 職場宣教，職場即禾場

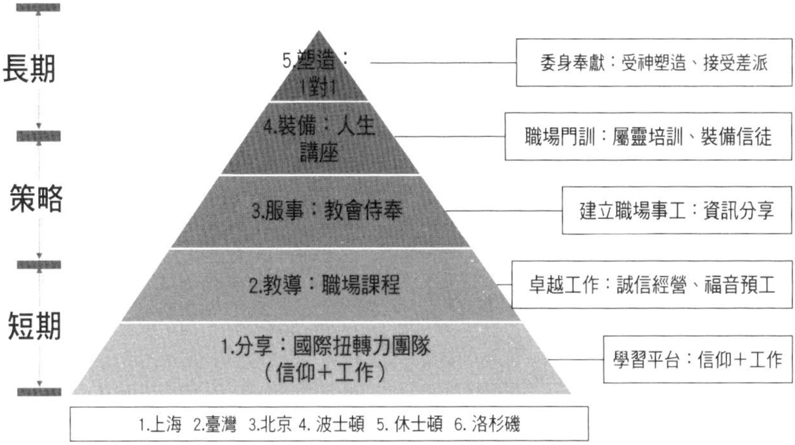

去三次，這就是要專注，不要做得廣（一般大眾），而要做得深（關鍵少數）；深，才能夠達到「生命影響生命」的影響力。

企業化的執行是指，做一件事情要非常有系統、有規律地不斷在調整中繼續去執行方能複製，不要只辦活動（moment），而要形成運動（movement），所以我到每個地方都會非常有系統地做同樣的五件事，即圖中由下而上的分享、教導、服事、裝備、塑造。

(1)【**分享**】**建立平台**：成立「國際扭轉力團隊」的網路宣教事工，打造一個不受空間和時間限制的，信仰及工作合一的學習及宣教平台。

(2)【**教導**】**職場課程**：每到一個城市，我會教導一個職場課程，一定是安排在某個週六的早上九點到下午五點，後來因應學員們的請求，我就寫了《贏在扭轉力》一書，繼而又編撰成訓練教材，開始在導師班使用。

(3)**【服事】當地教會**：我都會到當地教會參與多方面的服事，包括主日證道。

(4)**【裝備】人生門訓**：做了職場宣教一陣子後發現，許多 45 歲以上的基督徒，對於工作、家庭和信仰之間的關係是很迷茫的，所以在他們的要求下，我也開始教導關於人生的講座，也因為這個原因寫了《第一與唯一》這本書，後來也編撰成教材。

(5)**【塑造】個人輔導**：在一個城市的服事也包含了做一對一輔導，每次限制在五十分鐘內。一對一輔導是生命改變生命最好的途徑之一，六個城市加起來，我每年可以做到兩百多人次的輔導。

▶職場系列與人生系列之課程——職場宣教「客製化」教材

書籍和教材內容，無論是職場系列還是人生系列，內容都非常豐富多元，更重要的是，我都是以聖經的教導為基礎，教導大家如何將信仰實踐在工作和生活的各層面中。

職場系列是教大家「如何用對的方式將工作做好」，其五大重點如下：

(1) **福音預工**：基督徒應透過在職場工作的機會，將基督徒的世界觀、工作觀、價值觀介紹給普羅大眾，也就是從工作的角度切入來廣傳福音。

(2) **卓越工作**：鼓勵基督徒工作者在自身崗位上要有所作為，不要得過且過。書籍內容是以案例故事及理論並重，分別針對專業者、經理人、領導者，教導他們如何在各自的職場位份上，用對的方式將工作做好。運用教材授課的話，則會以主題啟發、助教案例、分組討論、難題解答、課後作業及輔導的方式來進行。

(3) **誠信經營**：在授課中帶出許多聖經原則：不欺騙、不自私、不驕傲等，並分享我過往在職場的實踐案例，讓大家學習如何將這些原則落實在職場。

(4) **僕人式領導**：其內涵是思考如何將愛及生命，正確地融入在管理及領導的職責中？以及如何在以慈愛（對人）及公義（對事）並存下，處理職場上遭遇的難題。

(5) **實際效果**：針對在職場叢林中束手無策的年輕人（80、90、00 後出生的人），以及突破不了職涯天花板的中年人（60、70 後出生的人），幫助他們突破困境，而且此過程亦是傳福音給未信者及慕道友、對基督徒做門徒訓練的契機。

生命系列是教大家「如何用聖經的教導來過好人生」，其 5 大重點如下：

(1) **職場門訓**：從人生及工作面切入，傳講神及神的話語，因此是道理（生活）及真理（生命）並重，但又由生命帶領生活，符合職場各階層人士靈命造就的需求。

(2) **受神塑造**：啟發職場門徒在與神的互動中，找到自己的人生使命以及真實的身份，在此基礎上受神呼召、得神差派，進而活出自己的命定。

(3) **講座主旨**：活出有意義的生命是每個人的靈性渴望，而此欲求有賴在生活層面逐一地體現。因此如何活出豐盛的日常生活，決定了每個人的生命價值感。

(4) **基本架構**：講座從具體可見的生活層面：身體需求、情感需求、智識需求來切入，在這基礎上，了悟到不可觸摸但真實存在的生命意義和使命（靈命需求），因而達到天人合一的境界：實踐信仰的需求。

(5) **觀念更新**：(1) 雖然沒有滿分的生活，但可以有滿分的生命；(2) 如何藉由交託，而能因信稱義、因義成聖；(3) 由生活中的獲得，轉化為生命裡的奉獻。

▶一對一輔導，重點在於如何用生命「影響」生命

進而幫助學員們找到自己的使命的原則及流程如下：絕大部分人跟我進行一對一的輔導，問的都是跟工作有關的事情，基於過往的工作歷練，我很快就知道要如何幫助他，但為了使其看事情的視野擴大，我又會慢慢把他的工作問題，提升至變成人生的問題，這樣就容易受到神和聖經的啟發，繼而做到生命影響生命。

像是有些人抱怨被公司或老闆虧待，我都會先鼓勵對方從自身的生命面來做反思，再一步步從生命面找到活到世上的使命，過程是有步驟的。而且也不是所有人我都會跟他做一對一輔導，必須符合下列的條件之一：(A) 願意為神付出、(B) 核

心同工、(C) 上過我的課。

我會從工作面延伸到生命面是因為，如果只是簡單給一個工作答案，很容易對方拿到標準答案就走掉了，治標不治本，未來在工作上遇到問題還是一樣卡關，所以必要時候，我還會出作業，讓對方去練習實踐。

其六大重點如下（見圖 4-1-3）：

(1) **職場難題**：解決方案取自《贏在扭轉力》。輔導總是以職場問題開始，在快速了解狀況後，即使已有解決方案，也不會立即給答案。

(2) **人生反思**：解決方案取自《第一與唯一》。開始將配偶、家庭的考慮切入話題中，提醒學員工作不是單方面的事，提升其反思更大的人生問題。

(3) **受神塑造**：解決方案取自《雙職事奉》。建議學員將目前的遭遇逆境，與過往的生命軌跡連貫起來，我再以聖經中的信心偉人故事為啟發及鼓勵。

(4) **影響生命**：解決方案取自《看不見的更關鍵》。將自己的生命付出，得到許多人的生命改變，方有永恆的價值。信仰不是哲學、思想，而是生命－個人見證。

(5) **課後作業**。幫助學員將來能獨立思考如何解決問題，而不是一味地只求一個當下的標準答案。

(6) **優先次序**。願意付出者先得：(A) 核心同工、(B) 人生班學員、(C) 職場班學員，每年總計兩百多人次（每次五十分鐘）。

運作了三年，使命的策略化與企業化模式，已發展至一定的成熟度，第四年的職場宣教事工，就進入到下一個階段。

圖4-1-3 一對一輔導：生命影響生命

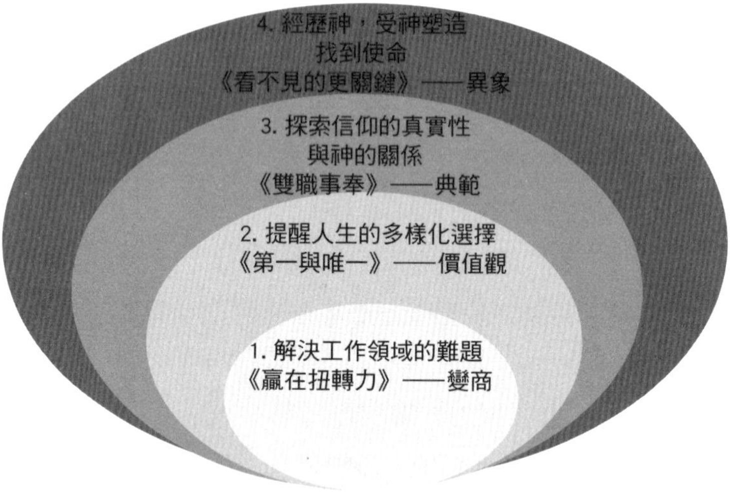

【反思與討論】

- 請寫出本單元的主題與重點是什麼？並分享本文讓你印象最深刻或最啟發的部分。
- 從耶穌傳福音及做門徒訓練的策略導向，是以人民的生活和工作場所為重點，帶給你什麼樣的啟發和看見？
- 作者以耶穌為榜樣，彙整出使命策略化及企業化的職場宣教理念，你將如何突破傳統的宣教模式，應用在你的小組、團契和教會？

4-2

雙職事奉（2017-2019）：

雙職即全職，使命傳承化與成全化

經過第一個階段，將使命策略化和企業化之後，漸漸地，就有一些「關鍵少數的企業家及企業高管的基督徒」，因為熱切認同職場宣教的理念，同時也想從我這裡學習到如何將內心事奉神的感動及渴望，能實踐在工作場景的執行方式，所以跟我的關係越來越密切。

上一篇有提到，每年我都會分別飛到上海、臺灣、北京、波士頓、休士頓、洛杉磯這六個城市去做培訓和分享。

實際的作法是，假使我從美國飛一趟亞洲，為期一個月的時間，我大概會安排十天在臺灣、十天在北京、十天在上海；飛北美這些地方，規劃就是一個周末外加幾天的平日時間。

在疫情之前，一年當中，我平均有半年的時間是在外面做職場宣教的服事。

剛剛提到的關鍵少數，指的就是當初那些不論我身在哪裡，他們都是主動如影隨形地跟隨我腳蹤的人，於是漸漸地，他們就跟我形成一個導師與導生的互動。當時我也反思，為什麼我講的內容對他們的黏著度這麼高呢？原來是因為他們渴望在工作上活出信仰以事奉神，卻苦於不曾有人告訴他該怎麼做。教會甚少教導「如何在職場做宣教」，所以常常是在職場的基督徒禮拜天回到教會認罪悔改、服事神；周間一到工作場所又開始披著狼皮在職場廝殺，變成所謂的「做（坐）禮拜的基督徒」。

這些跟隨我的人，他們在各自的職場領域都有所成就、各有所本事，也在教會裡服事，但因服事理念與傳統教會不盡相同而被邊緣化，以致內心有神聖的不滿足，尋求神更深的肯定及生命更高的意義，希望在神國度中更有所作為——在目前傳統的教會內，卻不知如何去完成心願。

於是我心想何不就藉著「雙職事奉」的異象，將他們組織起來，先培訓、再賦能、再差派，讓每個人發揮所長，一起去創一件「不尋常」、「顛覆傳統」、「效法耶穌」事奉神的宣教之路。有了如此的黏著度及向心力，可以賦於這組織及個人有使命感、有參與感、有進步感、有革命情感、有家的歸屬感，成為一生難忘的經歷及旅程，以體認每個人的生命是有意義的。

▶雙職事奉的異象，呼召內心神聖不滿足的職場使徒

基於上述考量，2017 年，在雙職事奉的事工進入到第四年，我開始把使命的「策略化、企業化」，提升至「傳承化、成全化」。（圖 4-2-1）

我們做神國的事工，第一個很重要的認知是：如何把自己宣導的理念以及在做的事工傳承下去？意即怎麼達到代代相傳、長期經營？

圖4-2-1 雙職事奉：雙職即全職

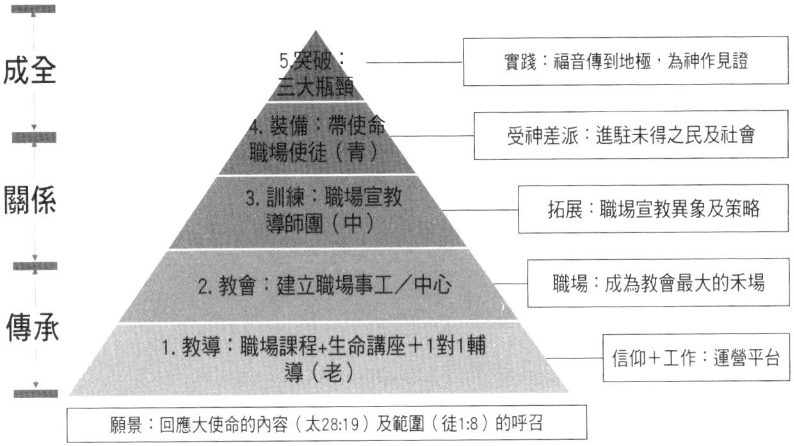
成全
關係
傳承
5.突破：三大瓶頸
4. 裝備：帶使命職場使徒（青）
3. 訓練：職場宣教導師團（中）
2. 教會：建立職場事工／中心
1. 教導：職場課程+生命講座＋1對1輔導（老）
實踐：福音傳到地極，為神作見證
受神差派：進駐未得之民及社會
拓展：職場宣教異象及策略
職場：成為教會最大的禾場
信仰＋工作：運營平台
願景：回應大使命的內容（太28:19）及範圍（徒1:8）的呼召

第二個很重要的認知是：如何成全關鍵少數對此異象完全認同的基督徒，共同參與使命，並且從中成全他們個人的呼召及命定？

這讓我想到，參加北美華人差傳大會的時候，我發現到一個現象就是，每次大會呼召都有幾百人出來，細分之下發現，絕大多數人都是有感動要在教會內做所謂的「帶職事奉」，但可惜的是，絕大部分的教會沒有「工作即事奉」、「雙職即全職」的認知，以致把這一部分的人忽略了，因為教會只在意培養傳統的宣教士和牧師，所以那些有感動被神呼召作「雙職事奉」的職場使徒，很快就又流失。

這也導致一種現象就是，在全世界許多地區，想牧養教會的專業牧師開始變得過剩，牧養企業、商業的「職場使徒及職場牧者」卻極為不足。此便凸顯出：為什麼職場宣教如此重要？以及想在職場傳福音的這些人，為何那麼值得被關注？

回到我個人的經驗。我是先用策略性和企業性，做了三年拓荒的事工，再藉由這三年的經歷，慢慢看到將來要去拓展什麼？這就帶出來雙職事奉的願景。

透過圖 4-2-1 可以看到，我除了繼續每年固定前往六個地方（臺灣、上海、北京、波士頓、休士頓、洛杉磯）做系統性的職場宣教，第四年又開始往上走幾層。在第二層，已有不少的教會有建立職場事工跟職場中心的意願，那我就會與當地教會的牧者及同工去共同建立，並取得好的進展。

第三層是為了實際落實傳承與成全的使命。神也感動我，要呼召一批職場的導師班或教師團出來，就是一群中生代在各行業的企業家、創業者、專業人士及牧者，我希望先傳承再交棒給他們，所以 2017 年，我在亞洲成立一個**「雙職事奉導師班」**，從北京、上海、臺灣挑選一批有影響力，並且願意在職場事工委身的基督徒。

同時在臺灣也成立了**「接班牧師領導力班」**，藉著培訓及一對一輔導，幫助這批中生代有影響力的牧者，把接班的大型教會辦好，並將雙職事奉的觀念放在講道及管理教會中，慢慢掀起傳統教會界的革新，所以也算是隱形導師班的一種。

另外，我也曾受邀在幾所神學院教導「職場事奉」的課程，專門培養準備朝此方向全然委身的神學生。為了實踐職場宣教推動者的職責，也在兩所商學院教導「企業管理」的課程。

2019 年底，北美的**「職場宣教導師班」**也正式成立，裡頭的成員涵蓋了北美各州的人選。

同年因為疫情沒法去宣教工場，就轉型到線上無牆的課程及事工，反而將職場宣教的事工擴張到更廣、更遠的境界。各地職場導師班成員，每年除了在線上教學中擔任主持人、助教、小組長的事奉及培訓外，也會有兩次的密集培訓，讓他們學會如何運用這四套課程去做職場宣教的使命。

當時成立導師班的真正意圖是為了推展至第四層。我期許導師班成員們在接受裝備後，都能各自去成立自己的導師班，牧養並裝備一批更年輕的職場宣教者接棒，去拓展圖中最頂端的三件事情，就是：

(1) 如何將工作帶到「未得之民」去傳福音？
(2) 如何在解決年輕人最關切的工作難題中，帶出福音的資訊？
(3) 如何幫助教會從牆內到牆外，再從有牆到無牆以影響社會？

除此以外，也希望能配合中國古代陸上及海上「絲綢之路」的經濟商道，藉著帶雙職事奉使命的各行業企業家、創業者、專業人士、以及職場使徒到中亞、中東及南亞去工作、去創業，以承接華人基督徒福音傳回耶路撒冷的一棒。當然了，這張圖層所要完成的每一件事情，都必須要靠神來開路，不是人的想法及力量就可以完成，所以我們只需做自己該做的，其他的就交在神的手裡！

▶雙職事奉的身份：世上命定（職份）+國度使命（位份）

聖經的內容不只是典章、律例，而是無數個小故事組成的，故事中除了屬靈層面神的旨意外，還提到許多屬世層面中人的實際生活狀態。

過往今來的神學院及教會關於聖經的宣講和解經，多是從神學、教義及信心等屬靈的角度切入（單職），相對較少提出人們如何安身立足的職場工作、以及解決工作難題和家庭關係陷入的困境的屬世層面（另外一職）。

如何將信仰落實在每天都在面對的屬世層面，對年輕人來說至關重要，但教會不談，只是督促年輕人要更多到教堂內服事，或每天要跟隨教堂內一陳不變的讀經禱告計畫，久而久之他們就在失望中離開教會了。

整本聖經應該用雙職事奉的概念來理解，才能夠更了解神的心意，只用屬靈的角度傳講，僅屬單職事奉，也等同只有解了半部的聖經，有失完整。

每個信徒在國度中有一個「位份」，在工作場所也有一個「職份」，「雙職事奉」是鼓勵基督徒將工作職份和國度位份合而為一的觀念，以及實際運作的法則。（見圖 4-2-2）

雙職事奉最貼切的形容是：你有把耶穌帶到職場嗎？還是將耶穌留在教堂？若將耶穌留在教堂，你就是只做一天，而不是七天的基督徒。

雙職事奉不是只強調在工作場所做讀經、禱告，也不只是

圖4-2-2 個人雙職事奉：世上命定＋國度使命

屬靈層面：馴良像鴿	屬世層面：靈巧像蛇
神的旨意	內心渴望
神的介入	人的回應
信心禱告	信心行動
人的信心	人的膽識
人的順服	人的努力
聖經神學	世上領導
聖經教義	世上管理
國度使命——生命	世上命定——職場

開查經班、辦禱告會等敬虔事，將教會的「形式」搬入，而是真正在任何情況下活出「內心」信仰的敬虔人，因為做敬虔事的，不一定是敬虔人，但敬虔人，必定會去做敬虔事。

一個基督徒堅信他的工作是為神而做，在工作中實踐出聖經的原則，這雙職的事奉就是「全職的事奉」。所以，全職事奉不只限於教會內的神職人員，「帶職事奉」也是一個不太正確的觀念。

聖經當中有很多雙職事奉的典範，像是我在《雙職事奉》書中收錄的16位信心偉人，他們都是在經歷許多個工作扭轉力的「關鍵時刻」，以及許多個生命扭轉力的「定義時刻」後，方將個人工作職份與國度使命位份，做成了全方位的結合。

這些人物當中，我個人最喜歡的是約瑟、以斯帖、但以理，以及任何一位能在職場中有效傳福音、依靠並榮耀神的兒女。而且從這三位聖經偉人的故事都可以看到，在關鍵時刻，他們都同時有馴良像鴿的生命，並以靈巧像蛇的成事方式，才得以成全神的使命。（見下表）

	工作職份	國度位份
約瑟	埃及宰相	入埃及先導
但以理	外邦宰相	外邦先知
以斯帖	波斯王后	在波斯拯救全族

各地導師班的成員，是我接觸到眾多學員中，非常少數但極為關鍵的一群。他們內心都渴望事奉神，但相較於教會牆內一陳不變的固有體制，他們更嚮往牆外國度中創新的宣教方式。

他們都是在靈裡神聖不滿足的信徒，所以第一次聽到「職場宣教」、「雙職事奉」的信息時，就像被電觸到般的全然認同，並主動自願加入。為了確保事工的穩定性，加入時必須經過嚴格的審查及挑選，同時簽下對神忠心事奉的「委身書」。

▶雙職事奉的行動，從牆內到牆外，從有牆到無牆

也正因為是在為自己認同的願景和使命而活，有人已將這些理念及方法教過上千人次，有人則是傳承到第四代，也有人

已在陸上及海上「絲綢之路」的宣教路途上。

我在寫第三本書《雙職事奉》的時候就已經講到，「人的改變和科技的改變」將對教會帶來什麼影響，也預告了未來教會發展的趨勢——必要先從牆內走到牆外，再從有牆拓展到無牆（圖 4-2-3）。

圖4-2-3 個人與教會：從牆內到牆外，從有牆到無牆

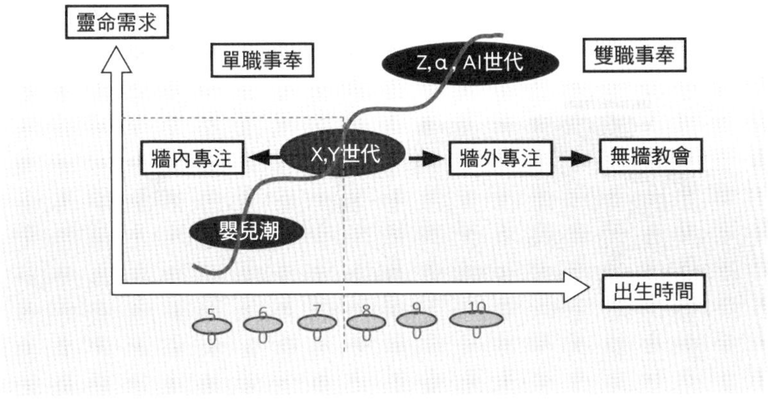

結果，2019 年 10 月一出版，新冠疫情便排山倒海而來，因著一堆限制令和感染風險，原本訂好 2020 年 2 月要出發到大陸及臺灣的機票，後來也取消。

從那之後，我就必須將所有實體講座和課程，全部改成線上，但奇妙的是，職場宣教的理念及雙職事奉課程的推廣到更遠，世界各地所招到的人數反而更多了。那時候北京就成立一個「**扭轉力學苑**」，導師班的人出錢的出錢、出力的出力，分組成了三個團隊，一個是策略、一個是執行、一個是籌募，他們就開始運作這個線上宣教及事奉的平台。

從實體到線上，這種人們聚集方式的改變，預表了現代要傳福音必須從牆內走到牆外，將信仰結合不同專業，以期觸及到更多有需要的年輕人和未信者。

像我做職場宣教是「信仰＋工作」，有的基督徒依據其專業和經驗，就可以結合「信仰＋家庭」、有的是「信仰＋心理健康」等等，此一將信仰內涵帶進專業領域的現場，便是體現「無牆教會」的概念了！

【反思與討論】

- 請寫出本單元的主題與重點是什麼？並分享本文讓你印象最深刻或最啟發的部分。
- 看完本文後，你研讀聖經要如何從「神學教義」的屬靈角度，轉化為如何「安身立命」生活應用的角度來解經，以更加將信仰落實在生活中？
- 針對作者提出從「牆內到牆外」、再從「有牆到無牆」的國度教會觀，你要如何調整自己的事奉方式以影響社會？

4-3

國度教會（2020-2022）：扭轉力 300 勇士，使命網路化與全球化

新冠疫情的出現，對於福音的廣傳來說，是危機也是轉機。先前提到，疫情打亂了我原先的實體課程計畫，讓我必須在最短的時間內，適應如何用網路來做全方面的教學，雖然一切顯得有些匆促，卻也很快就形成一個比我原先想像更大的職場宣教體系。（圖 4-3-1）

▶雙職事奉：導師班—國度教會—門訓事奉平台→第一張網

當使命進入到網路化和全球化的階段，神讓我領受到的雙職事奉策略，則是依循下列這張圖：

先從第一階的教育機構概念說起。

繼北京成立了「扭轉力學苑」之後，臺灣也成立了「中華扭轉力協會」，作為與北京的合作夥伴，也把亞洲的團隊運作模式複製到北美各地區，課程從原本各地隨機的授課，提升到網路有系統，有組織的培訓體系，所有內容則採取中央廚房的模式來統一出品，藉此把宣教全球化 – 從牆內帶到牆外，變成無遠弗屆；也把宣教網路化 – 從有牆變無牆，隨時隨地可進

圖4-3-1 福音西進：華人要接棒

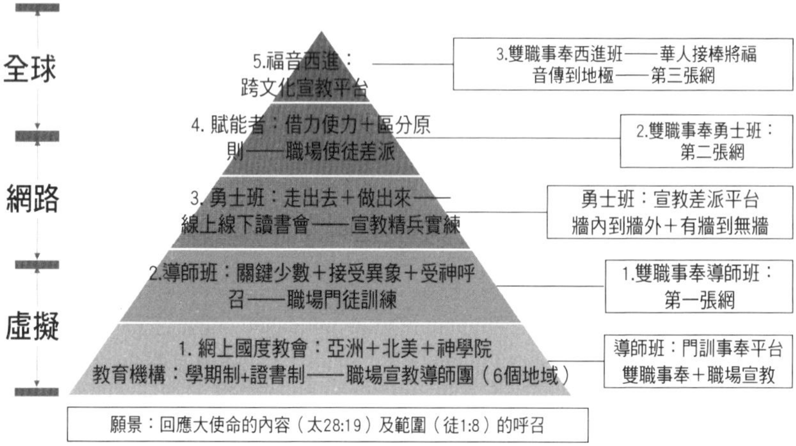
全球
網路
虛擬
5.福音西進：
跨文化宣教平台
4. 賦能者：借力使力＋區分原
則——職場使徒差派
3. 勇士班：走出去＋做出來——
線上線下讀書會——宣教精兵實練
2.導師班：關鍵少數＋接受異象＋受神呼
召——職場門徒訓練
1. 網上國度教會：亞洲＋北美＋神學院
教育機構：學期制+證書制——職場宣教導師團（6個地域）
3.雙職事奉西進班——華人接棒將福
音傳到地極——第三張網
2.雙職事奉勇士班：
第二張網
勇士班：宣教差派平台
牆內到牆外＋有牆到無牆
1.雙職事奉導師班：
第一張網
導師班：門訓事奉平台
雙職事奉＋職場宣教
願景：回應大使命的內容（太28:19）及範圍（徒1:8）的呼召

行 – 在世界各地推廣。

線上職場宣教的訓練課程，是以我出版過的四本書為主（圖 4-3-2），而這四本書《贏在扭轉力》、《第一與唯一》、《雙職事奉》、《看不見的更關鍵》的真理基底則是聖經，共同特色就是教導大家如何把聖經知識轉化，並實踐在工作和生活的方方面面。

「扭轉力學苑」和**「中華扭轉力協會」**都是正式的門訓，事奉及宣教機構，旗下的課程運作非常正式，有學期制也有證書制。一年有兩個學期，一學期教一本書，但該學期實際上課時間只有三個月（12 堂課），其餘的三個月會提供學員免費體驗四堂新學期的課程，並且會有我們的同工跟進學習情況。

藉由這套系統性的課程訓練，我希望能傳遞個人對職場宣

圖4-3-2 牆外神學系列—塑造敬虔人

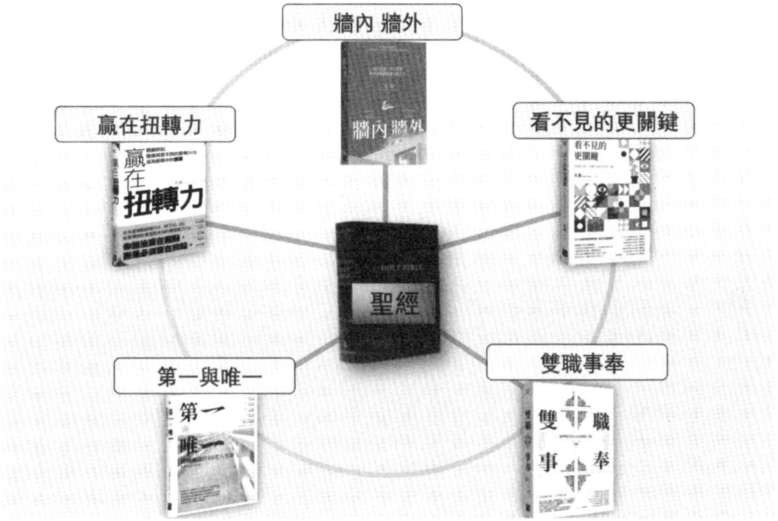

教的異象，也為那些對職場宣教有感動的基督徒建立有別於傳統教會給的新觀念、賦能他們如何將內心的信仰做出工作和生命突破，同時也解答迷津（回答問題 + 助教見證），幫助他們活出榮神益人的生命。

這些線上教學都是收費的，原因不是我們需要錢，而是希望透過這樣的篩選制度，召到一批人真正願意「付代價」且「花功夫」學習的人，收到的學費奉獻給與我們合作的宣教機構及神學院。

效法耶穌的職場宣教作法，我一直相信，與其吸引數千人來上課，最後留不住任何一個人，我們寧可「關鍵少數」來報名、上完課之後會實際委身。而這也跟我先前提出的一個觀念：活動和運動的差別，兩相呼應。

活動（Moment）追求的是量，所以總希望越多人參加越好，讓活動看起來熱鬧受歡迎，但曲終人散之後，參與者激情退去，最後留下的人寥寥無幾。

運動（Movement）追求的是質，所以「找對人」比找多人來得重要，而且因為參與者認同講者的異象，運動結束後，彼此還是會保持連結，或者是一起投入事工。

這套系列課程，我們也有在神學院裡面教。但無論是面對線上的學員，還是神學院裡面的學生，我們非常關注對方必須先要是一個敬虔的人，也就是要先活出生命，因為「敬虔人必定會去做敬虔事」，這是我一直信奉的理念。

在《雙職事奉》一書中，我深入剖析了 16 位扭轉歷史的聖經偉人，作為當代基督徒活出生命與呼召的典範依據。其餘三本書，我將其搭配後，設計出兩大主題課程：「職場贏家」和「人生贏家」。

■職場贏家 =《贏在扭轉力》+《看不見的更關鍵》：變商時代的工作及思考力

這個課程原先的名字是依循書名，叫做「贏在扭轉力」，後來才改名為「職場贏家」。課程內容分為四個單元，每個單元又分為三堂課，課程名稱條列如下：

- **單元一「學會職場變商」（XQ）：如何將固有的知識，轉化為解決難題的本事**

(1) 變商（XQ）：贏在拐點——超越 AI 活出與眾不同（魄力 4）

(2) 情商（EQ）：情緒管控——人緣人脈，衝破逆境（魅力 2、3）

(3) 先深再博：本事要學就要學通（動力 1、2）

• 單元二「走出傳統思考誤區」：重塑思維，學會線性的嚴謹思考，以及非線性的脫框思考

(1) 獨立思考：爭取思考主導權（眼力 1）

(2) 思考操練：以邏輯力說服人（眼力 2）

(3) 徹底執行：讓美夢成真（動力 8）

• 單元三「職場成功雙翼」：做好領先產品，發掘目標客戶，懂得行銷及銷售

(1) 做好產品：是一生的工作（動力 3）

(2) 懂得銷售：即使你的工作不是銷售（動力 4）

(3) 共贏法則：利他是最好的利己（魄力 5）

• 單元四「創業必學的智慧及技能」：如何突破創業瓶頸，以及如何破局生存後持續成長

(1) 創辦企業：工作的最終挑戰（動力 7）

(2) 典範轉移：改變與應變之道（魄力 7）

(3) 區分原則：掌握不同的價值（眼力 4）

職場贏家的課程，等同基督界的 EMBA，經過內部的評估和討論後，一堂課兩小時，亞洲是週四晚上、北美是週二晚上，內容非常扎實和結構化，其流程如下：

主題啟發：40 分鐘

助教案例 (1)：15 分鐘（12 分鐘彙報、3 分鐘點評）

助教案例 (2)：15 分鐘（12 分鐘彙報、3 分鐘點評）

小組討論：25 分鐘

實際難題解答：25 分鐘，限 3 題，每題 8 分鐘（2 分鐘彙報；6 分鐘解答）

針對難題解答的部分，選題方式也很科學，我們有個工具可以在每個人提出問題後，提供大家來點讚，最後挑出點讚最多的三個共同難題來回答。

■人生贏家 =《第一與唯一》+《看不見的更關鍵》：當代門徒應具備的人生觀、價值觀、世界觀

• 單元一「情感需求」：如何打造各層面的好「關係」——家庭和諧的人格篇

(1) 第一與唯一：當代門徒應具備的「幸福」人生觀

(2) 愛情與愛心：當代門徒應具備的「人際」關係觀

(3) 相信與堅信：當代門徒應具備的「人神」關係觀

• 單元二「智識需求」：如何在「工作」中活出「信仰」——事業有成的求知篇

(1) 世俗與神聖：當代門徒應具備的「聖俗」合一觀

(2) 成功與成就：當代教會應具備的國度「工作」觀

(3) 相對與絕對：當代門徒應具備的普世「世界」觀

• 單元三「身體需求」：如何在「全人」整合中做到「第一」——身體健康的載體篇

(1) 動力與靜力：當代門徒應具備的操練「靜力」觀

(2) 想要與需要：當代門徒應具備的「金錢」處理觀

(3) 順境與逆境：當代門徒應具備的「苦難」結晶觀

• 單元四「靈命需求」：如何活出有意義的「唯一」生命——與神親密的屬靈篇

(1) 價錢與價值：當代門徒應具備的人生「意義」觀

(2) 影像與真光：當代門徒應具備的人生「目的」觀

(3) 自我與真我：當代門徒應具備的真實「身份」觀

生命課程早期也是依循書名叫做「第一與唯一」，後來改名為「人生贏家」，課程架構和進行方式比照「職場贏家」，也就是我們已經把各套課程模組化。

■雙職贏家 =《雙職事奉》+《看不見的更關鍵》：扭轉聖經歷史的 16 位雙職事奉人物

共 20 堂課，分兩學期授課；課程名稱如下：

(1) 前言：職場宣教，教會再復興

(2) 信心之父的【亞伯拉罕】

(3) 以色列十二族長【雅各】

(4) 入埃及的【約瑟】

(5) 出埃及的【摩西】

(6) 進入迦南美地的【約書亞】

(7) 指揮三百勇士以寡勝眾的【基甸】

(8) 開展王權管理的【撒母耳】

(9) 最強的王國建立者【大衛】

(10) 結業式

(11) 序章：一趟精彩的工作及人生探索之旅

(12) 烈火先知【以利亞】

(13) 預言彌賽亞的【以賽亞】

(14) 外邦先知【但以理】

(15) 建牆領袖【尼希米】

(16) 拯救全族的【以斯帖】

(17) 教會創建者【彼得】

(18) 福音拓荒者【保羅】

(19) 真理衛道者【約翰】

(20) 結業式

以課程來說，我們是採取中央廚房的概念，也就是由教育機構統一出品，課程內容也已經模組化【主題啟發 + 助教案例見證（以錄影存檔）+ 課前講義 + 討論題目】，方便導師級學員在作為課程助教時，可以充分掌握上課的素材。

而無論是主持人、助教、小組長，為確保事工的順利進行，皆需依循下列的事奉原則：

(1) 每週課件在上課前五天提供：先預習，帶著問題來上課。

(2) 每週課程（週四）前兩天（週二）的晚上 8 點，與孔老師做預演。

(3) 主持人：提前 15 分鐘開始與學員互動，複習上一課的心得，並介紹當日課程及助教、報告與提醒，準時交給老師（有統一的簡報格式）。

(4) 助教：準備與當天課程內容有關的個人案例，做 12 分鐘的高品質分享。

(5) 小組長：積極參與牧養督促學員——預習、做作業、帶領討論、回答問題、選班長、選優秀學員，並介紹導師班。

(6) 複盤：每次課後討論可改進之處以及學員回饋。

(7) 課後頒發傑出主持人、助教、小組長證書，以茲獎勵。

(8) 每月例會：亞洲在每月第四個週二晚上、北美在每月第一個週一晚上，我都會跟他們開例會，以溝通、培訓、及加強雙職事奉異象、願景及定位的傳遞為主。

為了從第一階進入到第二階的選拔導師班成員，也就是找出關鍵中的關鍵少數來接受職場事奉平台的門徒訓練，我們在第一層的培訓採取了嚴格的篩選制度，證書就是很重要的一環，有「結業證書」、也有「優秀學員證書」（榮譽證書）。

前來接受培訓的職場使徒，想要取得任何一張證書都相當不容易，必須通過我們的嚴格甄選流程。以優秀學員證書來說，每組僅選出 1 至 2 位，從缺也可以，獲選之後需預錄三分鐘短視頻分享課程收穫、感言及實踐計畫，在結業式中播放，此由各組教練提交。

想取得結業證書，學員至少要提交過 2 次案例給教練，以及完成百分之八十以上的作業，並且積極參與討論，名單同樣是由各組教練提交。若學員在受訓完後有意願加入雙職事奉的導師班，我們會以曾經獲頒「優秀學員證書」的人為優先，並請他撰寫一份內心認同雙職事奉異象的申請書，內容包含：

(1) 自我介紹（工作 + 家庭 + 信主經歷）

(2) 為什麼（why）要加入導師班

(3) 如何（how）去實踐雙職事奉

申請書提交後，由小組長做檢閱，通過包含班長在內的三人小組初部面試後（目前六個團隊都各有一個班長），再將申請書及推薦信一起提交給我做一對一的會談。申請者通過層層關卡之後，還必須提交加入導師班的對神「委身書」。

委身書是委身於神的內容，必須回答三個問題：

(1) 為什麼（why）要參加導師班？

(2) 你需要哪些（what）方面的裝備？

(3) 你將如何（how）實踐雙職事奉？

每一份委身書我都會親自檢閱，藉此幫助導師班成員自我審核，其是否真的認同這個異象，並且願意付出時間和行動。光不藏於櫃、鹽不失其味，經過評估後，只要是合適的人，我們都會給予充分的裝備。反之，我們也會積極勸退，正所謂「招人要慢、走人要快」。

▶雙職事奉—勇士班—宣教精兵—宣教差派平台→第二張網

對照圖 4-3-1 來看，勇士班（扭轉力 300）制度就是第三階的接受宣教差派平台的精兵實練，服事內容是在課堂上做助教、主持人，以及帶領討論的小組長，以便被裝備成扭轉力

300 的勇士走出去。每一位勇士，不論身在世界任何的地點，就等同於在神的國度中做一個宣教的創業，其特點是必須做一件「不尋常」的事工，而且要帶出自己的團隊，以及培養將來的接班人。

扭轉力 300 勇士的定義：在全球呼召 300 位在各地各行各業的職場宣教精兵。是一群受神呼召出來，從內心全然認同職場宣教的事工，以及雙職事奉身份的異象，且具有可塑性及影響力、願意自動委身加入，在接受裝備後去影響城市並轉化社會，以建立一個顛覆傳統、具有極強生命力的「海星型」的國度教會，並自願為此國度使命付出和犧牲，甚至去爭戰的人。

這是一條委身的道路，因此學員在成為導師後，任何人在任何時候難以履行當初承諾的職責，或是不願再進步，我們就會啟動「勸退機制」幫助該員引退，以更專注在其他方面的呼召，適才適所。

反之，可以做到確實委身的學員，我們也會提供很好的支持系統，並且以團隊方式來運作，不會使其感覺在孤軍奮戰。

通過嚴格的篩選後，目前「扭轉力 300」的這支職場宣教精兵已經成軍，裡頭成員來自先前去過的全球六個職場宣教地域：(A) 大陸北區（北京）、(B) 大陸南區（上海）、(C) 臺灣地區（新竹）、(D) 北美東岸（費城）、(E) 北美西岸（洛杉磯）、(F) 美中（休士頓）。

不論在亞洲及北美的事奉團隊，每位團隊成員都是雙職事奉在參與宣教機構的運作（他們本身在教會也有服事），所以沒有人事成本，目前的課程收入也足以支應相關的費用支出，可說已經做到自立自足。

這些關鍵少數、受神呼召，自願委身的導師，一旦接受完裝備，我都會鼓勵他們走出去，建立線下及線上的國度教會，像是全球網上讀書會就是一種方式。我教的是網上課程，他們教的是網上讀書會，我是收費的，他們是免費的，以此區分。

我們也發現，由於我們的課程符合區分原則，也就是內容有工作與信仰合一的特色，屬於稀缺資源，所以廣受年輕人及職場人士的青睞，當中有很多年輕牧者報名來上課，這是一個好的現象。當這些年輕牧者了解職場宣教的觀念和作法，就有機會在牧會時差派雙職宣教士，將福音帶給未得之民，完成圖 4-3-1 的第五階。

▶職場使徒團隊願景及定位：使徒、先知的國度位份

我一直強調，基督徒要嘛是宣教士、要嘛是做宣教的事，前者是成為敬虔人，後者是做敬虔事。當然最理想的情況是：兩者兼具。

如果在篩選導師班成員時，只能二擇一，那我一定是優先看重敬虔人，遠勝於選擇做敬虔事的人。先前說過，做敬虔事的人未必是敬虔的人，但敬虔的人一定會做敬虔的事，所以我們才會特別看重象徵與神立約的「委身書」。

在此也要澄清一個很重要的概念就是，雖然我們的宣教機構名稱是「扭轉力學苑」和「中華扭轉力協會」，但本質上並

不是一個單純的學習平台，也不是一個可有可無的教會團契。

導師班的目的是要培養扭轉力 300 的勇士，但不是所有導師班成員將來都能入選，因為重點不是一個職稱，而是有沒有實際去做。所以若你身為一位導師班成員，我們期待你可以：

(1) 反思呼召→問自己一個關鍵問題：「你現在做的事情和國度位份有關嗎？」

(2) 與時俱進→導師必須持續成長：

生命面：雙職呼召清晰度

工作面：雙職能力精進度

(3) 注重紀律→對於導師班的委身做深刻的思考：針對六個地域的導師班，我們也有「月會」制度，藉此達到溝通、培訓及加強雙職事奉異象、願景及定位的傳遞。每年會前請假（缺勤）至多 3 次。

除了顯性的扭轉力 300，我們還透過「線上讀書會」佈建了職場宣教的第二張網。我鼓勵每個團隊成員走出去、做出來，將信仰實踐的四本書，一本一本依序帶著認同異象的人來讀，擴大影響力。

藉由潛移默化的方式，吸引全球各地認可職場宣教及雙職事奉神學理念的教會牧者，以及帶使命的各行各業專業人士、企業家、創業者、職場使徒，經歷觀念更新或改變之後，開始在各自事奉神的領域中宣導「職場即禾場、工作即事奉、雙職即全職」的職場使徒概念 – 隱性的扭轉力 300。

無論是顯性還是隱性的 300 勇士，我們都期許他能成為一位第 4 階職場使徒的賦能者（enabler），在自己所處的教會或職場去影響「有影響力的關鍵少數基督徒」以及認可職場宣教的關鍵少數華人教會（doer），使其差派雙職宣教士到未得之民去做跨文化的宣教，此亦為一種借力使力的職場宣教策略。

只要接軌網路平台，從牆內走出牆外、從有牆變成無牆，就可以做到很多實體教會原先做不到的事情，也更有機會完成福音西進的大使命，因此扭轉力 300 的組成，背後正是一種「國度教會」的運作概念。

國度教會的建立，不僅讓地方堂會裡的「馬性基督徒」有發揮創新專長的機會，又可幫助堂會向外拓展。地方堂會和國度教會各有其成立的時代背景及功能，雖然兩者有其根本差異，但也有可相輔相成之處。

(1) 地方堂會及傳統宣教主要以「信仰」角度切入：

- 傳福音
- 做門徒訓練
- 差派：牧者、宣教士——傳道人
- 委身：教會、牧區、宣教工場——單職事奉
- 牆內專注一牧者團隊——堂會

(2) 國度教會及職場宣教則是從「工作」及「信仰」的角度同時切入：

- 傳福音
- 做門徒訓練
- 差派：帶使命的專業人士、企業家、商人——職場牧者
- 委身：職場、國度、宣教工場——雙職事奉

● 牆外專注：使徒團隊——國度

為什麼我會那麼強調地方堂會一定要具備以職場宣教為主軸的國度教會觀？對基督徒個人來說，這麼做可以幫助他們將信仰活在工作和生命當中，在世界作光作鹽；從神的計畫來說，則是為了完成華人接棒、讓福音西進的大使命。針對這部分，我在下一章會有進一步說明。

【反思與討論】

▶ 請寫出本單元的主題與重點是什麼？並分享本文讓你印象最深刻或最啟發的部分。

▶ 從圖 4-3-1 反思你正在上行的那一階？你要如何在所處的職場工作環境，作為門徒訓練、精兵實練和使徒差派的平台？

▶ 試著自問委身書的三個問題，並分享你的回答是什麼？

4-4

福音西進（2023-）：華人要接棒，使命賦能化、地極化與科技化

「但聖靈降臨在你們身上，你們就必得著能力。並要在耶路撒冷（本地），猶太全地（近地），和撒瑪利亞（近文化），直到地極（跨文化），作我的見證。」（徒 1:8）

聖經的使徒行傳裡，耶穌說得很清楚，上帝賦予我們的一個使命是「範圍的使命」，也就是教會要向外拓展。

耶路撒冷教會一開始發展的非常興旺，後來卻侷限在本地發展，因此神就用祂的方式，迫使耶路撒冷的門徒走出舒適圈。由此可見「人意」常常是傾向牆內專注，終至造成教會內捲、信徒安逸；「神意」則是要我們向外拓展，藉此去中央化，並建立國度的教會。

「從這日起，耶路撒冷的教會，大遭逼迫。除了使徒以外，門徒都分散在猶太和撒瑪利亞各處。有虔誠的人，把司提反埋葬了，為他捶胸大哭。」（徒 8:1-2）

「那些因司提反的事遭患難四散的門徒，直走到腓尼基，和居比路，並安提阿。他們不向別人講道，只向猶太人講。但內中有居比路，和古利奈人，他們到了安提阿，也向希利尼人

傳講主耶穌。主與他們同在，信而歸主的人就很多了。門徒稱為基督徒，是從安提阿起首。」（徒 11:19-26）

「在安提阿的教會中，有幾位先知和教師，就是巴拿巴，和稱呼尼結的西面，古利奈人路求，與分封之王希律同養的馬念，並掃羅。他們事奉主，禁食的時候，聖靈說，要為我分派巴拿巴和掃羅，去作我召他們所作的工。於是禁食禱告，按手在他們頭上，就打發他們去了。」（徒 13:1-3）

神要耶路撒冷的門徒走出去做跨文化宣教，也因此建立起一個理想的教會典範「安提阿教會」——關心國度、差派至好、向外拓展。神也在教會裡設立使徒、先知、教師等角色，**使徒**的任務是拓展治理，**先知**的任務是啟示禱告，**教師**是牧養教導，當時的安提阿教會就是使徒團隊事奉的典範。

「神在教會所設立的，第一是使徒。第二是先知，第三是教師。其次是行異能的。再次是得恩賜醫病的。幫助人的。治理事的。說方言的。」（林前 12:28）

「聖靈既然禁止他們在亞西亞講道，他們就經過弗呂家，加拉太一帶地方。到了每西亞的邊界，他們想要往庇推尼去，耶穌的靈卻不許。他們就越過每西亞，下到特羅亞去。」（徒 16:6-8）

「在夜間有異象現與保羅。有一個馬其頓人，站著求他說，請你過到馬其頓來幫助我們。保羅既看見這異象，我們隨即想要往馬其頓去，以為神召我們傳福音給那裡的人聽。於是從特羅亞開船，一直行到撒摩特喇，第二天到了尼亞波利。從那

裡來到腓立比，就是馬其頓這一方的頭一個城。」(徒 16:9-12)

無論是福音宣教還是活出使命，關鍵就是要在行動中尋求聖靈的指引，也就是要依循「神意」而非「人意」。

以當今來說，神向我們揭示的「傳福音的大方向」是自東到西，所以福音要西進：自耶路撒冷 → 向西到安提阿 → 再向西到歐洲 → 再向西到美洲 → 再向西到中國 → 再向西到未得之民 → 最後傳回耶路撒冷

我把宣教分成五個不同的等級（見圖 4-4-1）。我們每位基督徒無論是在家裡相夫教子，還是在職場叱吒風雲；無論是作為基層員工，還是身處領導高層，甚或只是一位就學中的學生，都應該要自許在本地活出信仰。而職場基督徒更要藉著工作，活出傳揚福音和轉化社會的使命。

圖4-4-1 福音西進，華人要接棒——使命賦能化與地極化（2023-）

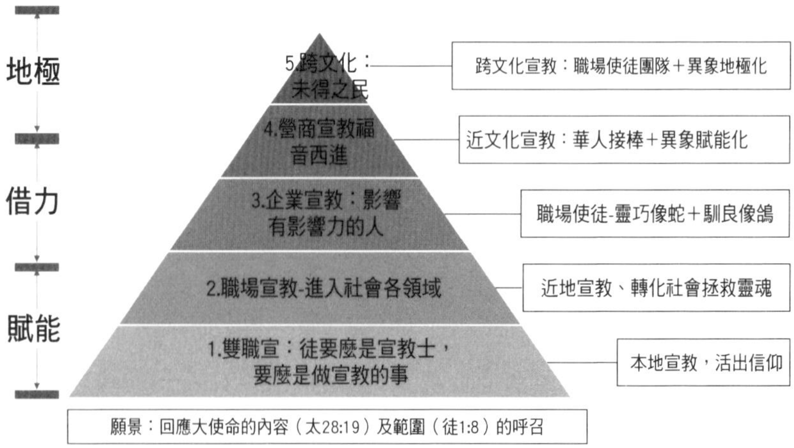
地極
借力
賦能
5.跨文化：未得之民
4.營商宣教福音西進
3.企業宣教：影響有影響力的人
2.職場宣教-進入社會各領域
1.雙職宣：徒要麼是宣教士，要麼是做宣教的事
跨文化宣教：職場使徒團隊＋異象地極化
近文化宣教：華人接棒＋異象賦能化
職場使徒-靈巧像蛇＋馴良像鴿
近地宣教、轉化社會拯救靈魂
本地宣教，活出信仰
願景：回應大使命的內容（太28:19）及範圍（徒1:8）的呼召

▶華人接棒，建立一個貼近新世代的神學思維

接下來，我會針對什麼叫做福音西進、華人接棒等概念，進一步說明其內涵。

● **福音西進**：如圖 4-4-2 所示，福音起源自耶路撒冷（本地），猶太全地（近地），和撒瑪利亞（近文化）的中東，再往西到小亞細亞，由保羅再西進到歐洲，再西進到美國，然後中國必須穿越最難傳福音 10/40 window 的未得之民之地，方能將福音傳回耶路撒及地極。

圖4-4-2 福音西進—華人接棒—雙職宣教—扭轉力300勇士

● **華人接棒**：以全世界各地華人使徒團隊主導的各種國度及地方堂會，要承接福音傳到地極的重任，其中包括符合新世代需求的：

(1) 華人接棒創新神學思維的建立

(2) 華人接棒創新教會運作模式的典範

(3) 華人接棒創新宣教策略：創新的新皮袋，以迎接新酒的挑戰

上述這三點之所以重要，是因為最早的神學是從中東來的，當時歐洲與時俱進建立一個以歐洲為中心的神學觀，並依此主導了教會運作模式。後來，福音傳到美國，又開啟了以美國為中心的神學思維及教會運作模式。

一直到今天，亞洲（包含華人）很多神學理論都是翻譯過來的，神學思維仍停留在過去的世紀中，已經不適用時下許多工作和生命情境，加上按照「神意」的指示，接下來福音棒子是由華人主導，所以我們應該來思考如何結合華人本身的文化背景，以及當前的文明發展趨勢（互聯網、AI 等等），建立一個新的神學思維，以便可以做到轉化社會，並且更容易向新世代的年輕人傳福音。

- **陸上絲綢之路**：這是漢武帝時期打匈奴打出來的一條跨國商道，亦可作為現代傳福音的地上路徑，我們稱之為陸上絲綢之路，具體是指自中國北方的西安、穿越新疆、中亞、歐洲，到耶路撒冷及地極。

- **海上絲綢之路**：海上絲綢之路的起點有兩個，一個是鄭和下西洋的時候走出來的，一個可能是來自中國南方的沿海城市以及臺灣，具體是指由水路向西到東南亞、南亞、中亞、歐洲、耶路撒冷及地極。

▶跨文化宣教→第三張網＋第四張網

在第四章的前三篇文章中，主要是以個人使命的階段性發展為主軸，讓大家看到我是如何一步步將職場宣教的使命從策略化和企業化（第一階段），晉升到傳承化和成全化（第二階段），然後再推展到網路化和全球化（第三階段）。

2023 年，邁入第四階段：賦能化和地極化，所需佈局的宣教動能就更大更廣，而且更需要戰略性了，為此，我規劃出職場宣教三張網的戰略圖，作為第五階段的事工推動重點（見圖 4-4-3）。

圖4-4-3 釋放宣教動能的雙職宣教「三張網」的戰略圖

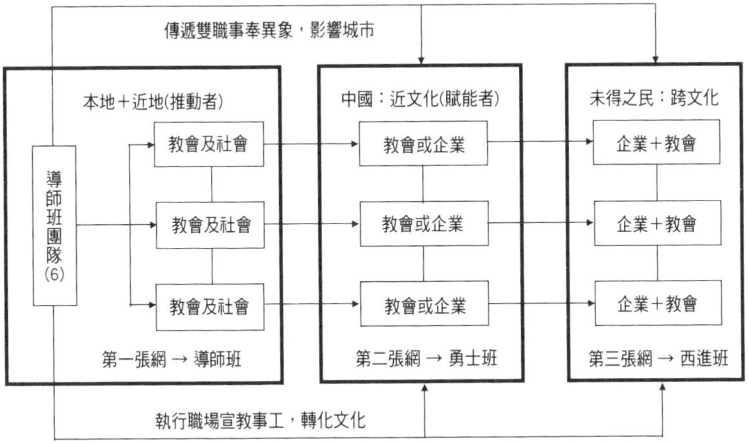

大家可以清楚看出，不同於傳統教會只有差派宣教士去宣教，三張網的宣教戰略還多了一個看似迂迴卻更有果效的方式，那就是藉由企業投資之便，順利進入到未得之民的國度或

地區，並且先完成「轉化當地文化」的福音基礎建設。

傳統宣教的觀點都以為，差派宣教士到當地宣教，只需做到拯救靈魂的福音使命，卻忽略了宗教長久以來是盤根錯節跟當地文化綁在一起，所以不是強勢，有優越感地由上而下的糾正，而是先關顧尋求幫助者切身需要的提升，再藉著聖靈的大能和真理的教導，幫助他們找到真神（因為萬有都是本於祂、倚靠祂、歸於祂……〔羅 11:36〕)。以至於可以揀選、呼召、培育當地門徒，引導轉化當地社會文化，讓基督福音變成他們的信仰與文化。繼續西進，傳回耶路撒冷。

在這樣的宣教戰略下，如何建立起一批「職場使徒團隊」就至關重要了，針對第四階段所著重的賦能化和地極化，其相關概念的內涵如下：

■宣教賦能化：分辨賦能的國度教會，以及執行的地方堂會，兩者不同但互補的功能

(1) 雙職宣教：每個基督徒都應同時活出自己靈界的使命（天上的呼召），以及世界的命定（地上的位份），不論身在何處都隨時隨地做本地及近地的宣教。

(2) 職場宣教：在高度競爭且充滿各種誘惑的職場壓力鍋中，若能活出信仰，職場就成了最好的傳福音禾場 ，以此轉化並影響社會。

(3) 企業宣教：不只是在企業中辦查經、禱告等活動，企業主的基督徒更要活出馴良像鴿（不欺騙、不自私、不驕傲）的生命，以及靈巧像蛇（肯上進、有膽識、善籌劃）的作為，

以奪回基督徒及教會對社會的管理權。

■宣教地極化：向 10/40 window 中的未得之民宣教

(1) 營商宣教（business as mission）：以帶使命的商業人士和各行各業專業人士、創業者、高階經理人、企業家、有營商或專業經驗的宣教士組成的職場使徒團隊為主導，藉著轉化未得之民的社會（改善生活、轉變思維、文化）中完成拯救靈魂的福音使命。

(2) 跨文化宣教：未得之民的宗教（伊斯蘭教、佛教、印度教）長久以來盤根錯節地與當地固有的文化纏繞在一起，要先藉著營商宣教轉化文化後，方能自然地將福音以信仰的方式傳入。

■宣教科技化：駕馭科技，超越疆界，為神所用

(1) 互聯網科技（Internet Technology）：從定點定時提昇到隨時隨地的國度教會，打破時間與空間的限制。幫助我們在職場宣教的願景中實現從導師班（第一張網），進階到勇士班（第二張網），再拓展到西進班（第三張網）。

(2) 第四張網：是連接全球 300 個海星型及蜘蛛型職場宣教的無牆國度教會。這是創建出一個以「工作與信仰」專注的「共享福音」教會，隨時隨地以不同的語言、不同的媒體在解決人們「工作生活」有關的切身需求中，以滿足其終極的生命信仰的需求。可以是完全網路或網路中的實體，以及線下實體的基督國度教會。（圖 4-4-4）

(3) 人工智能科技（Artificial Intelligent Technology）：從單

圖4-4-4 福音進—華人接棒—雙職宣教—整體規劃

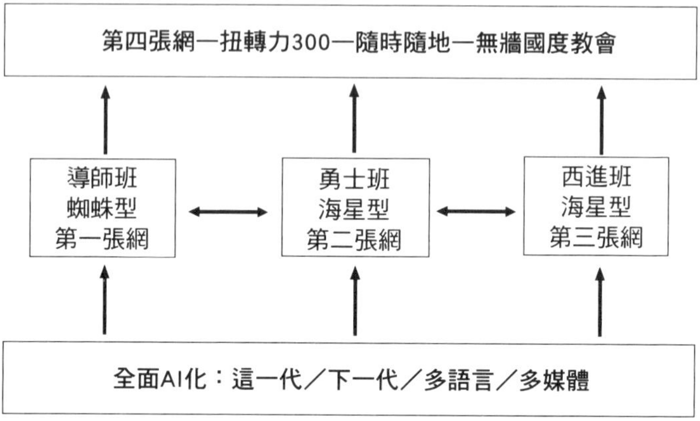

一語言、單一媒體倍增到多語言、多媒體國度教會的境界，打破語言及媒體的障礙。幫助我們在雙職宣教的異象下，成立了多代人的事工。

(A) 這一代事工（This Generation Ministry）：25 歲以上的事工以中文為主，英文為輔，再斟酌添加其他的語言，以及多樣式的媒體。

(B) 下一代事工（Next Generation Ministry）：25 歲以下分為大學生、高中生、初中生、小學生、幼兒等層次。以英文為主，中文為輔，再斟酌添加其他的語言以及更多樣式的媒體內容，不但可用來做主日學教材，更可用來學習新語言的契機。

(C) 課程 AI 化：我們已開始將過去的課程加上 AI 的輔助器，使得原本定點定時、統一的教材 轉變成個人化、隨時隨地客制化的教材。讓每一個學員按著自己目前的時間、程度自主與 AI 輔佐器的互動中，能夠學到更多、更快，AI 輔佐器就等於讓每一位學員配備著一個私有的老師、幫助他學習、幫助他成長。

■ AI 孔毅老師的特色

「起初，神創造天地」。聖經告訴我們，惟有神是創造者，其他都是被造物。AI（人工智慧）是在神所創造的宇宙世界中，由神所造的人發明的，具有自我學習，以及一定的自我完善機能的強大工具。神的兒女，應當按照聖經的原則積極去使用包括 AI 在內的強大工具，更好地榮神益人。

自 2025 年下半年開始，孔毅老師的線上課程將分階段實現 AI 化，在如下四個方面教學相長：

(1) 知識傳授：課程課件

(2) 答疑解惑：疑問解答

(3) 輔助操練：能力提升

(4) 解決問題：職場實踐

目前規劃請見圖 4-4-5、4-4-6、4-4-7 所示。

圖4-4-5 如何以符合信仰的方式使用AI？

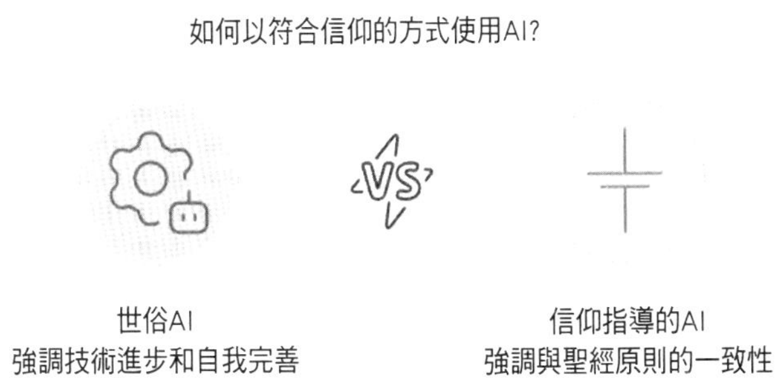
如何以符合信仰的方式使用AI?
VS
世俗AI
強調技術進步和自我完善
信仰指導的AI
強調與聖經原則的一致性

圖4-4-6 實現全面的AI課程集成

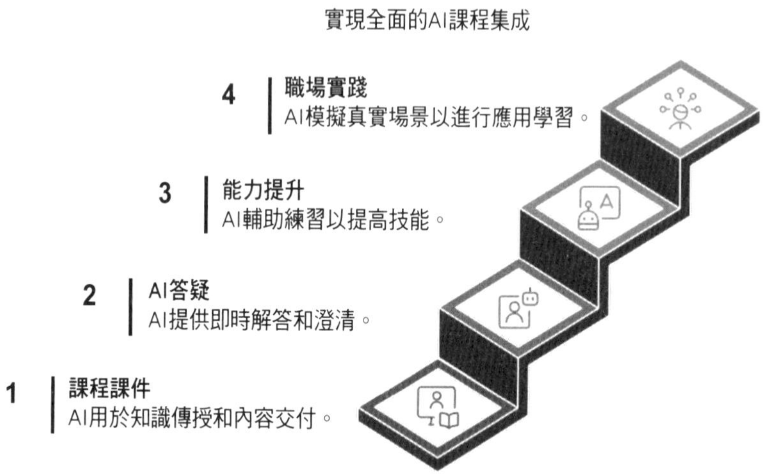
實現全面的AI課程集成
4
職場實踐
AI模擬真實場景以進行應用學習。
3
能力提升
AI輔助練習以提高技能。
2
AI答疑
AI提供即時解答和澄清。
1
課程課件
AI用於知識傳授和內容交付。

圖4-4-7 組織建構圖

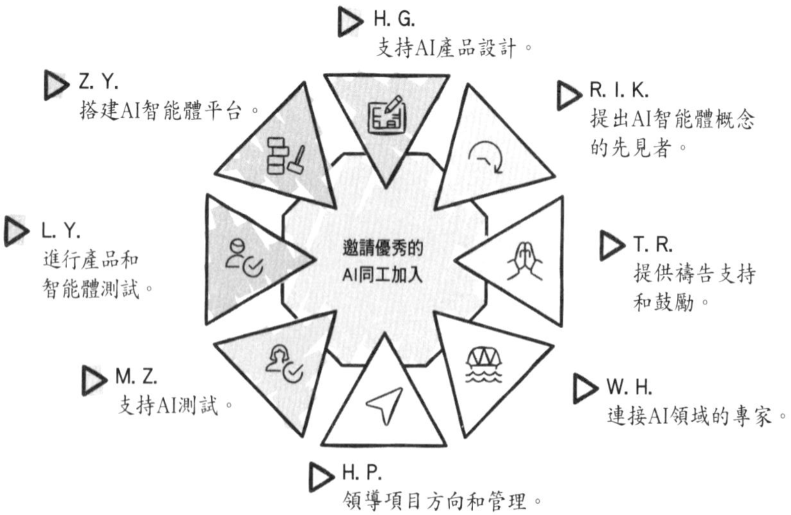
H. G.
支持AI產品設計。
Z. Y.
搭建AI智能體平台。
R. I. K.
提出AI智能體概念的先見者。
L. Y.
進行產品和智能體測試。
邀請優秀的
AI同工加入
T. R.
提供禱告支持和鼓勵。
M. Z.
支持AI測試。
W. H.
連接AI領域的專家。
H. P.
領導項目方向和管理。

【反思與討論】

- 請寫出本單元的主題與重點是什麼？並分享本文讓你印象最深刻或最啟發的部分。
- 你如何看待現在從歐美翻譯而來的神學觀？覺得受用之處是什麼？與時代脫節之處又是什麼？
- 請在安靜後做一個回應本書的禱告：祈求主耶穌光照和聖靈啟示你，在參與華人接棒福音西進的使命中，自己的國度位份和世上工作的職份是什麼？請詳細寫下來。

Part 5

【推薦序】

〈推薦序〉

牆內牆外，有牆無牆

孔雷漢卿

自從我們於 2015 年相識以來，我非常感恩能向孔毅老師學習，並一同在雙職事工中服事。孔老師是我的良師、導師、伯樂，也是朋友 —— 他就如我屬靈旅程中的保羅。我們懷抱共同的熱情與異象：培育職場使命門徒，推動職場事工運動。巧合的是，我們不僅同姓，也曾從事微電子產業，並在新澤西州同一間教會開始服事，之後也一同在美國基督使者協會董事會中服事 —— 感謝孔老師當年的提名推薦。他是一位才華洋溢、洞察深刻、領導力強的前輩，讓我獲益良多。

能夠搶先預覽並閱讀孔老師的第五本書，是我的榮幸。本書提醒我們：神的國度遠遠超越教會的四堵牆。在神賜給所有信徒的三重使命中，我們被呼召要成長（Grow）、走出去（Go）、並發光（Glow）：

大召命（創世記 1:28）：成為世上的鹽

大誡命（馬太福音 22:37-39）：活出上帝的愛

大使命（馬太福音 28:19-20）：為主見證發光

在這黑暗的世代，我們要活出這三重使命，使萬民作主門徒，彰顯神的愛與榮光。每位信徒被呼召進入職場，每一個崗位都是神聖的呼召；這正是「職場使命門徒人生」的核心。我們可以成為同事們「唯一閱讀的聖經」，讓他們透過我們的生命見證，看見神的同在。這些同事，正是教會牧者可能接觸不到的「未得之民群體」(UUPG)。

作為基督徒，我們都被「呼召去工作」(Called To Work)。無論身在何處，我們都是全職信徒與日常宣教士，特別是我們清醒時間的大部分都投入在工作中。我們需要接受在三個主要領域的全人門訓：

教會門訓：教導信仰真理、裝備服事操練，已是教會傳統的強項。

家庭門訓：在家庭中實踐信仰，建立敬虔婚姻、親情領袖與傳承。

職場門訓：將信仰融入工作，操練恩賜，成為有影響力的見證人。

我們要賦能整體教會來完成大使命：牧者與宣教士或許僅佔 1%，而其餘 99% 的信徒才是進入世界的主力軍。因此，教會需要在「硬體 ABC」與「軟體 ABC」兩方面同步成長：

- 硬體 ABC（Hardware）：

——Attendance：出席人數

——Building：建堂擴展

——Cash：奉獻金額

- 軟體 ABC（Software）：

——Attend：照顧全人需要（身、心、靈、關係、職涯、使命）

——Build：培育由內而外成熟的基督門徒

——Commission：差派信徒成為基督的使者，走入世界

各處

自從 1996 年創立「職場使命 Called To Work」以來，這個起源於美國的雙語事工（中英語）已拓展至全球。職場基督徒擁有神聖的呼召——我們被上帝呼召去工作。透過 30 年的推動與倍增，「職場使命」落實了 3E 策略：

——Encourage 鼓勵：提供實用職場門訓資源

——Equip 裝備：培養導師團隊，成為雙職宣教士

——Expand 擴展：建立全球連結的事工網路

迄今，我們已訓練超過 2,000 位學員，建立由逾 50 位導師組成的國際團隊，與教會、企業及社區合作，進一步裝備超過 1,000 位信徒。「職場使命」也已出版 9 本書籍，翻譯逾 200 篇職場靈修文章，以及 100 多集「宣讀聖經職場行」影音節目。

2021 年，我們成立了 WAMSA（Work As Mission Strategic Alliance ，職場事工策略聯盟），邀請 12 所華人神學院與事工機構共襄盛舉，舉辦「職場即工場，本地到全地」職場特會，在動盪的世代中分享挑戰與祝福。

2025 年 5 月 1 日，我們聯合洛桑、世界福音聯盟與眾多全球事工夥伴，發起「全球工作信仰日」，同步推動本地與全球職場事工運動。

我們推動職場事工運動的優先策略之一，是與教會合作，提供書籍、課程、影片與雙職平台等資源，幫助教會將影響力從「牆內」擴展到「牆外」，動員信徒參與職場事奉。我們倡導三個關鍵轉化：

(1) 從活動到運動（From Moment to Movement）

(2) 從意識到實踐（From Awareness to Actual Implementation）

(3) 從感動到行動（From Wow to How）

孔毅老師這本書不僅有堅實的聖經根基，還融合了豐富的實例、見證與實用模型，能幫助教會與信徒在本地與全球推動雙職事工。我誠摯推薦這本書給所有教會領袖、信徒與職場專業人士，邀請你一同加入這場令人振奮的職場事工運動！

主耶穌快要再來了，讓我們帶著迫切的心，差派 99% 的信徒走進世界最大的宣教工場 —— 成為最大的宣教精兵！職場使命總動員，協助教會、裝備信徒、祝福全球！正如葛理翰牧師所說：「我相信，上帝下一個偉大的舉動，將是透過職場中的信徒來完成的。」

（本文作者為「職場使命」、「洛桑全球工作信仰日」、「職場事工策略聯盟」創辦人／主席）

〈推薦序〉

誠意創意牆內外，勇拓新難神國事

朱憲奔

2020 年疫情初起，我剛踏上教會傳道人之職，便有幸參加孔毅老師的《贏在扭轉力》課程。此後，如醍醐灌頂，一發不可收拾，接連追隨孔老師在《第一與唯一》、《雙職事奉》、《看不見的更關鍵》、《職場贏家》、《人生贏家》、乃至如今《雙職贏家》的課堂中汲取教誨。孔毅老師身體力行，將職場與信仰淬煉的豐厚資產傾囊相授，秉持誠意與創意，孜孜不倦圍繞職場、信仰與生命成長，激勵年輕領袖回應大使命、拓展神國度。

2025 年 2 月，蒙孔老師惠賜《牆內牆外》書稿，我得以先睹為快。此書如甘露滋潤，以其獨特視角審視基督道成肉身、賜聖靈、建教會的大敘事，引領讀者探索信仰生命如何從牆內教堂走向牆外禾場，活出神命定的豐盛生命。

孔毅老師在書中大聲疾呼，信仰非定點定時的宗教儀式，而是隨時隨地的信心行動；起點或有不足，拐點卻能制勝；每個基督徒若非宣教士，便在做宣教之事。他從神起初賦予人類的文化使命與福音使命出發，沿聖經啟示的脈絡——從律法先知到基督成全、教會建立——提出修正的教會觀：突破聖俗二分，視「職場即禾場，雙職即全職」。書中展望「國度教會」實踐，訓練 300 勇士在 AI 時代以扭轉五力贏在拐點，以真理信心、誠意創意，勇拓新難神國事，推動福音西進、全球轉化。

這些觀念如醍醐甘露，滌蕩迷霧，讓人豁然開朗：信仰不囿於牆內，而是心懷真理，在牆外隨處活出見證；生命突破困境，須從內在更新，勇擔神國大業。

誠然，有形的地方堂會有其不可替代的價值，是信徒屬靈之家，團契敬拜、真理學習的中心，亦是慕道者認識福音、初信者扎根的基地。然而，教會絕非僅限於四壁之內。信徒的生命操練遍及牆外職場、社區、家庭，所到之處皆為禾場，所遇之人皆為見證對象。正如保羅所言：「教會是基督的身體，是那充滿萬有者所充滿的」（弗 2:22）。

「我們這許多人，在基督裡成為一身，互相聯絡作肢體」（羅 12:5）。普世教會是歷代信徒的屬靈整體，地方教會則是其縮影與體現。信徒當按恩賜忠心服事地方堂會，與弟兄姐妹同敬拜、共成長，但眼光不應止於牆內，而當心懷普世使命，憑信心勇擔又新又難的神國事工。孔毅老師倡導的「雙職事奉」正基於此：世上職份力求第一，國度職份持守唯一，如此方能成全聖徒，建立基督身體。

《牆內牆外》為信徒展開廣闊視野，回應「福音西進、傳到地極」的呼召，並以「300 勇士賦能計畫」付諸實踐。牧者當讀此書，以誠意創意牧養現代教會，持守真理、成全群羊；門徒當讀此書，領受福音豐盛，從因信稱義邁向因義成聖，成為神合用的器皿；慕道者當讀此書，突破對信仰的片面認知，或因真理而得救恩之福。

願《牆內牆外》如洪鐘大呂之鳴，激勵信徒在牆內扎根、牆外開花，秉持誠意與創意，勇拓神國禾場，成就榮耀使命！

（本文作者為紐約雪城華人基督教會牧師）

〈推薦序〉

循著異象行，我的牆外之旅

衣大明

2016 年，我有幸在深圳的一場會議上結識了孔毅老師。在此之前，我一直在探索如何將工作與信仰完美融合。在那次會議上，孔毅老師分享了「扭轉五力」的理念，讓我頗有茅塞頓開之感。在講述「眼力」時，我意識到獨立思考獨闢蹊徑的寶貴，明確了前進的方向；在探討「魅力」時，我意識到如何更好地處理人際關係，擴大自己的影響力；在提及「動力」時，我意識到要提升管理人員的執行力、激發員工的主觀能動性；在「魄力」部分，我意識到把握時機果斷決策的重要性，明白進攻是最好的防守；而在「德力」的講述中，我堅定了誠實守信的職業原則，努力成為一個口碑良好的人。以扭轉五力的架構，帶出工作扭轉力的觀念。孔毅老師的課程讓我耳目一新，受益匪淺。

同年下半年，我追隨老師至美國休斯頓，恭聽了他關於《第一與唯一》的講座。老師深入剖析了愛情與愛心的區別，講到愛情是短暫的，愛心是永恆的，教導我們如何尋找生命中的唯一，並在生活中努力做到第一。以先選擇唯一再做到第一的選擇架構，帶出生命扭轉力的觀念。課程結束後，我邀請老師來北京，讓我的親朋好友共同聆聽老師的課程。我們還深入探討了富人進天堂的問題。

2017年4月1日，孔毅老師在杭州成立了第一期導師班，我們用了三天四夜的時間，深入學習了《贏在扭轉力》和《第一與唯一》這兩部著作，榮幸地成為老師的第一批導師班成員。下半年，我再次邀請老師及導師班成員來北京研修。

2018年，我從日本前往臺灣，繼續參與導師班成員的聚會，學習神的福音如何顯現在職場中，以及如何以教會為本進行職場宣教。牆外神學思維鼓勵每個基督徒走出教堂，藉由在影響城市並轉化社會的過程中，完成拯救靈魂的福音使命，實踐「聖俗合一」的神學觀。這次學習促使我放緩了企業對外擴張的步伐，堅定了內心的宣教使命，初步達成了理論與實踐的有效結合。

2019年，我兩次赴臺灣，深入學習跨文化區分原則、借力使力、操練靜力、與時俱進、愛心與人交往關懷等課程。

2020年，孔毅老師的《雙職事奉》一書問世，我從聖經偉人身上學到了職場工作的職份和國度使命的位份之間的區別與融合，有效解決了困擾我多年的工作與國度的矛盾和衝突。耶穌的教導提醒我們，真正的信仰不僅僅是遵循規則，更是在日常生活和職場中活出信仰。疫情期間，我們轉為線上授課，不僅方便了自己，也接觸了更多學員。

2024年，我尋找新的諾亞方舟——專案探索，打造根祖元中國古文化博物館，該專案將成為銜接國際歷史文化產業和中國歷史文化的樞紐；建設新一代資訊技術會展中心專案，通過集結全球頂級文物文化資源，導入全球最新科技文化創意，助攻文物文化展示升級，打造歷史文化綜合場館，助益中國歷史文化全球化。引領職場使徒團隊為主導，藉著轉化未得之民的社會中完成拯救靈魂的福音使命，要先藉著營商宣教轉化文化後，方能自然地將福音以信仰的方式傳入。最終達到福音西進。我們通過將文化、科技與產業深度融合，為社會創造更大的價值。

家庭始終是我堅實的後盾。我的妻子是我的初戀，我們共同經歷了從青蔥歲月到鬢染白髮的風風雨雨，迄今攜手走過三十八載。我們的孩子，一兒兩女，是上天賜予我們的寶貴禮物，他們的成長和進步是我最大的欣慰。

在職場中，我運用老師的「扭轉五力」理念。致力於打造綠色礦山，並通過評審，為社會創造可持續發展的價值。在礦山建設和管理工作上，我始終以愛心對待員工，用行動詮釋「對事嚴厲，對人溫和」的原則。

2024 年初，神回應了我們夫妻一年多的禱告，北京的母教會在我的礦山所處的河北省懷來縣建立了新的堂點，我們以同工的身份就近參加禮拜、服事新堂。2024 年底，我隨教會的兩位長老赴新疆考察，進一步明確了神賜的異象：我從德國到美國，從美國回中國，從北京到懷來，神帶領我一路向西；我所委身的教會秉持向西宣教的異象，我的職業拓展也要服事這個異象。

感謝孔毅老師的指導和啟發，讓我在信仰與工作的道路上不斷成長，職業上的呼召越來越明確，職場上的宣教越來越有負擔。未來，我將努力成為一個敬虔的人，凡事做到客觀公正，關注更多的負責專案的人，不斷追求永恆的目標，為社會創造更大價值的同時，直接和間接拯救更多的靈魂。

（本文作者為北京根祖元平行科技有限公司董事長）

〈推薦序〉

活用真理、活出基督

李煜民

我自 2020 年到 2024 年參加孔毅老師四本書《贏在扭轉力》、《第一與唯一》、《雙職事奉》、《看不見的更關鍵》的課程，在人生信仰和職場上，我都從書中教導得到學習和應用，不止帶給我靈命上的提升，更是推動我在職場事奉的熱情和宣教的使命，導致我去與多位在越南華人教會的牧者分享，得到他們大多數同意與支持，有些華人教會更成立了工商團契。

從牆內到牆外，突破圍牆的職場宣教：在快速轉變的時代，教會應要以時俱進，典範轉移，不斷創新來應對 AI 科技時代帶來的局面，去發揮信徒的生命影響力。因此必須跨越從「牆內」到「牆外」，從「有牆」到「無牆」。職場宣教是關鍵的一步。

認清牆內與牆外的界線

牆內：傳統的教會場域，信徒在固定的空間聚會、敬拜、受裝備。有牆的限制只專注牆內佈道和屬靈裝備的宗教活動。新朋友除了好奇或有慕道心態的聽眾來教會，非信徒進入教會的機會幾乎不大。

牆外：職場、校園、社區，甚至線上空間，是福音應該進入但尚未完全得著的領域。無牆的機會透過信徒的生活見證、價值觀影響、關係建立，讓福音自然地流露。

職場宣教在牆外可透過工作態度、行為、決策能反映基督的愛與公義，以生命影響生命。透過愛建立關係，關心同事，不是為了「拉人入教」，而是真正服事。以智慧分享福音，當機會來時，用聖經原則解決問題，讓人渴慕基督。用禱告突破屬靈攔阻，為職場、主管、同事代禱，求神預備人心。更以團隊同心同行，職場信徒可彼此支持，成立關懷小組、靈活建立禱告查經團契去成為福音基地。運用職場宣教去打破信仰的圍牆。

無牆時代的宣教模式

線上平台宣教：利用社交媒體、部落格、影片分享見證與聖經價值觀。

社群與影響力：建立「信仰社群」，在生活與興趣圈中傳遞福音。

創意事工：用藝術、音樂、商業、科技結合福音，讓信仰融入日常文化。

當基督徒靈巧地不再把信仰限制在教會牆內，而是帶著基督的愛進入職場、社區、網路世界，相信復興就會發生。我們每個人都是「移動的聖殿也是活的教會」，只要願意跨越圍牆，福音將無遠弗屆！

孔毅老師之前所寫的：《贏在扭轉力》、《第一與唯一》、《雙職事奉》、《看不見的更關鍵》都隱約提及這新書的主題「牆內與牆外、有牆與無牆」宣教範圍與模式。新書內容是強調必須運用職場宣教展開爆炸力，因它是突破對現今世代傳福音的好方法。

感謝神的恩典帶領與賜福，讓我在職場上曾創辦一間商業股份公司且成為美國和日本焊接設備在越南總代理的始創人，同時也以美籍越南華僑職場宣教者的身份與越南在職基督徒交流時，發現他們在教會牆內服事慢慢減少，但服侍主的熱心不減，而是悄悄地在牆外用多種方式推動福音工作，只是缺乏完整的裝備。當我分享和推薦孔老師的作品後」職場事工和宣教的內容和方法正是他們所需要的。他們十分期待孔老師所寫的新書能發揮巨大影響力，讓更多讀者更深度明瞭並貫徹應用且實行，去完成救主耶穌基督所頒佈的大使命來榮耀祂。教會真正的復興是從「活用真理、活出基督」開始。

（本文作者為普世宣教神學院 EMBA 碩士、扭轉力學院導師）

〈推薦序〉

留守兒童人生反轉記

汪勇

當孔老師介紹他的第五本新書已經寫好，是關於基督徒在職場與生活中認識真理，在地活出在天的生命。我主動向孔老師申請，把孔老師教我的全人全時間活出信仰的案例與讀者分享。

認識孔老師前，我在信仰方面樂於建立教會，並積極奉獻。工作靠請客戶吃喝玩樂、送禮，給世界 500 強企業食堂供應食材，賺到了人生第一桶金。但我生活中有三個問題無法解決，一是感知不到神的存在；二是生意受客戶擺布，員工消極工作；三是我父母埋怨我好高騖遠、不會持家；加上，妻子和我都感覺神配錯了，或是我們自己選錯了。

在此情境下，我向神發怨言，神您真實存在嗎？如果您是真神，那您為什麼不幫我把工作變簡單，家庭變和諧溫馨呢？突然我裡面有聲音說，你不明白我的旨意，對真理一知半解，用自己的方法做事，希望我幫你成功，然後你見證我。我想：是啊，要不然怎麼做呢？如果您是真神，求您帶領一個老師來教我怎麼做。

我開始尋找信仰與工作有關的活動，參加了幾次，都是呼召我做神聖的事，我覺得不對，我不做生意哪來錢做神聖的事，我們家人誰來養活，難道等人來奉獻嗎？大家都做了神聖的事，誰又有錢來奉獻養我呢？

最後一次活動中場休息的時候，我向第一次見面的企業高管莊弟兄表示，剛剛講者呼籲我們發起奉獻一把米運動，支援聖工，我說我知道這事有意義，我已經參與很多比這更大的奉獻事項，而我在工作和家庭中與信仰衝突的問題，卻沒有告訴我怎麼解決。

莊弟兄說，過幾天，原摩托羅拉亞太區總裁孔毅老師來，孔老師 28 年靠自己工作成功後，創業 10 年受挫，最後靠著神完美收官經歷，相信孔老師可以教你基於信仰把工作和生活經營好。

幾天後，受莊弟兄邀請，我如約見到孔老師，我是最後一個到的，被邀請向孔老師和與會的 100 多位大學以上學歷弟兄姊妹做自我介紹。

我是留守兒童出身，7 年級上學期末，因為我天天在街市上模仿古惑仔混，學校教導主任通知我父親，再這樣下去派出所很可能就要抓我了。我父親要求我，三天內輟學到上海跟他一起殺豬賣肉，我現在是一個賣豬肉的商人。

我介紹完，孔老師開始講課，我感覺孔老師講的真理和工作及生活方法，都是非常實用的，應該可以解決我上述的三個問題。但我又開始失望起來，雖然孔老師講的很清楚，但是很多資訊是我第一次聽到，而且很多工作和生活習慣我都沒有環境培養，我需要被孔老師說的環境塑造，孔老師層次這麼高了，和我不是一個世界的人，不可能手把手教我、帶我。我沒文化、又是賣豬肉的，又是陌生的稚嫩毛頭小夥子。

奇蹟就在這時發生了，孔老師突然向我旁邊的莊弟兄走來，對莊弟兄說，今天晚上我們要討論，上海成立導師班學習小組的事，先教會你們，我每年來上海兩次，我不在上海的時候就由你們來教弟兄姊妹，用真理解決工作和生活的實際問題。接著指著我說，這位小弟兄留下來一起吧。我當時立刻熱淚盈眶，難道神真在這裡嗎？知道我在想什麼嗎？神是如此真實的嗎？聽我的禱告嗎？

晚上會議結束，討論誰送孔老師回酒店，雖然我聽到孔老師酒店離我家很近，但我自卑，不敢抬頭看大家，當大家問我住哪裡後，孔老師欣然接受我送他。路上孔老師問我，願意加入上海導師班嗎？我說我非常願意，就怕我資格不夠，孔老師說，你寫申請書給我。我說：「孔老師，我能不能不寫申請書，因為我連作文都沒有寫過，我不知道怎麼寫，我怕我寫的不好，您就不要我了。」孔老師說：「你先寫了再說。你寫你想學什麼、解決什麼問題，學會了要做什麼。」

我費了九牛二虎之力寫了，我想學信仰怎麼指導我做生意，怎麼處理我和家人的矛盾，學會後我去教別人。孔老師回覆我：「我免費教你。你要答應我，認真學，自己問題解決了，也要免費教和你一樣的留守兒童，你願意嗎？」我說我太願意了。我還問孔老師，另外五位弟兄姊妹都是高學歷的大企業大領導，而我是留守兒童出身、賣豬肉的，您怎麼就選中我了？孔老師說：「你雖然沒有學校的學歷，但你是社會大學的。雖然你輸在起點，但你有遠大的理想，尋求活出敬神愛人的生命。而且，像他們那樣的尖端人很少，像你這樣農村輸在起點的留守兒童大概上億吧，如果把你教會了，有所作為以後，去教他們，讓他們不要混跡社會，從事有信仰的正道，意義有多大。」

我隨即向孔老師問三個問題：

一、我怎樣才能感知到神與我同在。孔老師說，你信神後，神就在你裡面，只是你不懂真理，按照自己的思想行動，沒有辨別出神給你的感動，你就按照自己方法做了，消滅了聖靈的感動，以後你要安靜自己，傾聽神在你裡面微弱的聲音，再去做。

二、我怎樣做生意才不受客戶擺布，員工才積極工作。孔老師說，若要客戶尊重你，就要有解決客戶問題的產品。若要員工積極工作，就要讓員工學到本事，幫助員工成長，其次讓員工拿到可觀的報酬。你需要求神加你智慧，去設計你的商業模式。

三、我怎樣做，才能讓我父母滿意，妻子才能做個賢妻良母。孔老師說，你父母都是基督徒，你只要經營好夫妻關係，工作之餘抽時間陪家人，讓小家庭安穩，生意量力而為，你父母就滿意了。至於夫妻關係如何改善？不是希望妻子付出和改變，而是你自己先看到她為了你，背井離鄉，放棄自由生活，經歷生孩的苦楚，還要在家照顧孩子，洗衣做飯，你還挑剔飯菜不好，衣服洗得不乾淨。你說不用她出去掙錢生活，難道妻子一個人掙錢養活不了自己嗎？你回家多讚美她的付出，肯定她的能力，一個月幫她燒幾次飯，洗幾次碗，拖幾次地，帶幾個小時孩子，你再看你妻子怎麼回饋你。

我被孔老師這麼一說，突然恍然大悟。我所有的問題都迎刃而解了。

前幾年我又遇到兩個新問題請教孔老師，一是，我二兒子是 2007 年超計畫生育生的，能不能花錢找關係在上海公辦學校讀書，以及大兒子出國留學應該選擇哪個學校。二是，我不做靠請企業客戶吃喝玩樂的生意了，轉為做連鎖土豬肉零售，但零售賣不掉，該怎麼辦？

孔老師說，以前聽你說，兩個兒子都想高中以後出國讀大學，研究所畢業以後回國工作，那就應該在高中之前在國內讀，打好國內文化基礎，以後回國能適應，更重要的是，我們基督徒不能行賄受賄，就算你找關係省錢讀公辦學校，以後查出學歷造假怎麼辦。所以，不用找關係犯錯，直接高中讀私立學校。當然你要把生意做好，這是很大的開支，生意做好就不是問題了。

至於怎麼把生意做好，孔老師說，我不懂賣豬肉，但我教你基督徒做生意的原則，一切都要「用利己之心，辦利他之事」，在靜中尋求神的旨意和智慧，從小而專做起，最重要的生命改變，用生命帶領生活。其他的我也幫不了你，就是你和神的關係了。

我按照孔老師的教導，安排了兒子的學校。現在生意也是選擇從小而專而做，雖然生意經歷著最低谷，但我清楚地感受到，我正在經歷生命僅剩的劣質蛻變過程，我越順從神，生命改變就越快，生命好了，問題也就不是問題了。

最後感恩神的一切帶領，感恩孔老師亦師亦父的教導，感恩神給我機會與大家分享我生命見證，因為每次分享，我的生命就更清晰一些。

盼望更多人看到孔老師的這本書及其餘幾本，生命得以提升。

（本文作者為上海來鴿資訊技術有限公司、上海賜恩食品銷售有限公司董事長）

〈推薦序〉

肉身成道

沈力

我們相信道成肉身。神為了將自己的百姓從罪惡裡救出來，讓他的愛子降世為人，背起眾人的十字架，成了眾人的贖價，道成了肉身，為我們樹立了榜樣。

他（耶穌）又對眾人說：「若有人要跟從我，就當捨己，天天背起他的十字架來跟從我。」作為一個耶穌基督的信徒，我們該如何做回應他讓我們背起自己的十字架來跟從他的要求？這個問題是我信主以來一直困惑著我？

一開始我認為只有教會是聖的，其他都是世俗的，所以禮拜天享受崇拜的禮儀，在內心裡得到淨化，但是出了教堂就繼續犯罪並自我譴責。這種分裂的掙扎是非常痛苦的。我在罪中受譴責，在懺悔中得安慰，又不斷地犯罪迴圈往復中煎熬著。

我內心渴望著能夠找到信仰與生活和諧的系統。渴望能夠被裝備，成為一個有力量有見證的基督徒。於是我開始尋求，神總是在恰當的時候給我安排老師來引導我。我開始遊學訪師，慢慢對信仰有一些觀念的更新。

我在日內瓦聽到宗教改革家加爾文在「工作神召」理念，他強調無論從事何種職業都是上帝賦予的神聖使命，是為了榮耀上帝並服務於社會，人們應將日常工作視為對上帝的事奉，無論是神職人員還是普通勞動者，他們的工作都具有神聖性，人們應當勤奮努力工作，積極追求職業上的成就，這並非為了個人財富或地位，而是為了榮耀上帝，同時在工作中取得成就，被上帝祝福，是證明自己可能是上帝選民的一種方式。

在英國聽到了在約翰・衛斯理的「拚命的賺錢，拚命的省錢，拚命的捐錢」的理念，人們應該努力工作中賺錢，這並非是為了追求物質享用，而是對上帝賦予的才能和機會的善用，是一種責任。同時，要拚命的省錢，倡導節儉的生活方式，避免浪費和奢侈，抵制世俗的享樂主義。將節省下來的錢用於更有意義的事情，去影響他人，傳播福音，支援各種慈善事業活動，以此來榮耀上帝，踐行基督的愛與關懷精神，讓財富發揮更大的社會價值和屬靈價值。

這些屬靈的先輩引導我更新了我的價值觀，讓我的思想得到了洗禮，我才知道聖俗二元論的危害。我開始有意識的去努力沿著這個方向前進，但是我依然無法做到信仰與生活的合一。我在熱情中前進，又在老我的習慣中與社會的壓力下退步。如此反覆，就像保羅一樣：立志行善由得我，只是行出來由不得我。我知道了正確的方向，但是就是行不出來。

在 2017 年第四季度我認識了孔老師。他是一位對人慈愛對事嚴厲的好老師，又是一位坐而能論，起而能行，靜而能書，非常全面的信仰踐行者。他提出「工作即宣教，職場即禾場」的理念，讓我們每一個信徒活出「雙職事奉」的人生，在與神互動的過程中找到最適合自己的唯一，進而在此基礎上追求卓越，最終做到專屬自己的第一（而非追求世界上的第一），將內心的信仰活在生活、工作的方方面面，並由此來事奉神，因此活出自己真正幸福的人生。

他提出了要處理好工作的關鍵時刻，生命的定義時刻，在工作中利用五力實現自己工作的典範轉移，以及在生命中靠著聖靈實現生命的典範轉移。

所有這些都要求我們基督徒在工作中要像服事主一樣去服侍我們的客戶，我們要在工作中努力讓客戶、員工、企業、社會滿意，進而也就實現了讓上帝滿意。我們在工作要善用上帝賜予我們的才幹和機會。在工作實踐中熬練我們的生命，讓看不見的生命指導看得見的工作生活，也在工作中不斷經歷神從而不斷昇華我們對生命的認知，進而逐步認識到自己被上帝差派到這個世界上的使命、意義和目的。

在通過努力的卓越的工作我們實現了自我價值，作為副產品，也會獲得相應的成就、財富和地位、影響力。在聖靈的引導下，把上帝賜予的這些去說明給更多的人知道，影響更多的人，讓他們感受到上帝的愛，進而去感謝神，讓上帝得榮耀。

孔老師的知行合一體系，在我的生活工作中有非常大的影響。他引導我平衡好信仰與工作的關係，讓看不見的信仰指導我的看得見的生活。在工作中過合作不妥協的職場生活，這讓我在職場得到了裝備，獲得了力量。

我知道在信仰的道路上還會有很多的挑戰，對信仰的探索也會不斷地深入。能有這樣一位屬靈長者的陪伴，實在是上帝對我的恩典。

我們的道場不在遠方，而是在身邊：在婚姻中、子女教育中、孝順父母中、社區中。

我們的道場不只在生命中，也在我們所在的工作職場中。

我們在道場不只是高談闊論，更是在一點一滴的日常行為中實踐出我們的信仰。

我們的道場不只在星期天的教堂裡，更是在我們六天教堂外一分一秒的生活中。

我們像耶穌一樣捨己，背起自己的十字架，我們自己的肉身成道，參與到他偉大的愛的工程裡，成為世間的一道光，照亮周圍的別人，完成神差我們來到世上的使命。

「願神我們的父和我們的主耶穌一直引領我們到你們那裡去。又願主叫你們彼此相愛的心，並愛眾人的心都能增長、充足，如同我們愛你們一樣；好使你們當我們主耶穌同他眾聖徒來的時候，在我們父神面前，心裡堅固，成為聖潔，無可責備。」（帖前 3:11-13）

（本文作者為北京華創方舟科技集團有限公司總經理）

〈推薦者〉

始終與時俱進的行道者

沈美珍

跟孔老師相識於 2008 年的上海。

2004 至 2024 年與泰然牧師奉神差遣前往中國上海宣教，當時我轉換角色，任職於中芯國際半導體公司人事發展部，職責之一是負責公司內部各項培訓課程的規劃與安排。認識孔老師之初，敬仰於孔老師多年在高科產業界卓越的專業成就，以及溫文儒雅的領袖風範，於是力邀孔老師在公司高階主管兩天的培訓營會中，擔任 Keynote Speaker。

大師開講，從法國餐廳、星巴克、女子足球、楚漢爭霸、Uber、Airbnb……精彩生動的故事展開對市場經濟、高科產業、領導管理能力……等各方面的亮點。在場 200 多位學員，從工程師到高管，無不專注，沒有一個人打瞌睡！最年輕的員工跟孔老師的年齡差距超過 35 歲，這是公司過去辦理各種培訓課程從未出現過的現象，是什麼樣的魅力，可以跨越年齡、專業技術、領導管理，讓主管和員工都受惠？

2010 年，因公司改組，我離開了該半導體公司，孔老師與另一位愛主的李誠志弟兄為了支持泰然和我繼續留在上海服事，一起開辦了璀尼西企業管理諮詢公司（國際扭轉力企業管理諮詢公司的前身），孔老師開始將他多年在工作之餘撰寫的領導管理實戰教材（也就是後來《贏在扭轉力》一書的核心內容），用來幫助更多的企業領導者，文海大師兄就是在那時開始接受孔老師手把手的教導。難得與孔老師一起去服務企業的幾次經驗中，印象最深刻的一次是為了幫助一個偌大企業的接班人——老闆 30 歲出頭的兒子。孔老師花了一整天的時間，用心了解該企業的過去和現在，並精準地分析未來的趨勢。然而最讓我感動的不是前面對企業精闢的診斷，而是眼前這位長者感受到年輕人的不快樂，又繼續花了好長的時間，耐心與他對話和探討，想幫助他找到自己的人生價值和命定，最終鼓勵他有勇氣面對家族，「獨立思考」接班不一定是唯一的路，或許有更好的方法？我看到年輕人對眼前這位長輩所給予的智慧和溫暖充滿了感謝，我想那天我已經搶先拜讀了孔哥的第二本書《第一與唯一》的精華了！

第一次聽孔老師講道：「在工作中榮耀神！」孔老師一開始就問：神關心你的工作嗎？接著一連串的問題：工作的本質為何？工作與信仰之間有鴻溝嗎？是兩極化嗎？神與工作是聖與俗二分嗎？如果工作中看不到神，大使命貫徹得下去嗎？哇！每個都是重磅好問題！（心中正在盤算……人的工作一天 8-10 小時，一週 5-6 天，一個月 22 個工作天，一年 264 天都在工作，那麼如果……）孔老師已經進入經文解析：

創 1:1 神是工作者——起初神創造天地……神造物的工已經完畢……。

創 1:18 神造人為工作者——……治理這地，也要管理海裡的魚，空中的鳥和地上各樣行動的活物。

創 2:8,15 神與人一同工作—— ……神在東方的伊甸立了個園子……神將那人安置在伊甸園，使他修理看守。

接著，路 5:1-11 更是精彩地詮釋了職場人、工作場域、工作時間和工作者心態的轉換。孔老師獨到的視角和解經的新意，統整了我從神學院畢業、牧會 10 年後，又在職場宣教中與許多基督徒一起工作、共同生活，一同服事的所見所聞。我明白了信仰不再只是弟兄姐妹來到教會的一個敬虔火熱面向，信仰是全然立體的生命實踐：當信仰「在生活中被考驗、在工作中被應用、在生命中被活化」，基督信仰就會爆發出極大的影響力，無怪乎孔老師的第三本著作《雙職事奉》，能帶給許多牧者重新檢視「職份」與「位份」，反思在教會內的事奉。

因著疫情，孔老師的課程全面上線，遍地開花，影響之巨，始料未及！第四本著作《看不見的更關鍵》適時出爐，恰如其分地幫助我們在後疫情時代，更多沉澱自己，傾聽內心的聲音，突破自我與那愛我們的神有更深的交會。當我們預備好自己迎向巨變的 2025 年，面對 AI 時代來臨的瞬息萬變，始終獨立思考、敏銳國際局勢、心繫神國度發展的孔老師，已悄然醞釀出第五本著作《牆內牆外》。有幸在孔老師寫作的過程中，泰然牧師和我，多次在神學上與孔老師激烈對話，深深體會老師內心的迫切，他不改初衷，「沒有挑戰就沒有突破！」

面對末後的世代，屬神兒女如何跟上永遠「領導潮流」的耶穌腳蹤，書名已經一語道破：「耶穌走遍各城各鄉，在會堂裡教訓人，宣講天國的福音，又醫治各樣的病症。他看見許多的人，就憐憫他們；因為他們困苦流離，如同羊沒有牧人一般。於是對門徒說：要收的莊稼多，做工的人少。所以，你們當求莊稼的主打發工人出去收他的莊稼。」（太 9:35-38）。

你願意再一次回應神透過他忠心的僕人孔老師對你發出的挑戰和邀請嗎？

（本文作者國際扭轉力企業管理諮詢公司董事、三一全人發展協會理事長）

〈推薦序〉

活出榮耀與充滿盼望

周巽正

孔毅老師是我很敬佩的屬靈前輩，不論在職場與事奉上，他都有非常豐富的經驗跟智慧，每次聽老師分享時，他的洞見和睿智也都給我許多提醒，因此當老師出版他的新書《牆內牆外》時，我非常樂意推薦給眾牧長和弟兄姊妹，相信這本書會成為許多人的力量。

在 2019 年老師的著作《雙職事奉》發表會中，我有榮幸向他請教，基督徒該如何在職場上做見證？老師提到在工作職場為神做見證，不只是用口，是要行出來，也就是要有好的品行與卓越的表現。而在《牆內牆外》這本書中，孔毅老師便帶領讀者到更高更寬廣的視野，透過神學思維的典範移轉，幫助神的兒女更深進到「牆外神學」的思考中，不只透過品格與行為為神做見證，更從個人的突破，帶來社會與教會的轉變，直到完成基督的大使命。

本書一開始，孔毅老師便精準地指出普世教會的困境，包含：(1) 教會無法影響社會，反而被社會影響；(2) 教會無法吸引並留住年輕人；(3) 教會不知如何有效地向未得之民傳福音。因此若教會想要經歷復興，並對世界帶來影響力，就必須誠實地來到神面前自省，脫去僵化的宗教思考與事工導向。我非常認同老師的看見，也認為教會需要再次經歷福音的大能，才能從牆內跨到牆外，並在社會的各個層面成為美好的見證。

在閱讀的過程中，我也被孔毅老師的講論與編排吸引。他綜觀整本聖經，幫助讀者重新釐清上帝對人類的兩個使命呼召，第一個是要去治理、管理與轉化社會，第二個也就是大使命，使萬民被主拯救，成為基督的門徒。同時老師也強調應用，落實在地如在天的真理教導，渴望幫助神的子民在建造教會與宣教上，能帶出強而有力的行動。在本書中，孔毅老師都會直接講解與應用經文，給予弟兄姊妹不同面向的思維與看見，並且在每一章中都安排反思與討論，帶領讀者去省思並能具體實踐。整本書都能看見孔毅老師的用心與細膩，非常適合教會牧長、職場領袖與弟兄妹閱讀，相信能幫助各位有許多的學習與收穫。

現今是一個關鍵的時刻，不論全球局勢、經濟都在動盪之中，神也呼召祂的百姓拿起權柄來治理這地。我非常推薦大家在這樣的季節中閱讀《牆內牆外》這本書，必定能給您全新的刺激與思維，幫助您活出榮耀與充滿盼望的生命。

祝福您！

（本文作者為台北靈糧堂主任牧師）

〈推薦序〉

職場使徒的福音曲線

思考琦

得知恩師即將出版第五本著作，作為學生，內心充滿欣喜與感恩。蒙老師垂愛，得以先行拜讀大作，這份殊榮令我既感惶恐又倍感珍惜。關於「一睹為快」的「快」字，學生淺見，竊以為可作四層理解。

■快在「成了」

「你們明顯是基督的信，藉著我們修成的。不是用墨寫的，乃是用永生神的靈寫的；不是寫在石版上，乃是寫在心版上。」(〈哥林多後書〉3:3)

作為跟隨老師學習六年的學生，我深深感恩能見證這本新書的誕生。若以自己有限的體會和對上帝粗淺的認識來揣摩，這本書的形成，絕非僅僅源於老師的教導或文字，而是聖靈在他生命中的長久塑造與澆灌。正如經上所記，真正的「信」不是刻在石版上，而是刻在心版上——而這本書，正是老師生命被神雕琢的見證。老師強調本書的核心：在這變動不居的時代，最重要的不是急於「做」什麼（doing），而是先回到「是」什麼（being）——即我們應當成為怎樣的人。老師的教導從不流於空洞的道理，而是扎根於敬虔生命的真實流露。他所寫的，正是他所活的；他所傳的，正是他所信的。

■快在「精義」

「叫我們能承當這新約的執事，不是憑著字句，乃是憑著精意；因為那字句是叫人死，精意（或譯：聖靈）是叫人活。」(〈哥林多後書〉3:6)

作為蒙恩跟隨老師學習的學生，我常感佩他如何以生命詮釋這段經文。多年來，老師不辭辛勞，每年往返於上海、臺灣、北京、波士頓、休士頓、洛杉磯六地，為各地學生帶去教導與分享。然而，他的教導絕非僅僅傳遞知識，而是先讓自己沉浸於神的話語中——默想經文、聆聽聖靈的聲音，再以福音的心腸，將真理的精髓解明。他不僅講解「精義」，更以身示範，活出「精義」。

在本書中，老師以獨特的視角，將我們耳熟能詳的聖經人物——從亞伯拉罕到大衛，從以斯帖到保羅，從撒瑪利亞婦人到稅吏，從法利賽人到喇合等等一一剖析，顯明他們如何在各自的處境中活出真實的信仰。這些故事看似熟悉，但經老師詮釋後，卻煥發出新的亮光，使人不禁像約伯一樣驚歎：「我從前風聞有你，如今親眼見你。」（約伯記 42:5）這本書的價值，不僅在於它教導了什麼，更在於它如何引導讀者超越「字句」，進入「精義」——不是停留在頭腦的知識，而是讓神的話語成為生命的動力。

■快在「呼召」

「不要急著去做傳福音的『事』，而要先將自己成為『福音』。」這是老師在書中給予我的深刻提醒——它道出了福音事工的本質：不是從「做」開始，而是從「是」開始。

老師在這本書中引導我們思考一系列根本性問題：什麼是真正的驕傲與謙卑？什麼是神國度的核心原則？如何建立活潑的禱告生命？這些都不是理論性的探討，而是幫助我們每天向自己傳講福音，讓福音先改變我們自己，直到我們活出福音的樣式。唯有這樣，我們傳講的福音才具有真實的生命力。

〈馬太福音〉28:18-20 是老師常常帶領我們反覆默想的經文。耶穌說：「天上地下所有的權柄都賜給我了。所以，你們要去……」。請注意這個順序：「先是」所有的權柄，「然後是」所以——我們的事奉永遠建立在基督的權柄之上；先是「成為門徒」，然後才是「使萬民作門徒」。這正是老師教導的精髓：傳福音的呼召，始於被福音改變的生命。

這本書最寶貴之處，在於它不是教導我們「如何傳福音」，而是幫助我們「如何成為福音」。當我們的生命越來越像基督時，傳福音就不再是一項任務，而是生命自然的流露。正如老師常說的：「不是我們去傳福音，而是讓福音透過我們傳出去。」

願這本書幫助我們更深地明白：真正的福音事工，始於被福音征服的生命；最有力的傳講，是活出來的見證。

■快在「踐行」

老師不僅著書立說，更身體力行地推動自2014年以來的福音運動：使命的策略化與企業化、傳承與成全、網路化與全球化、賦能與地極化。作為有幸參與其中，例如「扭轉力協會」、「智慧工作坊」的一員，親眼見證了許多職場基督徒從信仰實踐的困惑無力，到通過老師的書籍、視頻和輔導訓練後，對神的道有了更深的領悟，並生發出清晰的使命感、迫切的福音心志，以及切實可行的實踐策略。

在本書中，老師更從「理念」、「形式」、「服事」三個維度，深入剖析初代教會與現代教會的異同，探討華人如何承接福音接力棒，闡釋「牆內與牆外」、「贏在拐點」等深刻洞見，重新定義善、憐憫、公義、信仰的真諦，指引我們走上不尋常的事奉道路。每一次閱讀，都讓人對「愛」的本質——犧牲、付出、不求回報——有新的領悟。

願老師這本新書不僅能更新我們的認知，更能幫助我們活出信仰的活潑與傳承，真正明白聖經的「精義」而非字句，成為福音的忠實使者和職場使徒，以生命影響生命，要嘛是宣教士，要嘛是做宣教的事，一起向著標杆直跑，拓展神國更大的國度。

（本文作者為德博諾國際認證思維訓練師）

〈推薦序〉

信仰滲透至生活的方方面面

柳子駿

在我所牧養的教會中，幾乎所有弟兄姊妹都身處職場，他們每天花費最多時間的地方，不是在教會，而是在工作崗位上。因此，許多基督徒都在思考：如何在職場中活出信仰？如何在日常生活中實踐真理？ 當這樣的疑問成為大多數信徒心中的共同課題，正是教會需要回應並提供方向的時候。

當一個基督徒渴望為主而活，答案不應該僅限於教會內的事奉。孔毅老師的新書深入探討「雙職事奉」的理念，為我們提供了一個將信仰融入生活的嶄新視角。無論是牧養教會的牧者、職場中的基督徒、學業中的學生、操持家務的母親、全心育兒的父母，甚至是退休後投入義工或服事的人，都在回應神的呼召。在任何領域中，我們都可以創造價值、服務他人、貢獻社會，並榮耀神的名。

每年孔毅老師來到台灣，我總會特別安排時間與他交流。在與他對話的過程中，我不僅獲得許多智慧，也讓自己的牧會視野更加開闊，對信仰與生活的連結產生更深刻的反思與創新。因此，我衷心推薦這本書，願它能為你的人生帶來啟發，使你在每個生活場域都能為主而活，散發出因認識耶穌而有的馨香之氣。

信仰不應只停留在教堂之內，而應滲透至生活的方方面面。透過「牆外神學」的實踐，落實「聖俗合一」的神學觀，使我們不僅能影響個人生命，更能轉化城市與社會！願這本書成為你的指引，幫助你在雙職事奉的道路上，走得更穩、更深、更廣。

（本文作者為台北復興堂主任牧師）

〈推薦序〉

是時候拆牆了！

胡裕勇

在這個瞬息萬變的 AI 時代，我們面臨前所未有的挑戰與機遇。孔毅老師的新書《牆內牆外》正是這一時代所需的呼聲，提醒我們作為教會的信徒和牧者，必須突破固有的思維與限制，勇敢地拆除那些阻礙我們向外延伸的牆壁。

我深深尊敬孔老師，他以父親般的心腸撰寫這本書，對於香港教會面對信徒流失潮、移民潮及失業潮的現狀，他在聖靈領受的智慧和啟示的教導，真的是一道良藥。他不僅提出了對信仰的深刻洞察，整合新舊約的神學反省和案例，再分析現今教會牆內牆外的趨勢，更提供了具體可行的應對策略，幫助我們在這樣的困境中找到破局之道，化危為機，與時俱進。

書中提到的「雙職事奉」理念，讓我們意識到信徒不僅應該在教會中活出信仰，更應該在各行各業中成為天國將領，以勇氣和智慧去影響社會。這不僅是對信仰的呼召，更是對每一位基督徒的挑戰，讓我們在職場上發揮扭轉五力，更多操練變商（XQ），成為神國的使者。

我最深刻的其中一段是，孔老師以福音書中四個人抬癱子見耶穌的故事作為例子，深刻地指出我們應該如何行動。在那個故事中，這四個人不顧重重困難，拆下屋頂，才讓癱子得以見到耶穌，獲得醫治。他們的勇敢與堅持，不僅改變了癱子的命運，也讓我們明白，拆除牆壁的必要性。今天，我們是否也在不斷築起自己的牆，阻礙更多渴望認識耶穌的人？我們是否在教會的安全區域內安逸，而忽略了牆外那些需要醫治的靈魂？

孔老師的書將引領我們思考如何在這個末後的日子中，不僅呼籲人們「來」教會，更要激勵他們「去」到每一個角落，去影響並帶領他們周圍的人。這是一個全新的宣教模式，孔老師其中一句金句發人深省：「要嘛做宣教士，要嘛是做宣教的事」，真的是對「去使萬民作我的門徒」的呼籲和實踐。

在這個關鍵時刻，我們需要不斷更新求變，與時俱進，學習如何在教會與社會之間架起橋樑。讓我們一起拆除那些不必要的營壘，釋放出更多的信徒，讓他們在職場中成為光和鹽，展現雙職事奉的影響力，讓神的國度在地上得以建立。

讀完這本書，願每一位讀者都能重新思考自己的角色，勇敢走出牆內，成為改變社會的力量。是時候拆牆了，讓更多人遇見耶穌、得著醫治。讓我們以行動回應這份使命，為神的國度而奮鬥。

（本文作者為U -Fire創辦人兼總幹事、The Well營運總監、Lampas Consulting創辦人）

〈推薦序〉

牆外張網，福音西進

孫威令

參與 2023 年美國阿拉巴馬州奧斯本大學屬靈復興運動的米克里布牧師（Zach Meerkreebs）曾說，他近來沒有聽到學生質疑苦難的議題或辯論創世的記載，他卻聽到學生問：為什麼福音好像無法改變人們的生活方式？他們看到失敗的婚姻、教會領袖霸凌和虛偽，他們想知道，這種信仰真的能改變什麼嗎？

今天許多年輕人離開了從小生長的教會，因為在傳統的教會的圍牆裡，他們看不到那位「耶穌愛我我知道」的耶穌。其實目前許多教會會友對教會的無力感仍然普遍存在，教會裡的事工好像不能影響世界，反而在家庭、社交和職場中，逐漸接受世界的價值觀。

孔毅老師指出教會的三大困境：

一、教會不知如何有效影響社會，甚至越來越被社會影響
二、教會不知如何吸引不進入教會的年輕人，並留住教會的年輕人
三、教會不知如何有效地向未得之民傳福音

有鑒於此，希望著書陳述教會應有與時俱進的心態回應

時代的需要，並以永恆真理和超越時代的思維來影響世界。繼《看不見的更關鍵》一書後，第五本書《牆內牆外》應運而生。同樣以聖經爲本，以國度的胸懷，推展主所吩咐的大使命。

認識孔老師是在 2016 年，他來教會做職場事工的培訓。我當下買了一本《贏在扭轉力》，他以「認識耶和華是知識的開端」題字勉勵我。之後我加入了北美導師班，追隨孔老師在雙職事奉的事工中服事。孔老師爲人敬虔，學識淵博、思路清晰、解惑敏捷。在他的教導中，使我們深深體會真正的信仰不僅僅是遵循規則，更是在日常生活和職場中活出信仰。

經過多年獨立思考的嚴謹訓練，他能把複雜的理論用簡單易懂的短句表達出來。諸如「用對的方式把工作做好」、「合作而不妥協」、「先作敬虔人，再做敬虔事」，使我們受惠良多。

孔老師對跨文化宣教也很有負擔。這也是《牆內牆外》的重點之一。當年使徒保羅響應馬其頓呼聲，開啟福音西進的先河。〈使徒行傳〉16 章 9-10 節這段聖經經文決定了兩千多年來傳福音的方向，就是「福音一直往西前進」。福音從耶路撒冷到歐洲、非洲，歐洲到美洲，再從從美洲回到亞洲。在 1943 年當時「中國內地會」協助成立的「遍傳福音團」（The Chinese Back to Jerusalem Evangelistic Band）提出了福音由中國傳回耶路撒冷的異象，在 21 世紀的北美導師班也產生很大的回響。

孔老師特別鼓勵我們參與「牆外」宣教的事工。在書中他特別提到雙職宣教的「四張網」的戰略，並按照需要培育同工：本地宣教的「導師班」，近文化宣教的「勇士班」以及跨文化宣教的「西進班」。他還生動的使用「蜘蛛型」及「海星型」的團隊結構來闡述他的理念，簡單易懂。

目前「西進班」已在中東地區成立孔老師著作的讀書會，教導贏在拐點，找到唯一以及雙職事奉等課程，並提供一對一的陪伴輔導，賦能給當地的同工，使他們成爲跨文化的宣教使徒。在我們服事「福音西進」的過程中，每月一次的網上會議，全美各地的導師齊聚一網，靈修、禱告、分享、受教，感謝主！人人都得造就。來自不同教會的我們，沒有專注在牆內，而是聚焦牆外亟待關注的禾場。並以國度教會及職場宣教的角度從「工作」及「信仰」雙管齊下同時切入工場。

聽孔老師的課和看孔老師的書，常有如沐春風之感，《牆內牆外》也不例外。

（本文作者為休士頓福遍中國教會長老、前德州 KTI 網路公司副總裁）

〈推薦序〉

喜歡接受挑戰的，歡迎加入導師班

徐鴻發

回想 2017 在 Los Angeles Ontario Convention 的 AFC 大會工作坊中第一次聽到孔毅老師介紹《贏在扭轉力》這本書，當時一聽到把德力放在五力的中心（如同一個人的心臟位子）我心裡馬上有感動，這就是我一直在找的，聽到孔老師對德力的講解。就被點醒了。非常榮幸能夠加入孔老師的北美雙職事奉的導師班。

我自己在全福會已經有十幾年了，一直覺得已經走出教會的牆內服事，在牆外跟一群來自不同教會的弟兄們一起服事職場上男士，也已經找到在服事上的熱情，因為話題跟工作有關係。直到聽老師區別活動 VS 運動的真正差別之後，才開始專注在關鍵少數身上，結果真的不一樣。

跟導師們一起用孔老師的四本書帶領讀書會的時候，也體驗到專注在關鍵少數身上的果效的確不一樣。學習先做敬虔人（生命改變），因為神要的是敬虔的人，不是只做敬虔的事。特別是領導人要專注在管理改變，定方向，管理策略……課堂上聽起來容易明白，但是真的面對關鍵時刻時才發現沒有那麼容易。感謝老師提早有系統性地每次在關鍵時刻之前就已經把願景、方向、定位、目標都先定下來了。跟隨一個好的領袖和一群優秀的團隊真的學會很多。也體驗到為什麼這麼多優秀的導師們願意跟隨老師。

有上過老師的課都對羊性基督徒和馬性（使徒、先知性）的基督徒並不陌生。北美導師群成立已經有四年多了，加入導師群的人也越來越多，注意到有些導師們的熱情已經沒有那麼熱了，老師在關鍵時刻之前就給了一個新的願景給我們，是帶有挑戰性的，雖然很難但又是能夠做得到的新目標四張網：

(1) 雙職事奉（導師班）：第一張網

(2) 雙職事奉（勇士班）宣教差派平台，牆內到牆外：第二張網

(3) 雙職事奉（西進班）華人接棒，將福音傳到地極：第三張網＋第四張網

我之前一直在想馴馬師到底要如何做到呢？這次真的親身體驗到新的願景，新的目標一出來，經過老師的解釋之後馬上看到馬性的導師們的熱情被點燃了。三大海星計畫已經開始進行了。

海星計畫 1：用 AI 把老師現有的中文視頻翻譯成英文，有了英文版就可以翻譯成更多的語言了。

海星計畫 2：把老師的書翻譯成年輕人／ABC 常用的語言，也許會加上動畫片。

海星計畫 3：福音西進。我是來自東南亞緬甸的，所以對福音西進東南亞這方面有感動。

馬性的人就是喜歡接受有挑戰性的任務／目標，如果你自

己覺得自己也喜歡接受挑戰是使徒性的人，有感動就要有行動，歡迎你不只是報名來上老師的課，接受裝備訓練之後更鼓勵你申請加入導師群。

（本文作者為南加州華人全福會總召、南加州建築開發公司負責人及項目投資人）

〈推薦序〉

在每一天的工作中，成為他人的祝福

晏信中

孔老師內心的寬廣、眼光的高深加上充滿智慧的言談，一直令我非常敬佩，他從一位職場高階經理人的高度再加上屬靈生命的啟示，給了許多基督徒具有突破性的思想！《牆內牆外》，就是一本對教會界深具啟發性的書，探討了教會如何在神學思維上能夠帶出典範轉移，引導現今的基督徒，即使工作在職場卻能深深實踐與活出信仰。當基督徒在職場上做鹽做光，發揮出影響力，這就帶出了福音的翻轉力。

書中提供了許多實際的建議和例子，讀者將會發現，信仰並不僅僅局限於教會的四面牆內，而是應該延伸到日常工作的每一個角落。如果你希望找到一個能夠啟發你在職場中活出信仰的指南，《牆內牆外》絕對是不容錯過的佳作。這本書將幫助你在面對職場挑戰時，找到屬靈的支持和力量，並在每一天的工作中，成為他人的祝福。

（本文作者為台北靈糧堂牧師）

〈推薦序〉

堅定跟隨，成就雙職風采

高海燕

我最早結識孔毅老師，是源於 2016 年在深圳參加中國企業家峰會，參會者有一千多人，孔毅老師是大會邀請的主講嘉賓之一。雖然孔老師的大會演講只有 20 分鐘，但我立刻被他的「扭轉五力」所吸引。從企業經營和管理角度，「扭轉五力」具有很強的實戰性，充滿職業和人生智慧，所以會後我就迫不及待地與孔老師建立聯繫，並在孔老師前往北京參加他的新書《贏在扭轉力》發佈會時，得到再次當面請教，獲益匪淺。

孔老師分享的內容，是很多現代基督徒非常急需的知識和裝備，我也希望能分享給更多人。承蒙孔老師厚愛，我得以使用自己的教會和人脈資源，為孔老師在北京的系列職場講座安排場地、製作課程資料、邀請更多基督徒參加學習，使得孔老師對我有更多觀察和了解。當孔老師邀請我加入剛開始籌建的北京職場導師班時，我是既誠惶誠恐，怕自己不夠格，又充滿欣喜，知道可以有更多機會，跟隨孔老師繼續學習雙職事奉的理論和實踐，成為自己工作、生活和人生的指引。

神的安排和計畫，總是最好的。2016 年跟隨孔老師學習，到了 2018 年，我就處於人生的關鍵時刻。由我擔任執行理事，自 2012 年開始籌備運營的北京八福學校，從幼稚園到 8 年級，達到了 150 名學生，已經成為北京最大的非盈利基督教教育學校。但隨著中國形勢的變化，2018 年 5 月份，學校被迫關閉。學校可以停，但孩子們的教育不能停。該如何做呢？像以往一樣，在北京換個地方繼續辦學嗎？ 5-10 年後，中國到底會走向何方？

孔老師所教授的《贏在扭轉力》和《第一與唯一》，為我的決策提供了理論依據和思考路徑，讓我以基督的國度觀，重新追問內心指引和熱情，清晰自己的呼召和使命。既然天地之大，整個世界都是基督的，也是我們的，為什麼不能用國際化的資源，來解決中國基督教教育面臨的問題呢？

所以，我把在北京和上海創立的兩個公司業務和管理全部交給副總，自己全身心地投入到海外學校的籌備中。一年中，我先後組織和帶領了 7 次海外考察團隊，邀請了多位國際教育專家、投資專家，群策群力，結合我們對中國政治、經濟形勢的分析和預測（事實證明，我們的研判是正確的），最終決定在海外開辦一所更好的基督教國際學校，並形成了「校內學美國，獲得美高文憑；校外學世界，就讀多國校區」的教育理念和發展戰略，培養「蒙神祝福，並祝福他人」的國際化基督人才。

孔老師全程參與了我們海外辦學的整個籌備和運營，提供很多具體的指導和建議。現在，由我擔任董事長的「瓦爾納美國國際學校」，自 2019 年 9 月份開學至今，已經有了兩屆高中生，多數前往美國的大學就讀，而且學術成績非常好，每個人在大學都獲得了 50% 以上的獎學金。而且作為美國國際寄宿制高中，學校師資超強。例如，我們在歐洲的波黑校區，就有 8 位美國教師，一半以上是教育碩士或以上學歷，平均教育經驗 15 年，還有 5 位青少年帶領經驗豐富的生活老師，師生比高達 1：2 或 1：3，超過了全球十大貴族學校，成為真正的精英教育學校。而且，我們在美國也有多所合作的高中和大學，實現了學生高中階段，分別在歐洲和美國就讀的「多國校區」初步目標。而且，由學校來管理學生的住宿和生活，將學生 24 小時都納入同一個教育理念，多維度地培養學生在領導力、團隊協作、財富管理和戀愛管理等綜合能力，用聖經的價值觀，形成學生自己的思考和行為習慣，實際感受到信仰帶來的甜蜜和智慧，這樣未來面對多元化、自由化的世界時，學生們才不會輕易偏離信仰，這才是將基督教教育落到實處。

不僅限於學校。為了解決學校的財務問題，徹底實現高品質和公平教育，讓優秀學生不要因為家庭經濟原因而不能入學或中途退學，2018 年我們成立了「瓦爾納國際教育基金會」，由我擔任總裁，確立了「教育地產」的發展目標，並將學校納入集團化發展的框架。2023 年，我們籌集了 300 萬美元，在美國德克薩斯州的休斯頓都會區，購買了 65 英畝（約 400 畝）土地。第一期規劃建設 100 個高檔別墅和商業區，實現用地產利潤支持學校的良性財務循環目標。

凡此成就，與孔毅老師經常分享的雙職事奉理念緊密相關。《贏在扭轉力》的「贏在拐點」、「扭轉五力」、「獨立思考」、「靜力操練」;《第一與唯一》的「發現唯一，追求第一」;《雙職事奉》從聖經偉人的故事和解析中，將我的世上職份和國度位份緊密相連。《看不見的更關鍵》更是教我面對複雜決策環境時，冷靜思考，更多從生命面、精神面、現實面去探尋事情本質，實現從內到外的思考和決策習慣，並快速行動，徹底執行。

孔老師的這些分享和指導，讓我始終以「殷勤的籌劃、徹底的執行、虔誠的禱告」，帶領團隊雄心壯志，勇往直前，實現很多看似不可能，但又顯示出神美好心意和計畫的見證。可以這樣說，我們學校的籌備、運營和影響，已經是孔毅老師雙職事奉理念和實踐的一個具體成果。

跟隨孔老師學習多年，也一起參加很多培訓和服侍。孔老師的很多理念和教導，我早已熟稔於心，甚至已經內化為我的潛意識和直覺。但讀孔老師的這本新書，仍然被其淵博的學識、對聖經和真理的深刻理解所折服。整本書讀完，相當於說明你從雙職事奉的視角，重讀了一遍聖經，且聖經脈絡更為清晰，理解更為深刻。

尤其是本書後面的「職場宣教、雙職事奉、國度教會」三個章節，概括了孔毅老師的職場服侍經歷和探索，戰略清晰、層層推進，顯示出孔老師高超的佈局和預判，以及深刻的洞察和分析能力，令我欽佩不已。人生得此良師，是我的幸運，也是神的恩典和美好計畫。

互聯網時代，很多基督徒所面對的，不是資訊量太少，而是資訊量太多；不是名師太少，而是名師太多，反而讓很多人無所適從。我見過一些弟兄姊妹，聽到一位名師演講，就覺得「翻轉」了自己生命。但因為沒有持續深入，在應用中淺嘗輒止，遇難而退，不見成效或者收效甚微時，沒有正確反思和總結，反而認為所學知識不適合自己，又開始跟隨其他名師，重新「翻轉」一次生命。如此反覆，人生猶如「烙燒餅」，徒耗精力，漸漸喪失鬥志，人也「垂垂老矣」。就像一個打井的人，到處打井，但每次都不深入，不能持之以恆，尤為可惜。

所以，我以自己的實踐和經歷，真誠推薦，希望大家以本書為契機，「咬定」孔毅老師的雙職事奉理念和實踐，堅定跟隨，學深學透，同時與孔毅老師的導師班同學建立人脈關係，彼此同心，在基督的國度和廣闊天地裡，成就雙職風采，實現精彩的人生下半場，成為神榮耀的見證！

（本文作者為瓦爾納國際教育基金會總裁）

〈推薦序〉

職場與禾場雙職事奉的勇士

許震毅

孔毅先生在美國完成碩士學位，即投入高科技企業的服務，從基層的工程師做起，歷經專業經理人、高級主管、執行長、總裁、董事長至企業家，他的信仰旅程與教會事奉，在經歷工作事業的艱難與挑戰中日益豐盛篤定，在事業發展的酸甜苦辣和高峰低谷中與時俱進，他的靈命持續更新，跟著事業屢創佳績高潮迭起，其在半導體與通訊業的貢獻與影響力，少有人能出其右。三十多年中經歷成長突破、重大轉折、性格成熟、成為卓越的經營者與領導者，同時注重靈修靈糧，日日與主親近，服事殷勤充滿喜樂，性格剛強兼謙和，處事睿智具冷靜，執行果斷又堅毅，充分發揮軟實力，是團隊中自然而然的隊長和良師益友。他是教會與社會的一道橋樑，也是牆裡與牆外的最佳發言人，在不惑之年找到人生的命定，樂作上帝的器皿，祝福眾多人的管道，耳順之年定志貢獻餘生回饋社會，並歡喜投入上帝的國度拓展，叫更多人蒙厚恩大福。

許多國內與海外的企業經理人士、高層主管、企業家、經營者都愛稱 Roger Kung 為孔毅老師 Teacher Kung、或孔毅大師 Master Kung，連不少的專業研發的高級人士、大學的資深教授、快速成長的大教會的一群年青優異的主任牧師及教會領袖，都由衷地稱他為孔毅老師，且每年相約定期與不定期聚會，商討各行各業經營與教會事奉發展所面對的挑戰與轉化，孔毅老師經驗豐富，洞察教會與社會的分隔和差異，經常遊走於牆裡與牆外，常從這些人的立場幫忙分析，提出很多實用的建議，他一點不藏私，站在他們的立場角度，以宏觀與微觀的洞察力，悉心解釋深入剖析，讓參與者受益良多，做他們的良師益友，成為他們人生事業與教會事奉的義務顧問。此外，他也經常在兩大洋多地輔導過上千位企業界精英與高級幹部，解答信仰的疑惑與職場的挑戰，同時造就數百位導師級的輔導幹部。

過去四年，我有幸邀約孔毅老師成為事工合作夥伴，在 Global Mission Seminary（GMS）普世宣教神學院開辦 EMBA in Leadership and Mission（高級企管與領導和宣教碩士科，第一個破天荒獲得 ATA 亞洲神學國際聯盟正式認證的 EMBA 碩士科），剛開始我們有約 40 位學員，來自世界各地不同行業的菁英，參與我們精心設計的 20 門課程，邀請十數位在企業界與教會界和雙職事奉的卓越領袖參與教學指導，孔毅老師擔任講座教授與我們合開五門課程，他教導自己精心寫作的四本書，提升學員們的生命、靈性、品格、性格、思維層次，發揮獨立思考與解析的能力，激勵學員們在人際經營、管理領導、工作挑戰上多方面的突破。

他的分享內容很扎實，切中時弊與要害，突破個人的缺點與盲點，學員們受用良多。教師團與學員們經過兩年的評鑑，提交建議給神學院董事會審核，與另一位曾任專業醫師 20 年、教會牧師 20 年、宣教 15 年且著作極豐富的李牧師，經過嚴謹的評鑑審核，董事會全體無異議通過，他們倆於 2023 年的 GMS 畢業典禮同時授予榮譽神學博士學位，實至名歸，榮耀歸主聖名。

孔毅博士曾任教會的主日學教師、執事會主席、福音機構的董事長、企業經理人、研發創新者、策略執行長、總裁決策者、經營領導者、事業開創者，也是籃球場上的運動健將，深諳球場上個人之運球、傳球、控球、分球、穩打、快攻、跳投等力道、精通戰略與戰術運用、有效結合團隊的力量，以運動家的精神在激烈競爭的職場上創造許多佳績，贏得許多專業、技術、創新、管理領導的獎牌。但他最大的心願是成為許多人的祝福，幫助人在生命與信仰的突破，帶來實質的助益，活出更有意義的卓越人生，他退休後定志成為社會貢獻家、職場的宣教家、牧師的好同伴、教會的堅強支柱、職場與禾場雙職事奉的勇士。

過去 12 年陸續推出四本暢銷著作《贏在扭轉力》、《第一與唯一》、《雙職事奉》、《看不見的更關鍵》，廣受好評。孔毅博士不間斷地投入職場與禾場的雙職事奉，發覺在日新月異的大環境迅變的格局中，教會的發展需要更新變化，更需要突破圍牆、人牆、心牆、意識形態、教會觀見解、神學思維的壁壘。

孔毅博士有深邃的辨識力，又以運動家與奉獻者的精神，再接再厲勤於筆耕，加上聖靈的引導與感動，寫下對教會與社會的真知灼見，在致力職場宣教多年後完成第五本著作《牆內牆外》。讀者會發覺作者的寶刀不老，越磨越鋒利，日新又新，將牆內教會人士的思維與牆外社會人士的思維，做更深入的剖析與比對，提出很多寶貴的見解與洞見（insights），包括典範轉移、模式轉換、教會事奉觀、神學思維的轉化，讀者需要抓住作者指出牆內神學思維與牆外神學思維的差異，加以深入探討比較，必能帶來個人與教會的突破性成長，進一步跨越欄杆，邁向高效能的典範轉移。

（本文作者為美國普世宣教神學院院長）

〈推薦序〉

聽君一席話，勝讀十年書

胡萍

2023 年 5 月，我離開工作多年的北京，回到家鄉湖南。也是在那一年，讀了孔老師的著作《贏在扭轉力》。我被書中的內容吸引，一邊讀一邊思考，不僅是獲取了知識，改變了我以往的一些價值觀，也是心靈深受觸動。11 月，閱讀第二本著作《第一與唯一》，也是在那本書中深受啟發。那時面臨著職場上的挑戰，決定改換賽道從事大健康行業。12 月，決定報名參加《人生贏家》課程。

歌德有一句名言：「讀一本好書，就如同和一個高尚的人在交談。」在學習中，不僅在讀好書，還能聽作者講好書，更有機會與作者本人親自交談，這樣的好機會不是人人都享有，於是倍加珍惜學習機會。課程結業後，有幸被選入優秀學員，再經過重重關卡後，感恩成為導師班一員。我是一個輸在起跑線上的人，事業上經歷多次失敗，當時還處於人生低谷和在困境中，成為導師班成員，實在受之有愧，自己何德何能！

換城市、換賽道，等於從頭開始，這是一個大膽的決定。2024 年，經歷了人生痛苦和至暗時刻，在面對一系列突如其來的打擊時，依然保持內心的寧靜、保持對生活的熱愛、保持對美好事物的追求，在在考驗著自己究竟對祂認識有多深。在祂的愛裡，沒有懼怕。在環境的歷練中，使我更深入思考孔老師所教導的扭轉五力，如何能靈活地運用出來，如何先做敬虔人、再做敬虔事，如何用生命力來影響生命，如何在職場上做好宣教的事，這都是一種需要用信心來迎接的考驗。

有一次我擔任《雙職事奉》課程的主持人，每次開課的前兩天，為了保證課程品質，孔老師都會與主持人及助教進行預演，因我的疏忽沒有提前準備好，孔老師非但沒有生氣，並很溫和地問我：「還有沒有繼續擔任本期主持人的意願？」我很肯定回答是的。於是，孔老師在百忙之中抽出時間，在第二天晚上與我進行一對一的主持人預演，孔老師不但詳細講解，並解答了我的問題。這一次，讓我更深入看到孔老師的謙卑與柔和，值得愛戴與尊敬。

在我以前經歷的職場中，企業老闆或上級領導很多是女性，無一不例外的強勢，這些強勢的女性中大多做的較成功。這種現象也曾讓我陷入一個誤解：女性要在職場上成功，就得像男性一樣強勢。對於我，怎麼也強勢不起來，也裝不出來。我曾多次禱告求上帝説明我把職場變為禾場，禱告後，又不知道應該怎麼做，因為沒有人教。遇到孔老師，是上帝回應了我的禱告。

當今社會一直在「變」是不變的真理。如果不變，社會是無法發展的。只是變的速度太快，如今 AI 時代已來臨，基督徒要應對當下局勢，承擔影響社會、轉化社會的責任，思維模式的轉變是非常重要的一環。因為「新酒要裝在新皮袋」。繼第四本書後，《牆內牆外》提供了許多很有建設性及説明性的指導方向，該書中很多新的觀點採用了經文作為論據。並非宣導成功神學，而是一本輔導基督徒在職場成長、靈命進深的好書，又是一本符合當下現今社會發展的神學書籍。孔老師與上帝的關係如同中間有一根沒有淤堵的管道，這根管道使他與上帝建立了親密的連結，從而輸出了一本又一本的好書。

孔老師是一位善於研讀聖經和思考，並且具備豐富的知識架構、極強邏輯思考力和高感知力的人，是一位有著為父之心的智者。他把畢生的經驗總結出的智慧都毫無保留地寫在書裡，特別期待第五本書《牆內牆外》的出版，必定能造就和影響到更多的人。

上帝必紀念孔老師的勞苦付出！

（本文作者為扭轉力導師班第五居成員，大健康從業者、健康管理顧問）

〈推薦序〉

藉著我的神跳過牆垣，成為合神心意的人

黃芃

孔毅老師教導中的一個重要理念，就是破除心中一切不合神心意的「牆」，鼓勵大家在生命的每一個層面，尤其在通常認為很「俗」的工作中，勇敢地活出「聖」來，榮神益人。

老師新書促使我反思，原來自己心中就有一堵堵的高牆：

——對聖經永遠有許多不明白之處，這是事實；可是因此在工作、生活中不敢遵行神的教導，在實踐中成長，這是知與行之間的高牆。

——對孔老師傳授的豐富內容還沒有完全掌握，這是事實；可是因此不敢更多地走出去參與雙職事奉的服事，在服事中進步，這是勇敢與膽怯之間的高牆。

——過於注重人的看法，常常忘記定睛在神，這是攔阻靠近神的高牆。

——行事為人往往忽視分辨善惡，只看是非曲直，以牙還牙而非以德報怨，這是行不出利他在先的高牆。

——看重祭物祭祀等有形的宗教儀式，以致於有時忽略了最重要的以心靈和誠實敬拜神，這是邁向純正信仰的高牆。

——以為神職人員才算全職服事，不明白信徒皆可為使徒，生活的方方面面均可全人服事，這是被「牆」困在了舊約時代。

受孔老師傳授的《贏在扭轉力》啟發，首先要用「眼力」看見牆，然後用「魅力」走出舒適區、勇敢面對牆，且要用「魄力」以堅定不移的意志力去挑戰牆。那麼這樣就足以越過高牆了嗎？斷乎不能，因為這些還是在用人的力量——行不出來，一直是我極大的困惑。

我想到了聖經裡從牧羊少年成長為偉大國王的大衛。保羅曾說，「……（神）就選立大衛作他們的王，又為他作見證說：我尋得耶西的兒子大衛，他是合我心意的人，凡事要遵行我的旨意。」（〈使徒行傳〉13:22）

與弟兄姊妹一樣，我憧憬成為大衛那樣合神心意的人，也無數次決意悔改，一心遵行神的旨意，可結果總是差強人意。如同保羅所說：「我也知道，在我裡頭，就是我肉體之中，沒有良善。因為，立志為善由得我，只是行出來由不得我。」〈羅馬書〉7:18）可見偉大的使徒保羅也曾有難以逾越種種高牆的經歷。

那麼大衛怎能做到呢，是天縱英才嗎？不，答案就在大衛的詩中：「當耶和華救他脫離一切仇敵和掃羅之手的日子，他向耶和華念這詩的話。說：耶和華，我的力量啊，我愛你！……你必點著我的燈；耶和華—我的神必照明我的黑暗。我藉著你衝入敵軍，藉著我的神跳過牆垣。」（〈詩篇〉18:1,28,29）

大衛跟我們一樣原本也是屬血氣的人，雖然神揀選他，但只靠自己絕不能勝過歌利亞，更難以越過成長道路上攔阻的一道道高牆，而他一生得勝的祕訣，就是「藉著神」！

細細查考，還有好多的「牆」在自己的心中、眼中，也表現於言語中、行動中。只靠自己的百般努力是不夠的，要學習大衛，藉著神的智慧和力量，「跳過牆垣」、「衝入敵軍」，最終得勝，成為合神心意的人！

最後，我也想到了另一位偉人馬丁・路德，他所面對的高牆是基督教世界宗教事務的最高領袖——羅馬教皇，過去的挑戰者無一不是被重罰、革除教籍、甚至處死。而路德也是人，也有許多的掙扎、惶恐、不安，但聖靈在他心中動工，讓他敢於堅持聖經真理，最終依靠也惟靠神的力量，不僅自己跳過了牆垣，而且帶領神的兒女們拆毀了那座似乎高不可攀的「高牆」，讓信仰重新回到聖經，重新回到因信稱義的真理！

拜讀老師新書，感悟甚多，感恩不已。以上文字，感謝神藉著祂的僕人孔毅老師啟發我們不斷尋求聖經真理，感謝孔毅老師敬虔的榜樣、無私的教誨，愛神愛人的知行合一！

（本文作者為導師班學員）

〈推薦序〉

人人都是宣教士

趙麗萍

神造天地萬物，又用泥土造人，並派他管理萬物，治理全地，但因亞當吃了分別善惡樹上的果子，罪就由此進入人類，遠離神。

神的兒子耶穌基督，道成肉身來到世上，醫病趕鬼傳福音，被人釘在十字架上，用他的寶血完成了人類的救贖，回歸神。

教會是一群跟隨耶穌的基督徒，因他的救贖，回轉歸向神，又從他裡面得著能力，進入社區，轉化環境，影響社會，戰勝撒但的權柄，要把福音從地極傳到地極，回到耶路撒冷。都是照他自己所預定的美意，叫我們知道他旨意的奧秘，要照所安排的，在日期滿足的時候，使天上、地上、一切所有的，都在基督裡面同歸於一。（〈以弗所書〉1:9-10）

孔毅老師《牆內牆外》這本書深刻分析了教會目前面臨的困境，為什麼要把新酒裝在新皮袋裡，以及如何打破教會體系中聖俗二分這面隔斷的牆⋯⋯等等，一些非常有挑戰性的主題，盼望每一位牧者、同工、基督徒都能透過閱讀本書，理清思路，回應呼召，找到自己獨一的命定。

感謝神，有服事的機會可以提前閱讀孔老師的《牆內牆外》，本書對我的信仰帶來很大的衝擊，反覆閱讀思考，靜心禱告，求問印證，我的領受是：新時代的教會應該從牧養轉移到差派，裝備使徒從稱義到成聖，由內向外，不只是要走進來，更是要走出去，傳講天國的道。無論是在生活中，在職場中，在社區裡，人人都做宣教士，隨時隨地都做宣教的事，過著在地如在天的日子，活出屬天豐盛的生命，成為主耶穌基督榮耀的見證。

讓我們一起加油共勉！

（本文作者為北美導師班導師、教會執事會成員、高級數據分析工程師）

〈推薦序〉

運用科技以寡勝眾為神所用

潘彥如

清晨送孩子去學校的途中，陽光穿過路旁修長的松柏，光影交錯，彷彿是鋼琴的黑白鍵，輝映在臉上和路上。我和孩子的對話就像是雙鋼琴演奏，有時候是愉悅輕快的圓舞曲，有些時候卻是唇槍舌劍的進行曲。我也經常從和孩子對話中，去思索在我們兩代之間「學習／教育」有些什麼變化？我和父母以及之前幾代，都是靠查詢字典來了解單字和如何使用片語；我的孩子是直接開口問 Google 或者是 Alexa（語音智能助手）。長久以來我們對於「好學校／學區」有所追求，主要是崇敬其卓越的師資傳承以及豐富的教學資源；而如今各式的媒體平台，都有各樣主題教學影音視頻，只要有心學習，都有可能自學成功。

在我年幼之時，若是想要學習如何做特殊摺紙，必須去尋求有專門技藝的老師；我的孩子則是從網路學習如何折出可以變換形狀的忍者飛鏢，然後來教我。回想幾年前新冠疫情中，當時還在學齡前階段的孩子，經歷在網路上和世界各地的老師朋友們一起學習，讓身為生物製藥領域一分子的我，於疫情期間目睹新冠藥物從研發、製程，到量產的光速飛進（相較於這個領域向來以週期漫長著稱），更從孩子身上見識到網路線上教育的影響力。而這些網路上大量的資訊，進一步推動近幾年來人工智慧科技（artificial intelligence, AI）的重大突破，讓我們從網路時代，快速進程到現今的 AI 時代。

就讀博士班期間，需要將近五天的時間，才能從五十多篇研究論文當中，整理出綜述文章／評論摘要；現今運用 AI 工具，五分鐘之內可以完成。近日，各大社交媒體平台都在用 AI 工具，生成出著名日本動畫大師風格的圖片，形成了一股熱潮。從表面上來看，AI 似乎在科學和藝術，都有「超人」的成就。若說我是在定時定點的實體限制下，努力找尋生活生命的意義；那我的孩子就是在隨時隨地的虛擬自由中，重新定義身而為人的價值！儘管在重視邏輯的科學領域，人類顯然比不上 AI 可以快速處理海量資訊的力度；然而遇到難題的時候，如何問對的問題，如何收集資料（現在可以用 AI），找尋答案，不斷的修正方向，至終把問題解決，或者甚至在一開始的時候，如何找尋一個有意義的難題來解決，整個過程需要好奇心，熱情和意志力，AI 並不具備。

儘管一代宗師的藝術風格，能夠被 AI 透過不斷的切割、重組，並且模組化所複製；然而這位大師因為經歷戰亂，對於痛苦的詮釋，生命的尊重，環保的呼籲，並且運用動畫呈現於大眾眼前，其背後感人的故事鋪陳和細膩的心思體會，卻不是 AI 能夠刻畫。我們對 AI 不需要一較高下，而是截長補短。

我和孩子的成長環境，截然不同，我不知道我的經驗是否對他能有所幫助，但是我非常確定我們都必須和創造天地萬物的主聯結，讓神來教導指引我們，在這個瞬息萬變的年代，如何前行。在網路時代，大數據演算法，可以收集各人喜好的資訊，而進一步反覆投其所好，使人網路成癮；在 AI 時代，同樣的演算法並且配搭上不同工具，根據孩子們各自不同的卡點，量身訂做合適的內容，是所謂因材施教，這樣 AI 可以成為教師的助手，解決一個教師對多個學生，很難個個都顧到的困境。

一方面在疫情當中看到網路教育的影響力，另一方面在 AI 時代看到 AI 工具能夠幫助我們更有效率，在孔毅老師的鼓勵下，和北美導師班的幾位同工們，我們有了運用網路和 AI 科技，為主贏回下一代的想法，目前也正在執行當中。

首先，我們透過 AI 工具，將老師在《雙職事奉》這本書裡面的 16 位聖經人物，製作成 podcast，公開發佈在播放平台。原本錄製 podcast 所需要的錄音設備，以及口條清晰的解說者，都因著 AI 工具而不再是必須條件；如此一來我們所需的資源相對少，可期以寡勝眾的效果。我們的目標受眾是高中生和大學生，幫助他們理解雙職事奉，從這些聖經人物當中，思考現在自己在地上所經歷的這一切，是為了能夠活出國度的位份；當我們能夠用國度／天上的眼光去看我們生命中的每一件事，那我們的生活，就不是隨波逐流波，不知為何而戰的破碎片段，而是每個階段都是主恩典記號，至終串連出一個榮耀的使命；並且進而鼓勵他們一起同工，設計給中小學生的教材。

再者，關於給中小學生的教材，我們計畫是把老師的著作，和在疫情期間就已經完成的扭轉五力分鏡稿，製作出動畫為主的模組教學單位，但是具體呈現由高中生來主導。期待透過這兩步驟的教材轉化過程，不論大人或是孩子們，都能夠活用聖經的原則，活出使命人生！

主耶穌說：「我差你們去，如同羊進入狼群，所以你們要靈巧像蛇，馴良像鴿子」(〈馬太福音〉10:16)。我深深覺得主耶穌把四種動物放在這樣的一個經節裡面非常奇妙，首先我們的本質是羊，主耶穌是我們的牧羊人，當我們進入狼群（和我們價值觀不同的世界）之後，要像蛇那樣靈巧地化阻力為助力（蛇沒有腳，但爬行的速度卻非常的快，其原因是運用自身關節數目多，能夠在爬行時候，將遇到的地形阻力轉換成前進的助力)；同時，要像鴿子一樣，單單的將目光注視在我們的牧羊人主耶穌身上（只見耶穌，不被眼前所見黑化了我們的內心)；也像羊一樣聆聽主人的呼喚（只聽良心的呼喚，不被主流聲音湮沒，遺忘了起初的愛)。

現今時代的發達科技，讓人成癮，虛度光陰，攔阻人們回轉歸向主；那我們何不運用這樣先進的科技，幫助人們，贖回光陰，回到主面前？我們甚至應該在政府制定 AI 輔助的教育政策之前，掌握教育主導權，透過家庭教育，還有志同道合的教牧同工，製作優質的網路教材，不掉入數位保姆的陷阱，而是打造出一個兩代人的對話空間，也是編織出一張多層次的網路，用來保護並引導我們的下一代，活出配得過福音的生命見證！

最後，回應老師這一本書中提到的新酒和新皮袋，如果說當初這句經文，意指新酒是主耶穌活潑豐盛的生命，新皮袋便是那被聖靈澆灌的初代教會；然而時間一久，教會漸漸築起的

「高牆」(例如：難懂的神學術語)卻攔阻新世代能夠來了解並親近神。願你我都能夠透過心意更新而變化，借力使力，用新科技的力量，建造「無牆」教會以及教育體系，得以盛裝主的生命！我也期待之後和孩子、先生，還有家人一起共度的時光，不是按照心情好壞而有的圓舞曲或是進行曲，而是我們兩代彼此成全，共同學習，一起向創造我們主，共同歡唱的新歌！

(本文作者為 Gilead Sciences Inc. 資深首席科學家〔二級〕)

〈推薦序〉

從成功到使命，邁向真正的敬虔之路

謝光哲

你們要去，使萬民作我的門徒……凡我所吩咐你們的，都教訓他們遵守。 ——〈馬太福音〉28:19-20

讀完孔毅老師的前四本著作，我深刻體會到，職場不只是工作的地方，更是我們回應神呼召的場域。《贏在扭轉力》幫助我在挑戰中突破，《第一與唯一》讓我找到自己的獨特使命，《雙職事奉》讓我明白信仰與工作能夠合一，《看不見的更關鍵》則提醒我，真正的影響力來自內在的異象，而非外在的成就。

然而，這本新書帶領我們進入更深層的思考——「做敬虔的事」重要，還是「成為敬虔的人」更重要？ 我們可以忙於服事，卻未必真正活出敬虔的生命。但神要的，不只是我們的行為，而是我們的生命——祂要塑造我們成為合祂心意的門徒。

本書進一步提醒我們，神學並不等同於真理。研究聖經與學習教義固然重要，但唯有讓神的話語改變生命，我們的信仰才是真實的。真正的信仰，不只是認識神的話，更是遵行神的話。

此外，耶穌來到世上，不只是拯救罪人，更是拆毀圍牆——祂推翻了人與神、人與人之間的阻隔。但今天，教會是否又在無形中築起一道道新的圍牆？我們是否曾不自覺地用教條、文化與框架，隔絕了真正需要福音的人？

耶穌說：「你們要去，使萬民作我的門徒。」這也提醒我們，門徒訓練的重要性。門徒訓練不只是課程，而是一種生命影響生命的過程。耶穌用祂的生命塑造門徒，今天我們是否願意如此行？當我們不僅自己成為門徒，也帶領更多人成為門徒，神的國度才會真正擴展，教會才能影響世界。

我相信這本書的誕生，不只是對個人靈命的提醒，更為神國工人指引了一條可能的出路。如果我們願意回到耶穌的心意，讓教會成為向外影響世界的力量，我們將能成為萬國萬民的祝福。

這本書不只是前四本書的延伸，更是一個深刻的挑戰——我們的目標，不只是成為卓越的領袖，而是成為合神心意的門徒。我誠摯推薦這本書，願每位讀者都能在其中找到方向，不僅做正確的事，更活出合神心意的生命。

（本文作者為救世傳播協會會長）

〈推薦序〉

邁向更符合神心意的福音行動

蘇琦章

在這個快速變遷的時代，我們所處的社會、科技、文化都在經歷翻天覆地的變革。人工智慧、區塊鏈、量子科技、共享經濟等顛覆性的創新正在重塑我們的生活與工作方式，然而，許多傳統教會仍停留在過去的模式，難以回應當代人的需求。正是在這樣的背景下，《牆內牆外》一書應運而生。

孔毅老師以深厚的信仰基礎和豐富的職場經驗，提出了一個振奮人心的挑戰——神學思維的典範轉移。這本書不僅是對現今教會困境的深刻剖析，更是對未來教會發展方向的前瞻性思考。書中以〈路加福音〉5:38 的經文為引，闡述「新酒必須裝在新皮袋裡」，提醒我們，若要讓福音影響當代社會，就必須打破傳統框架，重新建構符合時代需求的信仰實踐方式。

「雙職事奉」是這本書的重要核心理念之一。作者指出，基督徒的信仰不應僅局限於教堂內的活動，而應該在職場、家庭、社會各個領域活出基督的生命。這樣的視角不僅回應了大使命（〈馬太福音〉28:19-20），也賦予職場基督徒更清晰的使命感與行動指南。

此外，書中也強調「國度教會」的概念，與傳統地方堂會形成對比。國度教會不再受制於四面牆的限制，而是透過網路科技、去中心化的組織架構，使信仰能夠滲透到社會的每個層面。這樣的模式，無疑將成為未來福音運動的重要趨勢。

更值得關注的是，使徒性教會的興起。現今教會不僅需要傳統的牧者與教師，更需要使徒性領袖，以先知性的眼光帶領教會進入社會各界，使神的國度文化滲透到每一個領域。這樣的教會將不再只是「牧養型」，而是「差派型」，訓練並裝備信徒成為時代的轉化者。

特別是對於年輕人，這本書提供了清晰的方向——栽培他們成為神國的尖兵。年輕世代是未來福音運動的核心力量，透過職場宣教、雙職事奉的模式，他們可以在各行各業中發揮影響力，見證基督，並在社會變革中發揮帶領作用。

讀完這本書，我深受感動，也對未來充滿盼望。這不僅是一本適合牧者閱讀的書，更是所有希望在這個世代回應神呼召的基督徒必讀之作。它挑戰我們突破思維框架，帶領我們邁向更符合神心意的福音行動。

願這本書能夠激勵更多教會領袖與信徒，勇敢地走出牆內，將福音帶到每一個需要的角落，使徒性教會興起，栽培年輕人成為神國的精兵，讓神的國度在這個世代興起發光！

（本文作者為保證會銀使徒中心主席、Shalom 企業創辦人／雙職牧師）

國家圖書館出版品預行編目資料

牆內牆外：福音西進、華人接棒，教會再復興的建言與方法/孔毅著.
-- 初版. -- 臺北市：啓示出版：英屬蓋曼群島商家庭傳媒股份有限
公司城邦分公司發行, 2025.05
面；　公分. -- (Talent系列；65)

ISBN 978-626-7257-82-1(平裝)

1.CST: 基督教 2.CST: 神學 3.CST: 教牧學

242　　114004215

線上版讀者回函卡

Talent系列

牆內牆外——福音西進、華人接棒，教會再復興的建言與方法

作　　者／孔毅（Roger I. Kung）
文字整理／魏棻卿
總 編 輯／彭之琬

版　　權／江欣瑜
行銷業務／周佳葳
事業群總經理／黃淑貞
發 行 人／何飛鵬
法律顧問／元禾國際商務法律事務所 王子文律師
出　　版／啓示出版
115台北市南港區昆陽街16號4樓
電話：(02) 25007008　傳眞：(02)25007579
客服信箱：apocalypse@hmg.com.tw
發　　行／英屬蓋曼群島商家庭傳媒股份有限公司 城邦分公司
115台北市南港區昆陽街16號8樓
書虫客服服務專線：02-25007718；25007719
服務時間：週一至週五上午09:30-12:00；下午13:30-17:00
24小時傳眞專線：02-25001990；25001991
劃撥帳號：19863813；戶名：書虫股份有限公司
戶名：英屬蓋曼群島商家庭傳媒股份有限公司城邦分公司
訂購服務／書虫股份有限公司客服專線：（02）2500-7718；2500-7719
服務時間：週一至週五上午09:30-12:00；下午13:30-17:00
24時傳眞專線：（02）2500-1990；2500-1991
劃撥帳號：19863813 戶名：書虫股份有限公司
讀者服務信箱：service@readingclub.com.tw
城邦讀書花園：www.cite.com.tw
香港發行所／城邦（香港）出版集團有限公司
香港九龍土瓜灣土瓜灣道86號順聯工業大廈6樓A室；E-mail：hkcite@biznetvigator.com
電話：(852) 25086231　　傳眞：(852) 25789337
馬新發行所／城邦（馬新）出版集團 Cite (M) Sdn. Bhd.
41, Jalan Radin Anum, Bandar Baru Sri Petaling, 57000 Kuala Lumpur, Malaysia.
Tel: (603) 90563833 Fax: (603) 90576622 Email: services@cite.my

封面設計／李東記
排　　版／芯澤有限公司
印　　刷／韋懋實業有限公司
經 銷 商／聯合發行股份有限公司、華宣出版有限公司

■2025年5月22日初版

Printed in Taiwan

定價580元

城邦讀書花園
www.cite.com.tw

 ISBN 978-626-7257-82-1

啟示出版
Apocalypse Press

廣　告　回　函
北區郵政管理登記證
北臺字第000791號
郵資已付，免貼郵票

115　台北市南港區昆陽街 16 號 4 樓

英屬蓋曼群島商家庭傳媒股份有限公司城邦分公司　收

請沿虛線對摺，謝謝！

啟示出版
Apocalypse Press

書號： 1MB065　　書名：牆內牆外

請於此處用膠水黏貼

啟示出版 Apocalypse Press

讀者回函卡

感謝您購買我們出版的書籍！請費心填寫此回函卡，我們將不定期寄上城邦集團最新的出版訊息。

姓名：＿＿＿＿＿＿＿＿＿＿＿＿＿＿＿＿ 性別：☐男 ☐女

生日：西元＿＿＿＿＿＿年＿＿＿＿＿＿月＿＿＿＿＿＿日

地址：＿＿＿＿＿＿＿＿＿＿＿＿＿＿＿＿＿＿＿＿＿＿

聯絡電話：＿＿＿＿＿＿＿＿＿＿ 傳真：＿＿＿＿＿＿＿＿＿＿

E-mail ：

學歷：☐ 1. 小學 ☐ 2. 國中 ☐ 3. 高中 ☐ 4. 大學 ☐ 5. 研究所以上

職業：☐ 1. 學生 ☐ 2. 軍公教 ☐ 3. 服務 ☐ 4. 金融 ☐ 5. 製造 ☐ 6. 資訊

☐ 7. 傳播 ☐ 8. 自由業 ☐ 9. 農漁牧 ☐ 10. 家管 ☐ 11. 退休

☐ 12. 其他＿＿＿＿＿＿＿＿＿＿＿＿＿＿＿＿

您從何種方式得知本書消息？

☐ 1. 書店 ☐ 2. 網路 ☐ 3. 報紙 ☐ 4. 雜誌 ☐ 5. 廣播 ☐ 6. 電視

☐ 7. 親友推薦 ☐ 8. 其他＿＿＿＿＿＿＿＿＿＿＿＿＿＿

您通常以何種方式購書？

☐ 1. 書店 ☐ 2. 網路 ☐ 3. 傳真訂購 ☐ 4. 郵局劃撥 ☐ 5. 其他＿＿＿＿

您喜歡閱讀那些類別的書籍？

☐ 1. 財經商業 ☐ 2. 自然科學 ☐ 3. 歷史 ☐ 4. 法律 ☐ 5. 文學

☐ 6. 休閒旅遊 ☐ 7. 小說 ☐ 8. 人物傳記 ☐ 9. 生活、勵志 ☐ 10. 其他

對我們的建議：＿＿＿＿＿＿＿＿＿＿＿＿＿＿＿＿＿＿＿＿

＿＿＿＿＿＿＿＿＿＿＿＿＿＿＿＿＿＿＿＿

＿＿＿＿＿＿＿＿＿＿＿＿＿＿＿＿＿＿＿＿

請於此處用膠水黏貼